Carlos Skliar

¿Y si el otro no estuviera ahí?
Notas para una pedagogía
(improbable) de la diferencia

emv
EDICIONES
"MARINA VILTE"

MIÑO y DÁVILA
◆ E D I T O R E S ◆

www.minoydavila.com

Diseño: Gerardo Miño
Composición: Eduardo Rosende

Edición: 7ª reimpresión. Mayo de 2011
[Primera edición en Julio de 2003]

Tirada: 1000 ejemplares

ISBN: 978-84-92613-71-7

Lugar de edición: Buenos Aires, Argentina

Índice

MIÑO y DÁVILA
◆ E D I T O R E S ◆

Página web: www.minoydavila.com

Mail producción: produccion@minoydavila.com.ar
Mail administración: info@minoydavila.com.ar

En España: P.I. Camporroso. Montevideo 5, nave 15
(28806) Alcalá de Henares, Madrid.

En Argentina: Miño y Dávila srl
Av. Rivadavia 1977, 5to B
(C1033ACC), Buenos Aires.
tel-fax: (54 11) 3534-6430

Nota sobre el autor

C arlos Skliar es Doctor en Fonología, Especialidad en Perturbaciones de la Comunicación Humana, con estudios de pos-doctorado en Educación desarrollados en la Universidad Federal de Rio Grande do Sul, Brasil. Fue Investigador Visitante del Consejo Nacional de Investigaciones de Italia entre 1989 y 1992; Profesor Titular de la Facultad de Educación Elemental y Especial de la Universidad de Cuyo (1992-1996); Investigador Visitante del Consejo Nacional de Investigaciones Científicas y Tecnológicas del Brasil (1996-1999); Profesor Visitante de la Universidad Metropolitana de Santiago de Chile (2001); Profesor del Programa de Actualización en Atención a la Diversidad de la Escuela de Formación Pedagógica y Sindical "Marina Vilte" de la Central de Trabajadores de la Educación de la República Argentina (CTERA) y la Universidad Nacional del Comahue; Profesor Visitante de la Universidad de Barcelona, Departamento de Didáctica y Organización Educativa (2001-2002).

Actualmente se desempeña como profesor del Departamento de Estudios Especializados y Programa de Posgraduación en Educación de la Universidad Federal de Rio Grande do Sul, Porto Alegre, Brasil.

Entre sus publicaciones se destacan: *La educación de los sordos. Una reconstrucción histórica, cognitiva y pedagógica.* Mendoza: Ediunc, Editora de la Universidad de Cuyo, 1997; *Educação & Exclusão: Abordagens sócio-antropológicas em Educação Especial.* Porto Alegre: Editora Mediação, 1997; A surdez: um olhar sobre as diferenças. Porto Alegre: Editora Mediação, 1998. *Atualidade da Educação Bilíngüe para Surdos. Volume I: Projetos e Processos Pedagógicos; volume II: Interfaces entre Pedagogia e Linguistica.* Porto Alegre: Editora Mediação , 1999; *Habitantes de Babel. Política y poética de la diferencia.* Barcelona: Editora Laertes, 2001 (con Jorge Larrosa, Universidad de Barcelona).

Que el "Otro" no sea nadie propiamente hablando, ni usted ni yo, significa que es una estructura que se encuentra solamente efectuada por medio de términos variables en los diferentes mundos perceptivos –yo para usted en el suyo, usted para mí en el mío–. No basta siquiera con ver en otro una estructura particular o específica del mundo perceptivo en general; de hecho, es una estructura que funda y asegura todo el funcionamiento del mundo en su conjunto. Y es que las nociones necesarias para la descripción del mundo (...) permanecerán vacías e inaplicables, si el "Otro" no estuviera ahí, expresando mundos posibles.

Gilles Deleuze.

Palabras para un contexto:
La Escuela Marina Vilte de CTERA

E stas palabras buscan agradecer en términos públicos a Carlos Skliar la solidaridad que de su parte implica publicar un libro en el marco de la propuesta editorial de nuestra institución. Solidaridad que entendemos excede el inmenso respeto y compromiso expresado por las luchas de los educadores de nuestro país organizadas a través de CTERA, y también por el esfuerzo conjunto que hacemos con otras organizaciones gremiales de América Latina para defender la educación pública y pensar una alternativa democrática e incluyente para la misma.

Desde nuestra parte la sentimos extendida a nuestra propuesta de avanzar hacia formas diferentes de hacer y protagonizar la cultura. La democratización de la misma es uno de los principales objetivos de la Escuela Marina Vilte, y por ello creemos que es fundamental crear nuevos caminos por donde se desarrolle la legitimidad de sus producciones. Aspiramos a que en estos procesos la fuerza de la cultura dirija su aporte a las diferentes instancias de las luchas de los movimientos sociales por la transformación del mundo capitalista en el que vivimos en una sociedad diferente, básicamente humana. Una sociedad en la que nuestra América Latina sea visible por la justicia de su vida social y política y por la riqueza de su novedad histórica, y no por las cifras del horror que muestran la exclusión social.

La Escuela Marina Vilte es uno de los componentes vitales del proyecto gremial de CTERA (Confederación de Trabajadores de la Educación de la República Argentina). Nuestra identificación con Marina Vilte (compañera de la Dirección de CTERA asesinada por la dictadura militar en el año 1976) sintetiza las características principales del mismo: unidad y solidaridad en la lucha con el conjunto de los trabajadores, compromiso y convergencia en la construcción de una Educación Nacional y Popular, y protagonismo en la generación de conceptos, hechos y valores alternativos al pensamiento único neoliberal. En el marco de esta institución surge el Primer Programa de Actualización para la Atención de la Diversidad, del que Carlos Skliar forma parte en el equipo de profesores. Este programa forma parte de una propuesta más amplia de posgrados para los docentes de diferentes niveles y modalidades del sistema educativo. A partir de esta propuesta de actualización aspiramos a contribuir a la construcción de articulaciones entre el trabajo de los educadores y los espacios que desde una perspectiva crítica producen y debaten el conocimiento científico.

Para nosotros este libro es una inmensa satisfacción. Ver que en el mismo están presentes los esfuerzos didácticos que en las clases realizaron tanto Carlos Skliar como nuestros compañeros, en una muestra de voluntad y convicción, reafirma nuestra aspiración de hacerle mucho lugar a la circulación de la novedad en el pensamiento, más cuando ésta tiene un carácter crítico. Y ésto todavía más cuando en las clases y en el texto que aquí presentamos aparecen las palabras que hacen posible que los educadores veamos nuestros saberes, su historicidad y más aun su eterna complicidad con las relaciones de poder. Siempre que enseñamos somos emisarios de una cultura. Lo importante es que podamos hablar de ella y conocer los itinerarios sociales y políticos de poder que la hicieron posible. Tener visible los contextos históricos y sociales de nuestro trabajo educativo.

También con este texto discutiremos y, más aun, cuestionaremos las políticas neoliberales que pretenden hacer de los discursos oficiales espejos de realizaciones que nunca sucedieron ni sucederán. Las consecuencias de las mismas ya las conocemos. Estarán en nuestros debates sobre los caminos alternativos fortaleciendo una convicción creciente: la transformación educativa necesita del protagonismo de los educadores, de su saber del trabajo cotidiano en las escuelas y también del que ha ido emergiendo en las luchas por la defensa de la escuela pública.

Finalmente, queremos señalar que la publicación de este libro nos permitió contribuir al enriquecimiento de una cultura diferente, democrática y popular. Es en estos esfuerzos conjuntos donde vamos encontrando los caminos de nuestra unidad. Es en ellos donde podemos ir reconociendo un objetivo común, el de que otro mundo es posible.

Prólogo

por Nuria Pérez de Lara
– Universidad de Barcelona –

Pensar más allá de lo dado,
pensar la mismidad desde el otro que está en mí

S i bien es cierto que siempre resulta difícil pensar más allá de lo dado, hay ocasiones en las que esa dificultad parece convertirse en insuperable. Me refiero a los momentos en los que eso dado se nos presenta como lo justo, lo correcto, lo verdadero; los momentos en lo que a ello se añade, además, la pretensión de que no se trata todavía de lo que hay sino de lo que debería haber, sólo que algunos racistas, sexistas, xenófobos, homófobos, se empeñan en permanecer entre nosotros con una fuerza y un poder que, no se sabe cómo, acaban día a día con los buenos deseos establecidos por lo políticamente correcto, democrático y universal de eso pensado, de eso dado.

Eso dado se presenta entonces ante nosotros como algo que no sólo no debe o no puede sobrepasarse sino que está aún por alcanzar en su plenitud, puesto que es lo deseable.

Más difícil todavía resulta pensar más allá de lo dado, cuando ello es visto como fruto de un deseo compartido por el cual se luchó codo con codo contra todo lo que se oponía a su realización. Por esta razón, eso dado llegó a formar parte de uno mismo dándole la seguridad de estar en el lado bueno, en el lado de los demócratas, de los comprensivos, de los progresistas, de los verdaderamente humanos.

Este libro nos guía en una reflexión sobre lo establecido como correcto acerca del otro, despertando en quienes lo leen un desasosiego que anuncia la aventura de pensar y sentir de otro modo la relación con el otro y, en consecuencia, la relación con el mundo en que vivimos.

Si puedo hablar así sobre el contenido de este libro es porque viví la experiencia de compartir el seminario que fue origen y fundamento de sus textos, porque participé de las reflexiones que producía su lectura y vi la inquietud reflejada en las miradas de quienes escuchaban.

Pero también, y sobre todo, me da la posibilidad de hablar así la singularidad de mi experiencia de ser mujer, es decir, de ser el otro –la otra– de ese Uno del que aparentemente todos y todas formamos parte. Una experiencia que puede haber sido vivida como la del otro maléfico, la del otro borrado, la del otro colonizado, la del otro incluido... una experiencia que puede haber sido vivida como la del *"no estar bien ser lo que se es"* y la consecuente obligación de llegar a ser otra de la que se es –desprendida de su cuerpo, desgajada de la propia experiencia, negada en el propio ser–, la experiencia de quienes son reconocidas como ciudadanos de pleno derecho a pesar de su sexo, es decir, a pesar de ser lo que son, mujeres.

Una tercera experiencia me hace posible hablar así del texto que se nos presenta con ese provocador título que pregunta impertinente: ¿y si el otro no estuviera ahí? Se trata de la experiencia de haber optado por la Educación Especial y, por lo tanto, de haber vivido junto a aquellos y aquellas que nunca "son" lo que deberían ser, pues siempre están siendo para los demás aquello que uno nunca desearía ser, y bien se sabe que uno es en la medida del deseo de los demás...

Pero un buen día esas experiencias hicieron posible un encuentro: el afortunado encuentro con Carlos Skliar, que nos hablaba de sus primeras relaciones con los niños sordos que dieron un vuelco a sus planteamientos, a su pensar y a su mirar a las diferencias, pero sobre todo a su mirar hacia sí mismo. Esas experiencias, que él contaba con palabras ya distanciadas e irónicas pero aún conmovidas y conmovedoras sobre sí mismo, hicieron renacer en mí otras semejantes. Eran las que yo solía contar también a mis alumnas y alumnos, sobre mi propia experiencia con niños y niñas gravemente afectados de deficiencias motrices y que, en nuestros primeros días de unas colonias de vacaciones, habían hecho lo que suelen hacer todos los niños en la primera ocasión que se les presenta: la travesura de escaparse a dormir bajo un árbol, dejando, eso sí, junto a sus camas, y al lado de sus ropas y zapatos, todos los aparatos ortopédicos que –todo el mundo lo creía– necesitaban ineludiblemente para moverse.

Volver la mirada hacia uno mismo, repensar todo lo que nos ha sido pensado desde la academia, desde los textos expertos, desde los discursos políticamente correctos, desde las acomodadas conciencias de quienes se saben formando parte de la normalidad, de lo racional, de lo democrático, de lo verdaderamente humano, es lo que provoca la relación directa y abierta con quienes no forman parte de todas estas certezas. Pero también puede provocarlo la lectura de un libro escrito desde la verdad de la propia experiencia, escrito desde la verdad de una relación, escrito desde el saberse alguien que está siendo entre los demás, con la mirada y el corazón abiertos a lo que la relación pueda dar, escrito también desde la necesidad de leerse a sí mismo en la escritura, buscando las palabras que nos ayuden también a leernos.

Es un libro escrito desde la experiencia, una experiencia que, como dice María Zambrano, no sólo *"no se deja arrebatar al cielo de la objetividad sino que reacciona ante ella"*. De esa reacción se nutren la mayoría de las líneas del texto que trato de prologar, pero se trata de una reacción en la que no se produce un movimiento contrario, de oposición refleja, sino un movimiento distinto, el de tratar de pensar de otro modo, el de buscar en las palabras que lo generan una filosofía que pueda iluminar, aunque sólo sea por un momento, la experiencia de la que nacen.

A momentos podemos llegar a pensar que esa filosofía participa, de algún modo, de un cierto nihilismo que la hace cortar la rama del árbol sobre la que se asienta, pero ello sucede en mayor medida cuando son los textos de otros los que el autor utiliza para su reflexión, pues en el preciso instante en que retornamos a sus propias palabras, nos damos cuenta de que él estaba ya sentado en otra rama, quizá más cimbreante, quizá más insegura, quizá sólo apoyo momentáneo para poder mejor desprenderse de los falsos apoyos de la objetividad.

Carlos Skliar no teme a las palabras, se hace con ellas para decirse y decirnos cuál es su mirada y puede, hablando de nuestros tiempos, indicar que *"allí donde hubo masacres de gentes e incendios de territorios, ahora hay unos pocos e incómodos hospedajes; donde hubo violencia irracional –material y/o simbólica– ahora hay una consciente y minuciosa asimilación; donde hubo muerte, una reparación sepulcral; donde hubo sordidez e hipocresía, ahora unos eufemismos"* y dejarnos un rato pensando sin más palabras que esas. Y hay que detenerse. Porque él sigue pero, ventajas de la palabra escrita, nos espera unas líneas más adelante.

En efecto, se trata de un libro para leer despacio, dejándonos leer por él y aventurándonos a revivir, en sus espacios, nuestras propias relaciones con "el otro", ese "otro" que puede ser una palabra, un mero escondite para uno mismo, pero ese otro con el que todos y cada uno, hoy y siempre, nos hemos encontrado porque está entre nosotros, pues ¿y si el otro no estuviera ahí? Seguramente, si el otro no estuviera ahí, no habría palabra, no habría relación, no habría vida humana. Porque ¿quién ha sido para todos nosotros el otro, el primer otro de nuestras vidas? Por supuesto, una mujer, la madre, de la que recibimos todo eso, la vida, la palabra, la relación. Mi primer otro es una mujer, la primera, *in-genua* y verdadera mirada hacia el otro es una mirada que a su vez nos mira desde unos ojos de mujer.

Pero este es otro cantar; un cantar que sólo puede resonar, en este libro, en el recuerdo de los diálogos que provocó cuando era –¿sólo?– palabra oral, en aquel seminario de Barcelona. Pero un cantar que puede evocar en cada uno de sus lectores y lectoras algo de la verdad que contiene esa inquietante pregunta ¿y si el otro no estuviera ahí?

Y esa pregunta es inquietante porque nos habla quizás de algo que puede ser un oculto deseo de que el otro no esté realmente ahí. Porque nos habla de una imperiosa necesidad de violar su presencia desvelando, profanando su misterio, su irreductible alteridad. Y acaso esa imperiosa necesidad se ha visto reflejada con mayor fuerza en la relación con la infancia que la educación propone, de ahí que se me haga inevitable volver a la madre, la que, en palabras de María Zambrano, *"sirve hasta ver erguido sobre sí, aplastándola, al hombre que la olvida"*. Volver, sí, a la diferencia de ser mujer (pues no es casual que la diferencia siempre esté en el otro, siempre sea de los otros) para referirme a esas *Notas para una pedagogía (improbable) de la diferencia* con las que el libro se abre a un inevitable final o se cierra con una necesaria apertura: la de la pregunta por la educación.

Y quizás sea bueno, para dejar sólo insinuado algo de lo que este libro remueve en quien escribe este prólogo, despedirme aquí de sus lectores y lectoras con estas palabras de su último capítulo que, ya digo, nos abre las puertas a una aventura, la de pensar de otro modo la educación, que no es más que pensar de otro modo nuestra relación con el otro, que no requiere otra cosa sino arriesgarse a pensar de otro modo la mismidad:

"Preferimos cambiar la educación –y cambiarla siempre– antes que preguntarnos por la pregunta; preferimos ocuparnos más del ideal, como normal, que de lo grotesco, como humano. Preferimos hacer metástasis educativa a cada momento. Nos subyuga transformar la transformación olvidando –o bien negando– todo punto de partida; y la vorágine de un cambio que haga de la educación algo parecido a un Paraíso tan improbable como imposible. Del cambio sin origen: de eso se trata".

Barcelona, abril de 2002

Presentación del autor:
Entre el *"¿Y si el otro no estuviera ahí?"* y la *"Atención a la diversidad"*.

Notas para una aclaración tan confusa como entrañable

> *Pues el hombre, en lo más profundo de su ser, depende de la imagen de sí mismo que se forma en el alma ajena, aunque esa alma sea cretina[1].*
>
> Witold Gombrowicz.

> *El "otro" no puede ser separado de la expresividad que lo constituye. Ni siquiera cuando consideramos el cuerpo del otro como un objeto, y sus orejas y sus ojos como apéndices anatómicos, los despojamos de toda expresividad, aunque simplifiquemos hasta el extremo el mundo que expresan ...*
>
> Gilles Deleuze.

— I —

«El ojo que ves no es ojo porque tú lo veas; es ojo porque te ve»

(Antonio Machado)

Confieso que no he sido fiel. Pero que mi infidelidad fue sólo corporal, territorial y literaria; no fue teórica ni mucho menos moral. Que cuando leo y releo estas páginas no puedo sino preguntarme dónde han quedado los primeros esbozos, los garabatos iniciales, aquellos diseños prolijamente ordenados en papeles *naturalmente* perdidos. Que cuando más busco el origen más encuentro el final. Que me he perdido en infinitos libros de arena.

Todo se inició en una curiosa tarde de julio en el Buenos Aires del 2001 (los periódicos hablaban por entonces, creo, de un ex-presidente levemente preso y de una paciente pero acechante tragedia económica). Estaba ya rendido, exhausto de

---

1 Agradezco a Caterina Lloret por confiarme esta frase de Gombrowicz, a sabiendas que no iría nunca a traicionarla (ni a ella, ni a la frase).

palabras, cuando tres amigos entrañables[2] me hicieron una temible propuesta –y
sin embargo tan largamente esperada–: *"te enviaremos las clases desgrabadas,
para que las corrijas y las reescribas para un libro".*[3]

Desde aquella tarde furiosa –y, como no podía ser de otro modo, también
lluviosa– a esta tarde de Barcelona de hoy, febrero de 2002 (donde los periódicos
se obstinaban hasta ayer contra una muchacha árabe que insistía en ir con su velo
a la escuela, y donde la escuela también se obstinaba contra el velo y, sobre todo,
contra la muchacha; y que hoy se devanean por saber si "multiculturalismo" es
acaso un virtuosismo, una diatriba o una gangrena) muchas cosas (me) han ocurrido: en primer lugar, quise jurar fidelidad a la oralidad acumulada en aquellas
clases de julio, pero no pude; en segundo lugar, otros textos hicieron metástasis
en mi cuerpo y lo doblegaron; en tercer lugar, llegaron gestos y rostros nuevos
casi de madrugada y no tuve cómo no abrirles la puerta; en cuarto lugar, aquel
ex-presidente dejó de estar levemente preso y la tragedia económica se ha hecho
aun más trágica; por último, la niña árabe del velo pudo al fin matricularse, no
sin antes ser acribillada, denostada, vulgarizada, banalizada y, lo que es peor, des-
arabizada. Y aún nada sabemos sobre si el "multiculturalismo" acabará siendo
un antónimo de todo aquello que huela a talibán[4], si deberemos dejar de una vez
por todas de pronunciar esa palabra, o si quedaremos finalmente tendidos en las
playas con los cuerpos llagados y mutilados tratando de alcanzar el Paraíso, o
lo que queda de él.

Y aquí estoy. Aquí está el texto.

Entre tres ciudades que amo en un amor no correspondido (y todo por mi
culpa) justificando órdenes y desórdenes, fragmentos y heterodoxias, silencios y
entrelíneas, metástasis y metamorfosis.

Justificando, por ejemplo, que entre aquel curso y este texto puede (¿debe?)
haber un abismo de autor y de autores, de tópicos y de temáticas, de sujetos otros
y de otros sujetos, de desorganización, de términos y de palabras –y de falta de
términos y de palabras–, de espacialidades y temporalidades. Y que sabrá el lector, frente al abismo, si dar un paso al frente o, quizá mejor, un paso atrás.

Justificando cómo algo que se ha dado en llamar *Atención a la Diversidad*
puede hoy ser traducido, claro que provisoriamente, como: *¿Y si el otro no estu-*

---

2   Ya que son tan entrañables quiero decir sus nombres: Angélica Graciano, Nestor Carasa y Jorge
    Cardelli.

3   Ese curso fue también entrañable para mí, y por ello lo menciono con su nombre propio: Primer
    Programa de Actualización en Atención a la Diversidad, organizado por la Escuela de Forma-
    ción Pedagógica y Sindical "Marina Vilte" de la Central de Trabajadores de la Educación de
    la República Argentina (CTERA) y por la Universidad Nacional del Comahue, ocurrido en el
    mes de julio de 2001 en la ciudad de Buenos Aires.

4   En visita a Barcelona, el ex-presidente de los Estados Unidos Bill Clinton pronunció una frase
    que aún perdura en nuestras conciencias: *"El mundo será catalán o talibán"* (Periódico *El País*,
    29/10/2001).

viera ahí? Y que el lector decidirá –considerando aquello que en este mundo todo, absolutamente todo, se ha vuelto objeto de opinión– si el espejo que los títulos les devuelvan les servirá, como dice Machado, para apenas teñirse el pelo o bien, como realmente espero, para quebrarse el propio rostro en mil pedazos[5].

Aceptando, pues, la pena que me cabe por haber traicionado en algo lo entrañable de aquella invitación. Y renunciando a todo parentesco (pero no a la herencia que me cabe) con aquel que hablaba en ese julio, al cual recuerdo, todavía, con mucha ternura.

Haciendo mía, visceralmente hablando, aquella idea de Baudrillard (1999) de que todo es posible en relación a "los cambios", pero que lo que realmente importa es una metamorfosis –y advierto aquí al lector que en este punto en particular no podré hacer ninguna concesión; ni siquiera he querido pedirles permiso ni preguntarles nada–.

Justificando ante el recuerdo de los ojos impávidos pero bellísimos de los asistentes al curso de julio, aquello de la no continuidad entre la oralidad y la escritura; que la escritura tiene un dueño diferente, que es responsable única de sus artimañas y de sus mañas; que la escritura se consume en su propia diferencia. Que *es* diferencia. Y que nos hace falta una escritura que nos subvierta, nos antagonice, nos paradojice.

Que quisiera jurarles que desde lo más hondo de nuestra esforzada complicidad no he dejado aquí de mencionar nada de aquello que les fue confiado entonces.

Que aunque pueda no notarse, sigo desconfiando de todo aquello que ya desconfiaba.

Que sigo pensando que para hablar de cambios en la educación es necesario, primero, un profundo silencio, una larga espera, una estética no tan pulcra, una ética más desalineada, dejarse vibrar por el otro más que pretender multiculturalizarlo, abandonar la *homo-didáctica* para *hetero-relacionarse*.

Y que luego, enseguida, hace falta volver a mirar bien aquello que nunca hemos visto o que ya hemos visto pero desapasionadamente.

Volver a mirar bien, es decir, volver la mirada más hacia la literatura que hacia los diccionarios, más hacia los rostros que hacia las pronunciaciones, más hacia lo innombrable que hacia lo nominado. Y seguir desalineados, desencajados, sorprendidos, para no seguir creyendo que "nuestro tiempo", "nuestro espacio", "nuestra cultura", "nuestra lengua", "nuestra mismidad" quiere decir "todo el tiempo", "todo el espacio", "toda la cultura", "toda la lengua", "toda la humanidad".

Volver a mirar bien, como dice Nuria Pérez de Lara (2001) para no tener esa sensación de tópicos vacíos, encubridores de realidad, que no dejan huella ninguna a no ser aquella de la oquedad, de la infertilidad, de la soledad a solas.

---

5   Me refiero a aquel proverbio de Antonio Machado que dice: *"Busca en tu propio espejo / pero no para afeitarte / ni para teñirte el pelo"*.

Justificando frente a los ojos igualmente bellos de mis nuevos colegas que ya no son actuales[6] el porqué nosotros, desde esta parte de la Tierra, nos obstinamos tanto en hablar sobre aquello de la "atención a la diversidad" –en el sentido que nos empeñamos en considerarlo como un cambio educativo que es real, verdadero, objetivo y ya moldeado en su totalidad– si aquí –en lo que creemos que es el origen divino de la "atención a la diversidad"– ellos viven angustiados aún entre pateras, indocumentados, magrebíes, latino-americanos, árabes, cuerpos-nativos-con-su-documentación-al-día pero deficientes, vestimentas raras, sonidos guturales, religiones oscurantistas, cuerpos sin clítoris y *otras rarezas, excentricidades y anormalidades multi/inter-culturales.*

Si ellos viven entre cuerpos, voces y gestos que todavía no han tenido la "fortuna" de ser huéspedes de la hospitalidad ("la atención a la ...") ni mucho menos el privilegio de recibir tal divino mote ("diversidad"). Y que, muy por el contrario, fueron y siguen siendo objetos permanentes de una hostilidad de lo mismo.

Si ellos juran que han visto niños y niñas gitanas deshaciéndose las manos de tanto golpear para derrumbar las puertas de las escuelas que se les negaba.

Si confiesan que hay niños y niñas cuya lengua es multada cada vez que pronunciada[7].

Si, me dicen, que no hay más que la violencia ordenada de unos decretos; evaluaciones que pretenden medir el cuánto y el cómo del ser o no ser tolerante; actividades donde sólo pueden unirse los iguales (el negro con la negra, el indio con la india, el blanco con la blanca, el oriental con la oriental, etc.); y el otro como problema, y su didactización y curricularización; y las dinámicas en torno de un otro que bien haría en estar, si quiere aquí mismo, pero en otro lado.

Si, me vuelven a decir, que hay que volver a mirar bien. Tal vez no donde creíamos, quizá no donde pensábamos.

Justificando, con la ayuda e incredulidad de quienes me acompañaron durante algunos martes de invierno[8] –en un camino sin retorno hacia ninguna parte– que las imágenes del otro acaban convirtiéndonos en rehenes del otro; que los sentidos del otro terminan por quebrantar nuestras rígidas manos hasta convertirlas en caricias, hasta transformarlas y transformarnos en rostros que a veces se acercan, es verdad, pero que muchas otras veces se ignoran en racimos y rizomas

---

6   Me refiero a los/las entrañables "colegas" del Departamento de Departamento de Didáctica y Organización Educativa (DOE) de la Universidad de Barcelona, España: Nuria Pérez de Lara, Caterina Lloret, Gloria Diaz Fernández, Virginia Ferrer y José Contreras.

7   Estoy mencionando aquí una carta de lectores aparecida en el periódico *El País* de España (19/11/2001) donde se denuncia que en un colegio de Villaviciosa, Oviedo, se multa a los alumnos con 25 pesetas por cada palabra dicha en dialecto *bable*.

8   Me refiero a los/las entrañables "alumnos/alumnas" y al "profesorado" del Seminario *Espacialidad, temporalidad y educación* que dicté en la Universidad de Barcelona entre enero y febrero de 2002.

de diferencias. Y justificándome, escribiendo, con ellos y para ellos, muchas de estas páginas.

Justificando que, tal vez, no sea yo tan útil, tan capaz de una mecánica didáctica conveniente y que no soy lo suficientemente distraído como para dejarme arrastrar por cualquier brisa o enceguecerme por la primera estrella fulgurante.

Advirtiendo que sufro del mal de la sospecha, de la incomprensión y de lo inestable. Que en términos de educación mi herencia es más bien pagana y, sobre todo, austera.

Que hay momentos en que la forma de una letra me conmueve, que un número cualquiera es capaz de someterme y que zozobro ante cualquier patio de cualquier escuela en cualquier recreo. Pero advirtiendo también que me sublevan, en el siguiente orden, todos los festejos escolares, la apariencia etérea de los pizarrones, la estúpida presencia del dictado, la indecente rima vocálica de la lengua oficial y esa tenacidad para prohibir que el otro sea otro en nombre de la mediocridad, egocéntrica y mezquina, de la mismidad.

Justificando, finalmente (toda vez que se haya aceptado mi confesión anterior) que si bien he sido infiel no creo haber traicionado a nadie ni a nada.

Que no me he traicionado ni he traicionado desde el momento en que, al ser invitado para hablar de "Atención a la diversidad" propuse a los organizadores (aunque no recuerdo bien si lo dije en voz alta o sólo para mí mismo) que deberíamos también   –¿más bien?– considerar los siguientes interrogantes: ¿hay, acaso, una temporalidad común entre el yo y el tú, entre el nosotros y los otros que nos autorice a hablar de un tiempo "cero", "inicial", "originario", "fundador", "de partida"? ¿Hay, entonces, una espacialidad común entre el yo y el tú, entre el nosotros y los otros que nos permita territorializar, una vez más, el adentro y el afuera, la interioridad y la exterioridad, la inclusión y la exclusión? ¿Hay disponible sólo una única mirada para recorrer el mundo, más allá de las cantidades que nos manipulan obscenamente, del paraíso virtual que nos eleva a ninguna parte, de lo políticamente correcto que nos hace decir sinsentidos, de las exclusiones de los otros, de las promesas integradoras hacia los otros? ¿Hay por lo tanto un cambio educativo que nos posibilite afirmar que se trata, esta vez, de otra cosa o que no es sólo una metáfora cansina de nuestra propia y egocéntrica mismidad? ¿Y dónde queda aquello del otro irreductible, misterioso, innombrable, ni incluido ni excluido, que no se rige por nuestra autorización, ni por nuestro respeto, ni por nuestra tolerancia, ni por nuestro reconocimiento para ser aquello que ya es y/o aquello que podrá ser? ¿Y dónde queda, además, la relación de ellos con los otros –no sólo con nosotros, no sólo entre ellos–? Y por último: ¿cuál es la herencia, cuál es el testamento que está en nuestros cuerpos y en nuestra lengua que nos obliga a entender la pregunta educativa, la pregunta sobre la educación, en una única dirección posible, a través de una flecha que siempre (y que sólo) indica hacia nosotros mismos?

— II —

E l título de este libro bien podría haber contenido una expresión, tal vez un subtítulo, como el siguiente: *"¡Ay! ¿Por qué nos reformaremos tanto?"*. O quizá, con un tono de horror, éste otro: *"¡Oh! ¿Por qué siempre se nos olvida algún otro?"*. Y por qué no, mientras no dejo de hacer –por las dudas– aquel gesto de "mentira" con las manos por debajo de la mesa: *"Todos somos, en cierta medida, otros"*.

En el primer caso – *"¡Ay! ¿Porqué nos reformaremos tanto?"* (título que utilizaré para las últimas notas de este libro)– bastaría con detenerse un poco en aquello que cuenta Dostoievski acerca del mostrarle el cielo por primera vez a alguien; y que ese alguien, luego de unos segundos de profunda consternación y admiración, dijera: *"sí, está bien, está muy bien. Pero yo hubiera puesto aquellas estrellas más allá, la luna un poco más arriba, y daría algo más de obscuridad al cielo, que está demasiado diáfano"*. Esta puede ser la historia de la necesidad de reformas en educación, pero también de la insatisfacción con las reformas, y mucho más, del fetiche de las reformas. Una historia de cambio como metástasis, no como metamorfosis. Una historia oficial que creo tediosa e insípida y que dejaremos que otros la cuenten y que leeremos, alguna vez, más tarde, después, en los infinitos textos de aquellos infinitos autores que ya la han escrito infinitas veces.

En el segundo caso – *"¡Oh! ¿Por qué siempre se nos olvida algún otro?"*, habrá pues que recordar uno de los cuentos más conocidos de Machado de Assis, *El Alienista*, escrito en 1882. En ese relato el doctor Simão Bacamarte funda en una pequeña ciudad del interior una institución para los locos que, hasta entonces, no tenían dónde expresar sus alucinaciones, sus desvíos, sus desvaríos. Con el paso del tiempo, y por efecto de un "avance científico inevitable" la institución se puebla cada vez más, y ya no de locos, sino de todo aquel vecino que presentase cualquier mínima obsesión, cualquier pequeña duda, cualquier comportamiento inclasificable, cualquier voz de disidencia. Hubo un momento, entonces, en que la locura fue generalizada y, menos el médico, todos estaban y/o debían estar locos. Hasta que nuestro personaje percibió que en realidad debía más bien curar no ya la supuesta locura, sino la demasiada cordura, la abundancia de mesura, el exceso de bondad, la insoportable coherencia, la insistente modestia, la inquietante tranquilidad, el grito irritante de la virtud, etc. Una vez lograda su misión redentora y normalizadora descubrió por fin, con asombro y horror, que aquello a lo que realmente debía dedicarse era a su propia cura, pues era él quien pecaba de perfección en exceso.

Esta también puede ser la historia de los cambios en educación. Pero a diferencia de la historia anterior ella puede ser una referencia mucho más a esa *totalitarización* institucional o de una institución total/totalitaria que todo lo desea atrapar, que todo lo desea contener e incluir, que no soporta las ausencias, los olvidos, las ambivalencias, y que reposa satisfecha al cerrar por dentro sus puertas, al enclausurarse, al haber concluido con éxito su misión antropofágica y diabólica de poseerlos y dominarlos a todos, a todas y a todo.

En el último caso – *"Todos somos, en cierta medida, otros"* – intuyo el inmediato silencio, el rápido suicidio, la etérea velocidad con la cual decimos algo para no decir nada o para rápidamente banalizarlo. Ésta también es la historia de los cambios educativos: la búsqueda, a veces desesperada, de decir algo para en la última sílaba darlo por terminado; y la excesiva pronunciación de un nombre al cual luego, como dice Porchia, no sabemos qué nombre darle; y los textos y las leyes y el currículum que se reproducen y producen hasta el hartazgo mientras hacemos que el cuerpo del otro espere inmóvil; y las reformas que se venden pero, sobre todo, que se compran, mientras la masacre del otro continúa.

— III —

L o cierto es que aquí estoy y aquí está el texto: *¿Y si el otro no estuviera ahí?* Entre dos distancias, entre dos textos, que no se han separado nada ni en nada, pues todo está aquí. Mi infidelidad no ha sido tanta. Y es que (¡otra vez Baudrillard!) el "objeto" ya no es lo que era. O bien, aunque suene un poco diferente: es el "objeto" el que nos mira, es el "objeto" que nos piensa. Nos mira y nos piensa incesantemente. El otro nos mira y nos piensa incesantemente.

Y ya no hay vuelta posible: o miramos desde un sótano –y desde allí resguardamos, protegemos lo que creemos que somos– o lo hacemos desde el altar de un paraíso virtual –desde donde se puede ver, efectivamente, un cierto orden y desde donde es posible, además, profetizar tenues utopías– o, por último, nos pulverizamos los ojos hasta reducirnos a cenizas.

"En cuestión de alteridad –dice Baudrillard (op. cit.: 83)– *todo es posible (sociabilidad, comunicación instantánea, redes). Lo que hace falta es una forma dual, antagonista, irreductible".*

Por ello, toda vez que quise hablar en torno de la expresión "atención a la diversidad" o, directamente, de "diversidad", una cierta patología de nombre desconocido me obligaba con frecuencia a desviar mi mirada hacia otras cosas, a pronunciar otras voces, a balbucear otros sonidos; así, en la misma medida que el término "diversidad" se iba volviendo cada vez más inaudible y superfluo, aparecían ante mí casi siempre de un modo inestable otras voces: "diferencias", "identidades", "mismidad", "el otro maléfico", "la invención maléfica del otro", "el otro en su temporalidad y su espacialidad", "la homo-homogeneidad", "el ser rehén del otro", "la hostilidad hospitalaria" (estas tres últimas gracias a Derrida), "la irreductibilidad del otro, de lo femenino" (en términos de Lévinas), etc.

Por ello, toda vez que quise pensar alrededor de la expresión "atención a la diversidad" o, directamente, de "diversidad", notaba que había allí una suerte de mezcla de somníferos que iban distanciando o ralentando o demorando la relación y el conflicto final con el otro. La diversidad (y su atención) me provocaba y provoca toda la ambivalencia que aquí sigue: (a) que bien podría ser pensada como un simple dato descriptivo y prescriptivo que consiste en ser cada vez más riguroso y obsesivo en la catalogación del otro; (b) que bien podría ser desconsiderada por su tenor eufemístico y su aroma rancio, por ejemplo, a mariposas, cactus y especies en extinción; (c) que bien podría ser apenas considerado, pero sentir inmediatamente que nos habíamos desembarazado del otro con cierta facilidad teórica y corporal; (d) que bien podría ser un modo de comenzar a quitarnos el maquillaje para mirarnos con el otro de rostro para rostro —y aquí confieso que, lamentablemente, siempre retornaba aquella imagen de que la "diversidad" no somos nosotros: son los otros—; y finalmente (e) que bien podría ser una forma de pensar de otra manera nuestra herencia cultural, política, educativa, etc., pero ahora siendo rehenes del otro, de su misterio y, por lo tanto, obligados mucho más a una postergación del nombre del otro, de la definición del otro, de la domesticación del otro —pero ya, en este último caso, he dejado en un cesto el término "diversidad" con todos sus (sin)sentidos—.

Por ello, toda vez que quise pensar alrededor de la expresión "atención a la diversidad" o, directamente, de "diversidad", notaba que una cierta promesa multi o intercultural en cierto modo ficticia rondaba en nuestras mentes: la ilusión —no sé, ni me importa, si honesta o deshonesta, si sincera o hipócrita— de que podríamos estar todos juntos de una vez y para siempre, finalmente, ahora mismo, sin siquiera mirar una sola vez hacia atrás, sin remordimientos, sin disculpas, sin rasguños; pero también una ilusión gobernada —quiero decir pre-determinada— por tres principios que intuyo milenarios: que los otros deben ser siempre los mismos otros —es decir: sólo algunos y pocos otros; aquellos otros que hemos podido nombrar—; que otros "otros" nunca serán admitidos en el territorio de la "diversidad"; y que nosotros no somos ni los otros "diversos" ni mucho menos los otros "otros", sino una pura, autoritaria, egocéntrica y voraz mismidad.

Y aquí hago un paréntesis. Y les pido, por favor, que no nos veamos tentados en trazar equivalencias allí donde impera la más terrible ambigüedad. Que no produzcamos simetrías donde las palabras se deshacen de desorden. Y, sobre todo, que no insistamos más en nombrar lo innombrable, en administrar las diferencias para mitigar el dolor, en barrer bajo la alfombra toda la banalidad producida en torno de los otros.

Si aquí estoy y aquí está mi texto es porque sólo puedo ser fiel a esa inveterada tradición de inestabilidad. Una tradición de preguntas mal formuladas, de textos y palabras iniciales que acaban en el fuego, de pasiones y de incongruencias sobre nosotros y los otros.

Y digo: frente a un aparente nuevo nombre, la perplejidad. No la costumbre, no la docilidad. Frente a un aparente "nuevo cambio", la desconfianza. No la metástasis y sí, en todo caso, la metamorfosis. Frente a una aparente nueva promesa, el desasosiego. No la total comprensión, no su burocracia. Frente a un aparente movimiento, otra vez la perplejidad. No el hábito incorpóreo. No su ordenación.

El otro ya ha sido suficientemente masacrado. Ignorado. Silenciado. Asimilado. Industrializado. Globalizado. Cibernetizado. Protegido. Envuelto. Excluido. Expulsado. Incluido. Integrado. Y vuelto a asesinar. A violentar. A obscurecer. A blanquear. A anormalizar. A normalizar excesivamente. A estar fuera y estar dentro. A vivir en una puerta giratoria. El otro ya ha sido lo bastante observado y nombrado como para que podamos ser tan impunes al mencionarlo y observarlo nuevamente. El otro ya ha sido demasiado medido como para que volvamos a calibrarlo en un laboratorio desapasionado y sepulcral. Por eso el título de este libro: *¿Y si el otro no estuviera ahí?*

Porque sin el otro no seríamos nada (y a no confundir esta frase con aquella otra que se pronuncia habitualmente en los entierros); porque la mismidad no sería más que un egoísmo apenas travestido. Porque si el otro no estuviera ahí sólo quedaría la oquedad y la opacidad del nosotros, la pura miseria nuestra, el propio salvajismo que ni siquiera es exótico. Porque el otro ya no está ahí, sino aquí y en todas partes; inclusive donde nuestra pétrea mismidad no alcanza a ver.

Y porque si el otro no estuviera ahí ... ¡pues más vale que tantas reformas nos reformen a nosotros mismos de una vez y que tanta biodiversidad nos hostigue con sus monstruos por la noche!

— IV —

La intención de este libro está atravesada por un eje que no deja de ser caótico, obscuro y aún remanido: la cuestión del otro. Esta cuestión, desde hace un tiempo a esta parte, se ha ido banalizando, moralizando, y mucho más cuando a ella le agregamos la cuestión educativa o, mejor dicho, cuando pensamos en la cuestión del otro específicamente dentro de la educación. Dice Derrida (2001: 49): *"... actualmente las palabras 'otro', ' respeto del otro', 'apertura al otro', etc. empiezan a resultar un poco latosas. Hay algo que se torna mecánico en este uso moralizante de la palabra 'otro'"*.

La cuestión del otro que asumo se rarifica con las discusiones acerca de las temporalidades y espacialidades del otro, con las representaciones e imágenes habituales del mundo de la alteridad, y todo con el desmesurado y pretencioso propósito de deslizarme en la llamada política, poética y filosofía de la diferencia.

Una filosofía de la diferencia que no es, como veremos, una "metafísica de la diversidad", una existencia descriptiva, ya dada, ya ordenada, acerca del otro.

Una política de la diferencia que no puede traducirse apenas en una "atención a la diversidad".

Y una poética de la diferencia que no supone ni la nostalgia, ni la elegía, ni la utopía, ni la alabanza acerca del regreso del otro, de su vuelta, sino que gira en torno de su misterio, de su lejanía, de aquello que por ser irreductible se vuelve otro.

Una política, una poética y una filosofía de la diferencia. Y no una "atención a la diversidad".

¿Pero por qué ofrecer estas aclaraciones tan abruptamente, por qué excusarse ya desde el inicio sobre aquello de lo cual este libro no va a tratar, no va a decir, no va a vender, no va a ser?

Desde el momento en que fui convocado como docente del curso ya mencionado de *Atención a la diversidad* se instalaron en mí, en un brevísimo lapso de intensa impaciencia, algunas preguntas que todavía hoy me parecen inquietantes, de cuya solución no creo haber dado cuenta en este texto y de cuya importancia aún no me entero. Entre ellas, por ejemplo: ¿es posible hablar de la "atención a la diversidad" como un cambio evidente en la educación?; o bien más tautológicamente: ¿la "atención a la diversidad" está disponible como un único sentido en los maestros y maestras, en la propia "diversidad", en los programas y proyectos de formación docente, etc.?; o, quizás de un modo menos pretencioso: ¿acaso existe algo en la "atención a la diversidad" que podamos denominar como "cambio"?; o también: ¿de quién es/debe ser ese movimiento de cambio?; y en otro sentido: ¿de cuál "diversidad" y de cuál "atención" se está hablando?

Tuve y tengo la impresión que todas estas preguntas y muchas otras que surgían y surgen incesamente, pueden resonar no como reflexión o como indagación preliminar, sino como interrogantes que, al mismo tiempo, parecen contener la exaltación de su misma respuesta, la omnipotencia de su propia justificación. Por ello me pareció que, así planteado, el problema de la "atención a la diversidad" no estaba siendo formulado como una pregunta y sí como una afirmación, es decir, como una evidencia en relación a la cual simplemente deberíamos ser suficientemente descriptivos, como la materialización de una gran narrativa –otra narrativa más– acerca de un cambio en la educación, generada por la introducción de la idea misma de "atención a la diversidad", una idea que, se nos dice, está allí, que es irrefutable, pretendidamente universal, "real".

Lo curioso de aquel conjunto anterior de interrogantes es que se presentan, en cierta forma, como aquellas cuestiones que "deberíamos" plantearnos cuando discutimos acerca de los cambios educativos, es decir: ¿qué es aquello que debe cambiar? ¿quién es el sujeto que es enunciado en el cambio? ¿cómo debe producirse el cambio? ¿dónde se realiza el cambio? ¿qué tipo de racionalidad/ es subyace/n en el cambio?

Es cierto que estas preguntas pueden responderse con un poco de esfuerzo y en su expresión más acotada, echando mano a nociones de superficie tan difusas como, por ejemplo, "cambio de leyes", "cambios en los programas de formación del profesorado", "cambios en el currículum escolar", "cambios en las didácticas y en las dinámicas del aula", etc. O bien hurgando en la abundante producción bibliográfica que se proponen desde un inicio la manutención inequívoca del slogan de "Atención a la diversidad"; textos que, sin lugar a dudas, no serán tan infieles como éste; textos que, sin embargo, han traicionado a buena parte de toda alteridad.

Pero sin querer subestimar en nada la idea de "cambio" y de "atención a la diversidad", diré que este texto se pregunta otras cosas, vibra con otras cuestiones, se suicida a cada paso y comete demasiados errores. Sin embargo, se trata de un texto hecho con la cabeza erguida. Y con el cuerpo fragmentado.

Un texto que no he querido responder a nada ni a nadie, sino simplemente para volver a mirar bien. Y mirar bien, nuevamente, para que la mismidad se conmueva y atormente de una vez. Para que cuando el otro vuelva, nos invite a su misterio, nos haga diferencia, nos difiera.

— V —

En el primer capítulo, que denominé tal vez pretenciosamente *Acerca de la temporalidad del otro y de la mismidad. Notas para un tiempo (excesivamente) presente,* discuto la cuestión de este presente que dejará de serlo enseguida para ser un nuevo y renovado presente; de este presente incomprensible. Pero no me propongo una discusión en los términos de un sujeto que todo lo comprende, sino desde la absoluta perplejidad, desde la pérdida del sentido sobre el otro y, por consiguiente, sobre la propia mismidad. A partir de esa perspectiva, me refiero a determinadas y contradictorias descripciones de la temporalidad –sobre todo la concepción de *temporalidad simultánea* planteada por Luhmann (1996), la *temporalidad disyuntiva* propuesta por Bhabha (1997) y las *paradojas del tiempo* descriptas por Deleuze (1988)–. Sólo en la última parte del libro vuelvo a la cuestión del tiempo de la mismidad y la alteridad, al anunciar tres pedagogías que se refieren al modo en que el otro aparece, desaparece y reaparece desde una temporalidad –y espacialidad– pedagógica: la pedagogía del otro que debe ser borrado –en el tiempo y en su tiempo; en el espacio y en su espacio–, la pedagogía del otro como un huésped hostil de este presente, y la pedagogía del otro que vuelve y reverbera permanentemente.

En el segundo capítulo: *Acerca de las representaciones del otro y de la mismidad. Notas para volver a mirar bien lo que ya fue (apenas) mirado*, parto de la idea de la existencia de miradas –representaciones– diferentes del mundo, miradas que en su especificidad o en su superposición o en su gobierno determinan, producen, inventan y refieren, a su vez, miradas también diferentes sobre el mundo de la educación y de la escuela. Mi propósito en esta parte del libro es, en primer lugar, esbozar la intuición de que poseemos, o nos están disponibles, o se nos imponen, ciertas narrativas y meta-narrativas del mundo –lo que es decir de la cultura, de las comunidades, de los sujetos, de la educación, de la lengua, de las identidades, etc.– contradictorias, divergentes, ambiguas. Y que cada una de esas narrativas (nos) concede un mecanismo de mirar o bien "llama" a mirar el mundo en formas representacionales diversas: sólo en nombre de una primera y provisoria aclaración, estoy refiriéndome a aquellas representaciones sobre el mundo que pueden ser bautizadas, por ejemplo, como del "mundo globalizado", o del "mundo gobernado por cantidades obscenas y manipulables", o del "mundo de las promesas integradoras", o de las "exclusiones e inclusiones", o de la "fibra óptica", entre otras.

Quisiera dejar claro que no es mi propósito establecer aquí un sistema en cierto modo "completo" y "comprensible" de una suerte de totalidad de representaciones que tenemos y que nos son disponibles del y en el mundo –esto es, esa inveterada intención y tentación de explicar el mundo de un modo trascendental–. No tengo, ni por asomo, esa ilusión ni la capacidad para siquiera pensarlo. Bien por el contrario, se trata de narrar con total imperfección las disonancias, las asincronías, las heterogeneidades de esas representaciones.

En el tercer capítulo, *Acerca de la espacialidad de la alteridad y la mismidad. Notas para una deslocalización (permanente) del otro,* describo aquello que puede ser denominado como de diferentes, aunque probablemente contiguas, *espacialidades del otro:* la espacialidad colonial, la espacialidad multicultural y la espacialidad de la diferencia, para perturbar y poner en tela de juicio las escasas y, por otro lado tradicionales localizaciones binarias que parecen estar disponibles para la alteridad, es decir: exterioridad/interioridad, dentro/fuera, centro/periferia, mayoría/minoría, mente/cuerpo, masculino/femenino, nativo/extranjero, turista/vagabundo, global/local, alta cultura/baja cultura, educabilidad/ineducabilidad, inclusión/exclusión, igualdad/diferencia, etc.

La explicitación de las tres espacialidades adquieren aquí una cierta importancia pues posibilitará, espero, una des-localización de la alteridad y una lectura crítica, en cada una de ellas, de las "mitologías acerca del otro". Además, y creo que en esto se justifica la desmesurada extensión del capítulo, planteo que hay por lo menos cinco «imágenes» acerca del otro radicalmente diferentes entre sí en términos políticos, filosóficos y poéticos: el otro maléfico, la invención maléfica del otro, los intercambios –¿imposibles?– con el otro, el otro irreductible y la mismidad que se vuelve rehén del otro.

En el cuarto capítulo, *Acerca de la anormalidad y de lo anormal. Notas para un enjuiciamiento (voraz) a la normalidad,* me aproximo a aquello que he denominado como la producción de la "alteridad deficiente"[9], esto es sobre cómo ha sido inventado y administrado un cierto tipo específico de alteridad. Aquí me valgo de un nuevo campo de estudios que en inglés ha recibido el nombre de *Disabilities Studies* y que, como se verá más adelante, todavía no encuentra su mejor traducción en otras lenguas. Aun cuando explicito esta particular influencia, no puedo dejar de soslayar la fuerte herencia y el impacto visceral que me produjo la lectura foucaultiana, en especial aquella del libro *Los Anormales* (2000).

El objetivo en este apartado es, sobre todo, el de intentar invertir epistemológicamente el problema de la anormalidad centrándolo en la normalidad, esto es, haciendo de lo normal el problema más significativo. El proceso de inversión o de conversión del problema de la anormalidad en el problema de la normalidad es (un intento por) desconstruir la naturalización que se ha hecho del problema de la deficiencia –"el problema de la deficiencia es la deficiencia y/o el deficiente"–, desplazándolo hacia aquello que se configuró como campo de lo "normal", la "normalidad", la "normalización". Dicho en otras palabras: el problema no es lo anormal, la anormalidad, el anormal y si la norma, la normalidad y lo normal.[10]

---

9   El modo en que me refiero terminológicamente en este libro a la cuestión de la "deficiencia", de los "deficientes", etc. tal vez precise de una aclaración. Para muchas personas, esas expresiones constituyen una acción –dicen que del lenguaje, pero no dicen que del discurso– políticamente incorrecta. Lo sea o no lo sea, lo que de todos modos no constituye una preocupación para mí, he usado esos términos con el objetivo de evidenciar o hacer visible el problema y la contienda en torno de los significados y sentidos culturales. Está claro que al mencionar las palabras "deficiente", "deficiencia" y otras, no estoy refiriéndome a los individuos concretos sino a una de las representaciones dominantes que sobre ellos circulan: la representación de un modelo biológico de la deficiencia donde el centro de gravedad está localizado en el individuo, en su anormalidad, en la corrección, la cura (véase Barry Franklin. *La interpretación de la discapacidad.* Barcelona: Ediciones Pomares-Corredor, 1997, pág. 17). Por otro lado, "Alteridad deficiente", es una expresión que remite no al individuo o al grupo de individuos deficientes o a su deficiencia específica sino a su invención, a su producción como «otro». Así, me aparto de toda pretensión de acompañar los sucesivos cambios y recambios de términos para denominar a esos otros, pues el lenguaje de la designación no es otra cosa que una operación colonial, no ingenua, además de poco creativa –poética o literariamente hablando–; esa operación consiste en sugerir el uso de eufemismos para continuar ejerciendo un control y un gobierno de representaciones sobre esta y otras alteridades. Eludir o esquivar palabras para utilizar otras más correctas o más modernas o más aceptables para el mundo de lo normal –como, por ejemplo, sujetos portadores de necesidades educativas especiales– sería restituir una vez más la eficacia retórica del discurso de la normalidad.

10   El porqué este capítulo no se inserta "naturalmente" al inicio de este libro, resulta de una decisión tan consciente como también cuestionable. Es que si el propósito de este texto, y del curso que le dio origen, es el de abordar la cuestión de la "atención a la diversidad", y si la diversidad en ese contexto es entendida, casi que exclusivamente, como la "alteridad deficiente", lo lógico hubiese sido comenzar por una descripción histórica, más o menos tradicional, más o menos tipificada, de las trayectorias de las instituciones, gobiernos y sujetos que la componen. Sin embargo, como vengo comentando desde el inicio del texto, tomé la decisión de trabajar en un orden diferente, que intentase alterar, perturbar, subvertir, invertir, justamente, la lógica tradicional de esta temática y sus "habituales" problemas.

Y, finalmente, *"¡Ay! ¿Por qué nos reformaremos tanto?"*, que no es un capítulo más, que no puede ser un capítulo más. Y, entonces, una nueva aclaración tan confusa como entrañable: hay siempre un riesgo y una cierta hipocresía que transitan juntas sobre una cuerda floja cuando en el último capítulo de un libro o el último apartado de un artículo debemos referirnos por fuerza a la educación. Pues parece que, entonces, hay que «concluir», «cerrar» el texto con las derivaciones en apariencia lógicas, naturales e inexcusables que nos reporten hacia un mundo educativo posible, traducible, materializable.

Como si no se hubiese hablado de educación en este libro, antes de llegar al capítulo de la educación... Como si la educación fuera necesariamente un problema cuyo lenguaje, modulación y gramaticalidad, estuviesen constituidas por espacialidades y temporalidades aisladas, auto-reguladas y auto-suficientes.

Como si la pregunta por la educación fuese tan obvia en su retórica. Como si la educación no fuera más que una pregunta habitual, que mira sin verse en su propio espejo.

Por ello, en las últimas páginas retomo mínimamente algunos de los sentidos y utilizaciones que parecen circular en torno de la "Atención a la diversidad". Mi propósito aquí es el de poner bajo sospecha algunas naturalizaciones que se han hecho de esa expresión –de acuerdo sólo con un espíritu "reformista" o "legalista"– para plantear que tal vez se trate de un nuevo y torpe eufemismo, de un nuevo sistema ordenador/controlador de la alteridad, de una nueva modalidad de querer nombrar lo innombrable, querer reducir lo irreductible, descubrir el velo de lo misterioso para hacer de ello una pura y conveniente alteridad.

Un modo de pluralizarse el «yo» sin siquiera levantar una pequeña brisa. Ni un leve soplo. Ni mucho menos una vibración, un suspiro, un tibio crepitar del alma.

Y sólo una manera de asegurarse la propia identidad, la propia mirada, la tediosa y torpe mismidad. Por eso, en las páginas finales, prefiero mucho más abordar la cuestión de las «pedagogías del otro» y no la «educación». Pedagogías que capturan, ignoran, enmascaran, masacran o vibran con el otro.

Para ver si es posible reescribir el testamento.
Para ver si es posible volver a mirar bien.
Porque el otro ya no es lo que era.
Porque es el otro quien nos mira.

AGRADECIMIENTOS

Este libro no hubiera sido posible sin el trabajo, la ayuda, la paciencia y la hermandad de Angélica Graciano, Nestor Carasa, Jorge Cardelli y Marta Maffei.

Tampoco hubiera podido siquiera iniciar un esbozo sin la co-autoría, transparencia y sensibilidad de Nuria Pérez de Lara, Caterina Lloret, Virginia Ferrer, Gloria Diaz Fernández y José Contreras.

Quiero dejar constancia, además, de las personas que en uno u otro modo discutieron conmigo éstas y otras ideas, y que ayudaron a que mis manos pudieran deslizarse con mayor libertad por el teclado: María José Sánchez, Jorge Larrosa, Pablo Gentili, Gustavo Fischman, Ricardo Baquero, Silvia Duschatzky, Alfredo Veiga-Neto, José Antonio Castorina, Tomaz Tadeu da Silva, Walter Kohan, Regina Maria de Souza, Maite Fonollosa, Nilton Bueno Fischer, Sérgio Lulkin, Ramón García, Gladis Perlin, Remei Arnau, Fernanda Brasil Araujo, Magaldy Téllez, María Lourdes González Luis, Maura Corcini Lopes, Mariano Palamidesi, Madalena Klein, Marcia Lise Lunardi, Sandra Mara Corazza, Wilson de Oliveira Miranda, Liliane Ferreri Giordani, Angela Soteras, Paulina Ramírez, Norma Mazzola, Carlos Sanchez, Enrique Santamaria, Mariano Naradowski, Dagmar Meyer, Rosa Hesserl, Marisa Vorraber Costa, Elisane Rampelloto, Jaume Carbonell, Adriana da Silva Thoma, Lizianne Cenci, Durval Muñiz de Albuquerque jr., Asunción López, Guacira Lopes Louro, Rosa Bueno Fischer, Sergio Kipersain, Jaqueline Moll, Ana Claudia Müller, Alejandro Oviedo, Silvana Veinberg, Esteban Levin, Aníbal Rafael Lárez, Fernándo González Placer, entre muchos otros.

A todos los alumnos del primer curso de "Atención a la Diversidad" de Buenos Aires. A todos los alumnos y colegas del curso "Temporalidad, Espacialidad y Educación" de Barcelona.

A mis amigos y amigas de la Secretaría Municipal de Educación de Porto Alegre.

A mis amigos y amigas de la Facultad de Educación de la Universidad Federal de Rio Grande do Sul.

CAPÍTULO I

Acerca de la temporalidad del otro y de la mismidad.

Notas para un tiempo (excesivamente) presente

> *Una de mis preocupaciones constantes es el comprender cómo es que otra gente existe, cómo es que hay almas que no sean la mía, conciencias extrañas a mi conciencia, que, por ser conciencia, me parece ser la única. Comprendo bien que el hombre que está delante de mí y me habla con palabras iguales a las mías y me ha hecho gestos que son como los que yo hago o podría hacer, sea de algún modo mi semejante. Lo mismo sin embargo me sucede con los grabados que sueño de las ilustraciones, con los personajes que veo de las novelas, con los personajes dramáticos que en el escenario pasan a través de los actores que los representan. Nadie, supongo, admite verdaderamente la existencia real de otra persona. Puede conceder que esa persona está viva, que siente y piensa como él; pero habrá siempre un elemento anónimo de diferencia, una desventaja materializada... Los demás no son para nosotros más que paisaje y casi siempre, paisaje invisible de calle conocida.*
>
> *Fernando Pessoa.*

— I —

Todas y cada una de las preguntas acerca de la temporalidad del otro y de la mismidad pueden desdoblarse –hasta descomponerse– en infinitas cuestiones de naturaleza filosófica, política, cultural, educativa, poética y lingüística.

---

11 Recurro a Antonio Porchia –que es, tal vez, uno de los mayores autores que han escrito sobre la temporalidad y espacialidad de la mismidad y la alteridad– para prologar algunas de las secciones de este libro. Los aforismos aquí incluidos corresponden a la edición *Voces Reunidas*, publicada por la Universidad Nacional Autónoma de México en 1999. Dejo explícito mi agradecimiento a Jorge Larrosa, por haberme regalado éste y tantos otros libros confusos y entrañables.

Hay un tiempo del otro que es conocido y reconocido por la mismidad como el único tiempo posible; un tiempo del otro que ha sido inventado, domesticado, usurpado, traducido y gobernado a partir de las metáforas temporales de la repetición, lo constante, lo lineal, lo circular. Así como hay también un tiempo del otro que (nos) es irreconocible, indefinible, innombrable, ingobernable.

Un tiempo del otro que irrumpe en nuestro tiempo y se vuelve irreductiblemente inesperado.

Entre ese tiempo conocido y aquel desconocido, entre una temporalidad repetida por lo mismo y otra que huye (o rehuye) de las leyes de la mismidad, habría que plantearse por lo menos dos grandes interrogantes: el primero, acerca del tiempo en cuanto relación con aquello que llamamos realidad, "nuestra" realidad, la realidad de la mismidad; el segundo, acerca de un tiempo que parece apuntar para un otro tiempo, el tiempo como diferencia. Se trata de la temporalidad del otro, una temporalidad que, sólo en apariencia, no puede ser/estar al mismo tiempo que "nuestro" tiempo. Esta suerte de contradicción parece desplegarse, como dice Agustín García Calvo (1993: 13) a través de dos condiciones igualmente negativas: (a) *dos cosas distintas no pueden estar al mismo tiempo en el mismo sitio*[12] y (b) *una misma cosa no puede estar en dos sitios al mismo tiempo*.

A poco que continuemos con este análisis y en seguida que veamos que allí se reitera dos veces la cuestión de *lo mismo* y de *lo diferente*, podremos entender que la expresión: *"dos cosas distintas no pueden estar al mismo tiempo"* puede significar que la diferencia de las cosas hace imposible la mismidad del lugar. Y que la otra expresión: *"una misma cosa no puede estar en dos sitios al mismo tiempo"* parece aludir a que la mismidad de las cosas prohibe, elimina, la diferencia. En cada una de esas expresiones los términos mismidad y diferencia se refieren a lo idéntico y a lo distinto como a órdenes disímiles; y *al mismo tiempo* supone, justamente, una realidad, la realidad de lo mismo del tiempo.

La mismidad que prohibe la diferencia. La diferencia que hace imposible la ley de la mismidad. La imposición de la realidad de nuestro tiempo. En ello puede resumirse la compleja e incomprensible temporalidad de este presente.

"Todo problema humano debe ser considerado desde el punto de vista del tiempo" (Frantz Fanon, 1973: 15), y esta frase nos hace pensar también en su posible reverso, es decir: *todo problema del tiempo debe ser considerado desde el punto de vista de lo humano*.

No hay nada humano fuera del tiempo y no hay ningún tiempo fuera de lo humano. Sin embargo: ¿hay un único tiempo dentro de lo humano y un único humano dentro del tiempo? Con seguridad, no. Y de esa multiplicación o fracción o dilatación entre la temporalidad y lo humano, surge la perplejidad de estos tiempos. Perplejidad no como asombro que, de inmediato, permitirá la com-

---

12 Debo a Nuria Pérez de Lara la comprensión de que esa condición negativa de la temporalidad posee una clara excepción: la mujer, las mujeres, lo femenino.

prensión de todo lo que ocurre alrededor. No como una ingenuidad o inmadurez o desconocimiento. Perplejidad que irrumpe para también desvanecernos, para crear una temporalidad otra. Perplejidad como acontecimiento. Perplejidad que permite desnudar los proyectos arrogantes tejidos por ese tiempo denominado como "modernidad": el tiempo del orden, la coherencia, el significado preciso, el aprisionamiento de toda vaguedad, la certeza de toda palabra, el futuro cierto y seguro de sí mismo, el pasado nostálgico de lo que hemos creído ser y no fuimos, o no pudimos ser.

Ya no es el tiempo pasado y/o el tiempo futuro aquello que aparece en el centro del pensamiento cultural, político y epistemológico actual. Quizá porque el pasado y el futuro, como tiempos ya inertes que no se incorporan al presente, nos tendieron demasiadas trampas: trampas de utopías –a veces ingenuas, a veces sangrientas– hacia lo otro, y de *saudades*, elegías y odas a lo mismo.

En efecto, ya no es el tiempo pasado y el futuro el que (pre)ocupa nuestras reflexiones. Al menos no como antes. Y no lo es, en la misma medida que la irrupción del tiempo presente surge con una fuerza tan impiadosa como vehemente, tan incomprensible como –y aquí reside su principal paradoja– dueña de una imposición, de un esfuerzo desmesurado para su comprensión.

Irrupción del presente. Perplejidad. Incomprensión. Esfuerzo desmesurado para comprenderlo. El tiempo se nos ha vuelto inconstante, no-lineal y no-circular o, al menos, no sólo constante, lineal y/o circular. Tampoco se sostiene en la imagen de una flecha que nos anuncia con claridad, en uno u otro sentido, alguna dirección previsible. Ni es un espiral, ni una fuente de agua en donde todo transcurre de un modo conocido, constantemente repetido: *"todo se vuelve pliegue, recurrencia, mezcla de lo ya ido y lo inédito"* (Hopenhayn, 2001: 389).

Y las metáforas de lo que antecede, del durante, del después, de lo siguiente, de lo próximo o lo lejano decrecen en eficacia en la misma medida en que aumenta la desorientación de la lengua que las nombra, la incompletud de la lengua, la insatisfacción con la lengua, lo que vendrá en el devenir de la lengua. Como dice Peter Pál Pelbart (1998: xxi) en su lectura de las paradojas temporales de Deleuze:

> *En vez de una línea del tiempo, tenemos una maraña de tiempo; en vez de un flujo de tiempo, veremos surgir una masa de tiempo; en lugar de un río de tiempo, un laberinto de tiempo. O incluso, no más un círculo de tiempo, sino un torbellino; ya no un orden del tiempo, sino una variación infinita; ya no una forma de tiempo, sino un tiempo informal, plástico.*

Ya no es el pasado aquello que parezca inquietarnos. Al menos ese pasado que ni siquiera se reconoce como tal, que no reconoce haber estado en ese pasado pues evita todos sus bordes, todos sus pliegues, todas sus turbulencias, todas sus contradicciones. Allí donde hubo masacres de gentes e incendios de territorios,

ahora hay algunos pocos e incómodos hospedajes; donde hubo violencia irracional –material y/o simbólica– ahora hay una consciente y minuciosa asimilación;
donde hubo muerte, una reparación sepulcral; donde hubo sordidez e hipocresía,
ahora unos cuantos e insulsos eufemismos.

Pero el pasado regresa, de otro modo, con la irrupción del presente. El pasado
era el otro que no estaba aquí sino como enunciado; un lejano extranjero que hoy
es el aquí y ahora de los inmigrantes; la certeza de la patria y de lo nacional que
hoy (también) es la literatura de la diáspora; la sexualidad sólo dividida en dos
que hoy son otras sexualidades; la lengua experta, el *monolingüismo del otro*, la
lengua auto-suficiente, que es hoy otra/s lengua/s o ninguna lengua dentro y fuera
de la propia lengua. El pasado era, en síntesis, la repetición de la mismidad que
es hoy la irrupción de la diferencia.

Y ya no es el futuro aquello que parece inquietarnos. Al menos ese futuro
que se avergüenza de su atemporalidad. Aquel futuro que llegaría con la promesa
(incumplida) de la democracia, la justicia, la libertad, la igualdad. El futuro que
no encuentra sus reflejos en ninguno de los espejos moldeados a su imagen y
semejanza. El futuro como mímica y como des-semejanza de sí mismo.

Pero el futuro también regresa, de otro modo, con la irrupción del presente.
El futuro era la alegre e ingenua soledad que hoy es el *ya no estaremos, lamentablemente, solos*. El futuro era la promesa y el suspenso del regreso del otro
que hoy es su retorno inesperado. Era la utopía que hoy es la indecencia de su
propia nostalgia. Era la lengua perfecta que todo lo nombraba que es hoy la
incompletud de la lengua, la falta de nombres, la escasez de clasificaciones. Un
futuro de miradas que siguen repletas de cegueras, de omisiones, de eufemismos,
de violencia hacia adelante.

El tiempo es, a cada tiempo, nómade de sí mismo y en sí mismo. Y el presente,
como dice Bhabha (1998: 233)[13] ya no está naturalmente anclado al pasado y
al futuro.

> *El presente no puede más ser encarado simplemente como una ruptura o como un
> vínculo con el pasado y el futuro, no más como una presencia sincrónica: nuestra
> auto-presencia más inmediata, nuestra imagen pública, viene a ser revelada por
> sus discontinuidades, sus desigualdades, sus minorías. De forma diferente que la
> mano muerta de la historia que cuenta las cuentas del tiempo secuencial como un
> rosario, buscando establecer conexiones seriales, causales, nos confrontamos ahora
> con lo que Walter Benjamin describe como la explosión de un momento monádico
> desde el curso homogéneo de la historia.*

---

13 El texto original de Homii Bhabha es: *The location of Culture*. London: Routledge, 1994. En
    este libro utilizo la versión en portugués: O *local da Cultura*. Belo Horizonte: Editora UFMG,
    1998.

Y es que, en cierto modo, se han perdido las medidas, los nombres y los sueños de control de estos tiempos, una pérdida que Jameson (1991) imaginó como un *colapso de la temporalidad* y que, mucho tiempo antes, Althusser (1972) describió como *tiempo despótico*, es decir, un tiempo sin duración y un espacio sin lugar.

El tiempo presente se ha desdoblado, desplegado, multiplicado en trayectorias tan disímiles que ya no hay un tiempo presente, por lo menos en un sentido unitario, omnisciente, centralizador, sino una multiplicidad de tiempos presentes como tal vez nunca antes pudimos percibir y, menos aun, comprender. Así, el tiempo (conocido) se vuelve insuficiente para reconocerse a sí mismo. Y, por ello, necesitamos de otro tiempo para rehacernos y para rehacer el tiempo:

> *El tiempo no sale del presente, pero el presente no deja de moverse, mediante saltos que tropiezan unos con otros. Tal es la paradoja del presente: constituir el tiempo, pero pasar a ese tiempo constituido. No debemos rechazar la consecuencia necesaria: hace falta otro tiempo en el que opere la síntesis del tiempo. (Deleuze, 1988: 151).*

El tiempo presente, así como todo tiempo, está saturado de paradojas. Deleuze nos habla de cuatro de ellas: la primera, que es la *paradoja del salto*, contradice la idea de una posible recomposición del pasado con el presente. Es por medio de un "salto" que nos localizamos en la existencia del pasado. El pasado coexiste con el presente del cual él es el pasado. El presente constituye el tiempo para pasar a ser ese tiempo constituido. No es sólo un tiempo presente, sino un tiempo que pasa; no sale del presente y sin embargo, como dice Deleuze (op. cit.: 151): *"el presente no deja de moverse"*. Por ello el presente no es uno, sino dos: cada presente es, al mismo tiempo, un presente y un pasado.

La segunda paradoja, que es la *paradoja del Ser,* supone una diferencia de naturaleza entre el pasado y el presente, y ello contradice la noción de que pasamos del uno al otro de una forma gradual que pueda ser prevista o ser previsible.

La tercera, la *paradoja de la contemporaneidad*, supone una no-distinción entre el antes y el después, en virtud de que el pasado no continúa a un presente que ya fue, sino que convive con él.

Por último, la *paradoja de la repetición psíquica*, en que aquello que convive con cada uno de los presentes es todo el pasado, el pasado íntegro, todo el pasado, pero en diferentes grados de contracción y distensión.

Hay un salto, un ser, la contemporaneidad y la repetición. ¿Entonces el tiempo es, a la vez, único y múltiple? Para Deleuze, de hecho, hay una infinidad de flujos actuales, que participan necesariamente de un mismo todo virtual, en un mismo tiempo impersonal. La continuidad, como duración, como tiempo infinito, como un paso sin saltos, como principio y final de cada una y de todas las cosas, es una construcción del tiempo que sirve para prohibir su contrario, es decir, prohibir la

discontinuidad, el salto, la irrupción, la ruptura; en síntesis, un tiempo que sirve
para prohibir la diferencia.

Prohibir la diferencia supone únicamente afirmar la mismidad. Instalarse en
un tiempo donde sólo ocurre lo mismo.

Percibir el tiempo como un único tiempo donde la diferencia no posee el
atributo de su temporalidad. Se la hace humo, se la esfuma, se la desvanece, para
permitir que lo mismo ocupe un tiempo continuo, un tiempo sin saltos, un tiempo
sin ser, un tiempo sin tiempo.

— II —

Volatilidad del tiempo. El tiempo que es efímero. La aceleración del tiempo. Los flujos del tiempo. Instantaneidad del tiempo. Tiempo sideral.
Temporalidades que se desvanecen en el aire. El fin de los tiempos.

Para entender el presente nos son dadas centenares de interpretaciones, se nos
ofrecen vastas teorías, se multiplican los textos de la comprensión. Todo está en
crisis, se nos dice, a no ser el discurso tranquilizador acerca de la crisis. Todo en
este presente explota, todo se subvierte, todo es perplejidad menos los textos que
(suponen que) explican la explosión, la subversión, la perplejidad.

¿Cómo leer el presente si el tiempo es un tiempo discontinuo, es un salto, es
insuficiente y es divergente, es múltiple, es virtual?

Hay quien nos habla del fin de la historia y, por lo tanto, de la concentración
en un único punto, tanto temporal como espacial, de un mismo ideal político y
económico, de la universalización de todas las modalidades y expectativas de
vida, un sólo pensamiento –¿o un pensamiento sólo?–, un pensamiento único,
capitalista, de este mundo (Fukuyama, 1990: 88).

Y ya no hay historia pues el consenso sobre la democracia liberal, como forma
final de gobierno, acaba con las vicisitudes de la historia; ya no hay historia, se
nos dice, pues no hay nada que esperar, no hay nada que pensar. No hay historia,
sino para aquellos que no habitan, prisioneros, en el pensamiento de Occidente;
para quienes, se nos dice, seguimos empantanados en la historia: la historia de la
ingenuidad, de los pensamientos divergentes y de conflictos que, se nos vuelve
a decir una y mil veces, no nos deja salir de la historia, nos hace permanecer
anclados a la historia, nos hace esclavos de la historia.

Hay quienes dicen, de un modo totalmente diferente y refiriéndose a otra idea
de historia, que la ramificación y rarefacción del tiempo actual debe ser entendido como un producto de una relación muy particular entre lo global y lo local:
el presente no sería otra cosa que un reflejo del encuentro o desencuentro entre
aquellas representaciones que pretenden difundir en todo el planeta su centralidad
y aquellas representaciones locales a las cuales esa misma centralidad les atribuye

un carácter periférico, un estar fuera-del-mundo y fuera-del-tiempo, una simple y efímera resistencia anti-global. Así, el sujeto queda disimulado en lo global; así, sólo hay mímicas del otro: únicamente la diversidad flexible y cibernética, el otro no-presente, el otro representado hacia afuera tienen validez y valor. Se sugiere que no existe nada que pueda estar fuera de la aldea global, se sugiere que ello es no-perceptible; que lo local es sólo un condimento que viene a sazonar nuestra imagen globalizada del mundo, aunque a veces sea o parezca ser un condimento demasiado "folklórico", excesivamente "antropológico".

Pero si lo global no es dado o representado como un movimiento temporal único –¿o como un único movimiento temporal?–, otros movimientos deben ser, a la vez, enmascarados y/o masacrados. Lo global genera así una división en el tiempo, del mismo modo en que aparenta establecer una unión: *"Lo que para algunos aparece como globalización, es localización para otros; lo que para algunos es la señal de una nueva libertad, cae sobre muchos más como un hado cruel e inesperado"* (Bauman, 1999: 9).

Pero también hay quienes piensan que esta pérdida, que esta confusión del presente obedece más bien a una transformación, o a una inestabilidad, o a una superposición, o a un pasaje simultáneo de aquel tiempo que ha sido llamado de *modernidad* –que aún *existe*– a un otro tiempo que ha sido denominado por muchos autores como *posmodernidad* –y que, claro está, también *existe*–. Entonces: ¿hay aquí una continuidad de tiempos, un tiempo anterior y otro que lo sucede en la misma dirección, relacionado con las mismas cuestiones, hablando un poco después sobre cosas idénticas?

Se puede pensar, otra vez con Bauman (ibídem: 7), que al orden estable de la modernidad no le ha sucedido otro orden –caracterizado, también, por una nueva estabilidad– sino su única y posible alternativa: el caos, es decir, el desorden.

Por ello el prefijo "pos" no es sólo aquello que viene a ocupar lo que el prefijo "pre" ha dejado abandonado o ignorado. No es sólo su continuidad lineal, un nuevo rostro con la misma mirada, la repetición de lo mismo en un tiempo posterior. Tampoco es sólo una mirada desde otro lugar (re)conocido, ni una contra-imagen de una imagen desarticulada.

Para Ian Chambers (1995: 76) el prefijo "pos" puede indicar que: *"no necesariamente nos enfrentamos aquí con un contra-discurso que formule argumento contra argumento, posición contra posición, sino más bien con una continua dispersión y desarticulación de los términos que afirman representarnos a nosotros, a ellos y a la realidad".*

Aquello que parece ser interesante es que "pos" no significa, solamente, un tiempo después, un tiempo sólo de oposiciones, de contestación, de respuestas a las mismas contradicciones y a los mismos problemas de la modernidad. No es, únicamente, una idea de reacción, subsiguiente, a la acción. No es el mismo tiempo, no son las mismas palabras, no es el mismo otro. Es sobre todo, como dice Lyotard (1996: 112), la incredulidad frente a los grandes relatos, frente a las grandes narrativas que posibilitaron la construcción de una auto-imagen cultural equilibrada y suficiente.

Para Bhabha el prefijo "pos" puede ser contingente, discontinuo o estar en desacuerdo con la modernidad. No supone, necesariamente, un carácter temporal de discurso posterior a otro discurso. Y afirma (op. cit.: 23) que el/los término/s "pos" nos indican insistentemente para el más allá; que son resistentes a las tecnologías de asimilación y que ponen en evidencia el hibridismo cultural de sus condiciones de frontera, para traducir el imaginario social de la modernidad; y agrega que sólo podrá incorporar la energía inquieta y transformadora que (parece/n) ostentar si: *"transforman el presente en un lugar expandido y ex-céntrico de experiencia y adquisición de poder (no limitarse a una celebración de la fragmentación de las 'grandes narrativas' del racionalismo pos-iluminista)"*.

En esta última definición se alude a lo "pos", sobre todo, como un tiempo paradojal que es producto del surgimiento de identidades, posiciones o localizaciones del sujeto, que antes eran ignoradas, silenciadas, colonizadas, traducidas a un tiempo y un espacio único de representación. Identidades de sujeto que hoy están presentes en el "aquí" y en el "ahora".

Sin embargo: ¿cómo esas identidades son expuestas, fijadas, traducidas en términos de temporalidad?

El "ser" y el "es", con sus respectivas negaciones –"no ser", "no es"– y sus propias ambigüedades –"no acaba de ser", "es parcialmente", etc.– dominan todavía buena parte del pensamiento contemporáneo sobre las identidades. Y son tan dominantes que la mismidad se reserva para sí misma el derecho al "es", el derecho a "ser", al mismo tiempo que se arroga la ¿virtud? de enunciar al otro en aquello que "no se es" o "que se es sólo en parte".

La única alternativa posible para que la alteridad no quede aprisionada entre la condición y el estado del ser o no ser –o ser en parte– parece ser la de una temporalidad que podríamos denominar (como ya lo ha hecho Alexis Lopez, 2001) la del *estar siendo*.

Un estar siendo como proceso y no como un estado identitario esencializado, significa que las identidades no pueden ser temporalmente alcanzadas, capturadas y domesticadas, en tanto producen un movimiento de perturbación en cada unidad, en cada momento, en cada fragmento del presente.

Un estar siendo como vibración y no como una acentuación exacerbada.

Un estar siendo que puede remitirnos tanto a la idea de aquello que es innombrable como a aquella noción del acontecimiento (Chiara Zamboni, 1999: 13)[14]:

> *Un acontecimiento imprevisto es lo que más fácilmente provoca el pensamiento: irrumpe en la continuidad temporal y atrae nuestra atención. Resquebraja nuestra*

---

14 Traducido del texto original en italiano por Nuria Pérez de Lara.

tendencia a un saber ya dado. Nos obliga a empezar desde el principio. Lo que ya ha sido pensado es insuficiente para decir lo que ha acontecido. Es algo que no encuentra palabras para ser reconocido. El pensamiento será esas palabras.

Ningún saber ya dado sobre el otro puede entender el estar siendo. El estar siendo es un acontecimiento de la alteridad que quita de nuestras bocas las palabras habituales, las frases precisas, la gramaticalidad correcta. Nos inhibe, como mismidad, a decir qué es o qué no es el otro, qué es o qué no es su identidad. Y cierra las puertas de nuestros laboratorios, observatorios y reservorios. Estar siendo es el acontecimiento imprevisto que nos obliga a pensar más en "nuestro" ser, en nuestra identidad, que en el ser del otro, que en su identidad. Nos obliga a fragmentarnos nosotros mismos, a quitarnos de encima aquel tiempo y aquella temporalidad en que el otro era, podía ser, debía ser, no podía ser, un artificio mímico de la mismidad.

— III —

Fin de la historia. Pensamiento único. Lo global y lo local. Inestabilidad presente de lo moderno. Incredulidad frente a los grandes relatos. Y otra vez la perplejidad. Y otra vez la necesidad de otro tiempo, un tiempo otro, una insistencia para un más allá.

Pues de lo único que parece que estamos seguros, entre tantas explicaciones y comprensiones diferentes, es de nuestra perplejidad, nuestro desasosiego y nuestra desorientación. Éste es un tiempo presente donde el sentimiento de pérdida de la localización cultural –temporal y espacial– resulta ser un punto de partida y no de conclusión de la lectura y de las explicaciones de lo "actual". Pero de una lectura que no nos transforme, otra vez, en rápidos sujetos de la comprensión, sino en sujetos de la perplejidad. Perplejidad que Bhabha (op. cit.: 19) narra del siguiente modo:

> *Nuestra existencia hoy está marcada por una tenebrosa sensación de supervivencia, de vivir en las fronteras del presente, para las cuales no parece haber nombre propio (...) Esto se produce pues hay una sensación de desorientación, un disturbio de dirección, un momento de tránsito en que espacio y tiempo se entrecruzan para producir figuras complejas de diferencia e identidad, pasado y presente, interior y exterior, inclusión y exclusión.*

No hay nombres para las fronteras del presente. Se han perdido la orientación y la dirección. Las cartografías se mezclan, confusas, y crean formas de alteridad, de diferencia y de identidad caóticas, ambiguas, multifacéticas: ¿hay un único tiempo para lo humano y un único humano para el tiempo?

El tiempo presente, como acabo de decir, aparece frente a nosotros como incomprensible y, a la vez, como aquello sobre lo cual estamos obligados a pensar. Siempre han existido tonalidades diferentes para referir la naturaleza de éste y de otros tiempos: por ejemplo, un tono elegíaco –a partir del cual pensar en aquello que fuimos pero ya no somos–; o un cierto tono épico –donde resonaría la conquista de aquello que seremos pero que todavía no hemos conseguido ser–; o un tono clásico, de orden y de estabilidad, donde refugiarnos, satisfechos, a partir de aquello que somos o, más aun, de aquello que creemos ser.

Pero no hay un tono adecuado para este presente, así como no hay nombres que lo designen o definan o clasifiquen. Porque este tiempo es poseedor, sobre todo, de un tono caótico, confuso, desordenado; una disonancia de discontinuidades, de fragmentos, de silencios: migraciones y desplazamientos de poblaciones enteras, violencia racial, enfrentamientos en el interior de las ciudades, la pluralización, el mestizaje y la segmentación de las comunidades, una progresiva destrucción y burocratización de los espacios de convivencia, la proliferación de los intercambios y las comunicaciones, la afirmación de las diferencias en un mundo cada vez más globalizado. El caos, el desorden y la confusión producen el quiebre y la ruina de todos aquellos proyectos de la modernidad con los que el hombre occidental ha querido construir un mundo ordenado a su imagen y semejanza, a la medida de su saber, de su poder y de su voluntad, por medio de su expansión racionalizadora, civilizadora y colonizadora.

El tiempo presente vuelve a hacernos pensar en la condición babélica del hombre. Porque otra vez, en torno de esta suerte de nuevo Babel se ponen en juego las cuestiones de la unidad y de la pluralidad, de la dispersión y de la mezcla, de la ruina y de la destrucción, de las fronteras y de la ausencia de fronteras, de la territorialización y de la desterritorialización, de lo nómada y de lo sedentario, del exilio y del desarraigo.

Babel ha sido siempre entendida a partir de una lectura de catástrofe: la pérdida del consenso entre los hombres, el inicio de una perversa pluralidad (Sloterdïjk, 2000: 12). Pero Babel, como ocurre con este tiempo presente, sugiere la preservación –y no la ocultación– de una permanente paradoja, es decir, de una paradoja que siempre permanece: Babel habla de la unanimidad, de la totalidad y de la mismidad: de una ciudad, de un nombre y de una lengua, que son para todos los mismos. Y habla también del fin de la unanimidad, de la totalidad y de la mismidad: de la dispersión de los hombres, de la pérdida del nombre, de la confusión de la lengua y de la aparición de otros hombres, de otros nombres y de otras lenguas. La dominante interpretación del relato en términos de culpa, castigo y expiación ha presentado la condición babélica como una catástrofe que habría que remediar. De ahí la inveterada tendencia a pensar antibabélicamente la política, la sociedad, la cultura, la ética, el lenguaje o la condición humana misma; lamentablemente vivimos en Babel, como lamentablemente hemos sido

expulsados del Paraíso, y si nuestra tarea ya no es reconquistar el Paraíso, sí que
lo es, se nos dice, rehacer la Unidad o, por lo menos, administrar la Diversidad.

Por eso habría que componer y recomponer una y otra vez la pluralidad
humana; habría que aceptar y celebrar las diferencias pero, eso sí, representán-
dolas, desactivándolas, ordenándolas, haciéndolas productivas, convirtiéndolas
en problemas bien; habría que producir y canalizar los flujos y los intercambios
pero, eso sí, de forma ordenada, vigilada y productiva.

De lo que se trataría sería de convocar (incluir) toda la alteridad posible pero,
eso sí, silenciando, dosificando, resignificando y armonizando aquellas voces
disonantes, gobernando los silencios desgarradores y regularizando y rentabili-
zando los desplazamientos de un lado y otro de las fronteras (Larrosa & Skliar,
2001).

— IV —

El film *Beatiful People*, dirigido por Jasmin Dizdar, cineasta de nacionalidad bosnia y "naturalizado" inglés, puede venir al encuentro de la
infinidad de presentes y de ese "colapso de la temporalidad", descripto
anteriormente. En una Inglaterra que ya no es sólo una tierra de "vedaderos"
ingleses sino una verdadera Babel, ingleses, bosnios, croatas, serbios, africanos,
árabes e irlandeses, pueblan una ciudad que parece ser el escenario de todos los
hibridismos, encuentros y des-encuentros imaginables e inimaginables: *hooligans*
que son transportados inconscientemente para el medio de la guerra de la ex-
Yugoslavia, una sala de un hospital público donde están internados personas de
todas las naciones en conflicto bélico, amoríos entre la hija de un político local
de alta alcurnia con un pianista serbio –que reconoce haber matado a alguien
durante la guerra, y que es permanentemente cuestionado acerca de la "pureza
racial" defendida por sus (ex)gobernantes–, un médico que vive junto con sus
pacientes árabes, un reporter de la guerra que, herido en el frente de batalla, sufre
del síndrome de Estocolmo, y un telón de fondo matizado por la presencia/ausen-
cia de indocumentados y documentados, desamparados y acomodados, crisis de
identidades, crisis matrimoniales, indecisiones sobre lo nativo y lo extranjero,
sobre lo propio y lo extraño, etc.

El film se transforma, rápidamente, en una narrativa acerca de lo colonial y
lo postcolonial, sobre las fronteras, la pérdida de fronteras y el pasaje entre fronteras; los entre-lugares, la tolerancia y la intolerancia. Los territorios culturales
se hacen cada vez más tenues en la medida en que los "otros" ya no están, como
dice Bhabha (op. cit.: 219): *"más allá de aquella reinscripción o reiteración, sino
en la propia modalidad y efectos de aquella reinscripción"*. La presencia del otro
ya no se establece cómodamente en un territorio exótico, distante y distinto, sino

"aquí mismo", en medio de la producción del discurso colonial. Su irrupción se vuelve desconcertante y atormentadora.

La temporalidad del otro y la representación de la temporalidad de uno mismo crean figuras complejas del presente y de autoridad donde lo antiguo, lo anterior, lo histórico de la alteridad parece fijarse indisolublemente al pasado:

> *La enunciación de la diferencia cultural problematiza la división binaria de pasado y presente, tradición y modernidad, al nivel de la representación cultural y de su interpelación legítima. Se trata del problema de cómo, al significar el presente, algo viene a ser repetido, re-posicionado y traducido en nombre de la tradición, sobre la apariencia de un pasado que no es necesariamente un signo fiel de la memoria histórica, sino una estrategia de representación de la autoridad en términos del artificio de lo arcaico (Bhabha, op. cit.: 64-65).*

Pero el otro vuelve permanentemente, no se fija a la representación de su tiempo histórico a partir de lo mismo. Es un nómade que quiebra toda representación sedentaria. Los otros como nómades de una representación sedentaria del tiempo. Los nómades como otros que escapan del pasado, presente y futuro continuo, lineal y circular y que retornan siempre en el porvenir. Dice Deleuze (1990: 209): *"ellos son un porvenir y no forman parte de la historia; son de ella excluidos, pero se metamorfosean para reaparecer de otra manera, bajo formas inesperadas (...)"*.

¿Son esas formas inesperadas saltos del tiempo, irrupciones del otro, discontinuidades de la mismidad, desorientaciones desde el pasado y hacia el futuro, simulacros del presente?

— V —

«El hombre lo juzga todo desde el minuto presente, sin comprender que sólo juzga un minuto: el minuto presente».

Si el presente es incomprensible pero resulta un imperativo comprenderlo, tal vez sea necesario recurrir a una idea de temporalidad menos ambigua y de mayor "orden": me refiero a la vaga noción de modernidad.

El término modernidad denota, en principio, una pugna por establecer o re-establecer fronteras claras en el tiempo y, sobre todo, la imposición de una idea más o menos definitiva, más o menos organizada de la propia idea de temporalidad. Sin embargo, la utilización de esa expresión no puede dejar de ser vista como una particular forma de ver el tiempo y de mirar el mundo a través de representaciones muy particulares.

Dejando de lado el significado de lo "moderno" en las letras y en las artes en general –un significado que hace referencia, a partir del siglo XIX, a un estilo que rompe o intenta romper con los clásicos y expresionistas, es decir, con el naturalismo y el realismo–, la "modernidad" ha sido y es pensada mucho más como un tiempo de orden, estabilidad y precisión de la historia. Pero, como dice Enrique Dussel (1999: 48) no hay uno sino al menos dos conceptos de modernidad: uno, eurocéntrico y otro, mundial.

Desde Habermas en adelante, la idea de la modernidad surge como un tiempo esencialmente europeo. Sus hitos, sus ritos de pasaje, sus barreras y pasajes de barreras, están siempre bien localizados: es el Renacimiento italiano, es la Reforma alemana, es la Revolución francesa, es el Parlamento inglés, etc. Y también son sus autores –en la filosofía, la política, la ciencia, las artes, la religión– aquellos actores que "inevitablemente" impulsan el tiempo, demarcan las fronteras del tiempo, instalan los desencuentros en el tiempo, sugieren las interpretaciones del tiempo, ocultan las desaveniencias en el tiempo.

El propio Bauman (1996: 77) señala que la modernidad constituye un periodo histórico que se inicia hacia mediados del siglo XVII en Europa Occidental, a partir de un conjunto de cambios intelectuales, sociales y culturales inéditos y profundos. La "madurez" de la modernidad, dice el autor, giró alrededor de un proyecto cultural y de una forma de vida socialmente instituida.

El otro concepto de modernidad es la de una historia que sólo puede imaginarse a partir de una relación/determinación colonial: la auto-imagen de superioridad de la civilización moderna, la idea de desarrollo para los más "bárbaros", las guerras coloniales "justas", la culpabilización del "otro", el sacrificio necesario del "otro", el progreso de lo mismo y el retroceso de lo otro, etc.

Más allá de considerarla como época, periodo o era, es posible considerar la modernidad como una experiencia que se hace consciente de sí misma, o una voluntad de existir en relación a una necesidad o un esfuerzo por definir y clasificar absolutamente todas las cosas.

En este sentido, Lyotard (1984: xxii) define la modernidad como un metadiscurso, como una narrativa de temporalidad que, al buscar desesperadamente una definición sobre sí misma y sobre todo lo demás, se establece como una experiencia: *"(...) cuando este metadiscurso recurre explícitamente a algún gran relato, como la dialéctica del espíritu, la hermenéutica del sentido, la emancipación del sujeto racional o trabajador, el desarrollo de la riqueza, se decide llamar 'moderna' a la ciencia que a esto se refiere para legitimar".*

Para Foucault (1997: 113) la modernidad es el momento de emergencia del gobierno y de la gobernamentalidad –gobierno como el poder que se ejerce sobre los individuos y no como el dominio del Estado–. La modernidad instituye una asociación demoníaca entre el "juego de la ciudad" (totalizador, sobre la población) y el "juego del pastor" (sobre el individuo). En una y otra definición surge con meridiana claridad la relación entre modernidad y la búsqueda obsesiva de clasificaciones, entre modernidad y poder, entre modernidad y orden.

Entre el sinnúmero de proyectos –denominados como "imposibles" por Bauman– que la modernidad se propuso a sí misma parece ser que la idea de orden –el orden del mundo, del hábitat humano, del sí-mismo individual, y de la interrelación entre los tres– puede ser entendida como la más arquetípica, es decir, como aquella que permitiría interpretar al conjunto de sus propósitos.

El orden se refiere a aquello que no es el caos, pero lo otro del orden, como se ha dicho, no es otro orden, un orden alternativo al anterior, sino lo impredecible y lo indeterminado, la incertidumbre, la incoherencia, la ambigüedad, etc. Esa oposición entre orden, como primer término, como término fundante, y el caos o la ambivalencia, como alternativa al orden, ha hecho de la existencia moderna una forma de poder que permite definir e instaurar las definiciones; y al mismo tiempo, un esfuerzo por acabar con la ambigüedad y la polisemia. Así, para Bauman (1996: 80): *"(...) la existencia es moderna en la medida en que está saturada por el sentimiento del 'sin nosotros, el diluvio"*. Aquello que me parece importante es que el *"sin nosotros* –es decir, sin el orden, sin la definición, sin la consciencia del acto de definir, sin la mismidad– *el diluvio"* –esto es, la ambigüedad, lo innombrable, la alteridad, etc.–, supone una forma de clasificación orientada hacia el ocultamiento de la ambivalencia. Se hace explícita la regla y el gobierno del "es esto o es aquello", una de las fórmulas más reconocidas de práctica de la existencia moderna. Una fórmula que consiste en clasificar a partir de actos de inclusión y de exclusión. Otra vez de acuerdo con Bauman (ibidem: 75):

> *Cada acto de designación divide al mundo en dos: entidades que corresponden al nombre y el resto que no. Determinadas entidades pueden ser incluidas en una clase –hechas una clase– sólo en la misma proporción en que otras entidades son excluidas, apartadas. Invariablemente, semejante operación de inclusión/exclusión es un acto de violencia perpetrado al mundo y requiere el soporte de una cierta coerción.*

Pero así como la modernidad es un tiempo de denotación y designación, y justamente por la imposibilidad de su propio cometido, es que surgen nuevos "suministros de ambivalencia", nuevas "arbitrariedades", nuevas modalidades de "caos", nunca antes definidas, nunca antes clasificadas. Y esto ocurre en virtud de una relación de simultaneidad que Bauman describe a través de un doble proceso: por un lado, la (siempre) insuficiente coerción; por el otro, la (siempre) manifiesta negativa a ser ajustado. Cuanto más exacto pretende ser un nombre, cuanta más precisión supone una definición de una clase y cuanta más transparencia parece adquirir el mundo, mayores son las posibilidades de emergencia de nuevas formas de ambigüedad. Así, aparece lo extraño, lo extranjero, la indeterminación, el otro permanente, el siempre-sin-nombre. Aparecen aquellos que, en los términos de Derrida (1974: 143), pueden llamarse de *innombrables*, es decir, aquellos que:

"no pueden ser incluidos dentro de la oposición (binaria) filosófica, a la que niega y desorganiza".

Los innombrables son lo que no es ni ésto ni aquello. Aquello que no se presta al juego de la oposición ni de su lógica. Aquello que deja sin efecto al orden, que lo desordena. Los innombrables fragilizan todo conocimiento, toda determinación. Son, por ello, la indeterminación, la postergación del conocimiento, el dejar para después –y siempre para después– toda clasificación, toda definición, toda catalogación. Y al llegar al después, dejar otra vez de lado la certeza de todo nombre para continuar huérfanos y huérfanas del maleficio del orden.

— VI —

Modernidad y ambivalencia. Orden y caos. Actos de exclusión y de inclusión. Lo nominable y lo abominable. Los innombrables y, entre ellos, agazapado, a la espera de su comprensión, el tiempo presente.

¿Son estos tiempos de desorientación cultural y/o de afirmación de nuevas identidades? ¿De exclusiones en todas las dimensiones sociales y/o de inclusiones en ese mismo sentido y dirección? ¿De inquietud ante el avasallamiento de lo global y/o de conformidad con las "pequeñas" aldeas en las que vivimos? ¿De abrirse las fronteras y/o de vivir, temerosos, en medio de ellas? ¿De Internet y/o de Excocet? ¿De aferrarse a alguna/s pocas identidad/es disponible/s y/o de estallar en fragmentos? ¿De globalización o de pulverización? ¿De normalización o de hibridismo?

La ambivalencia, la ambigüedad, el caos, la incoherencia, los innombrables, son términos que capturan significativamente la idea misma de la temporalidad, la propia idea del tiempo.

Sugiere Luhmann (1996) que las diferentes sociedades humanas se representaron el tiempo a través de dos grandes modelos, el lineal y el cíclico, sirviéndose para ello de metáforas espaciales, de diferencias y, más aun, de una *diferencia de diferencias.* La diferencia arquetípica en la representación del tiempo es producida por medio de la distinción del antes y después, mediada a su vez por una cierta idea de movimiento. Y éste se interpreta como una diferencia que se expresa en algunas oposiciones como, por ejemplo, variable/invariable, mutable/inmutable, etc. Pero esta descripción es, ante todo, la descripción de una elaboración cultural. No es la temporalidad y/o el tiempo sino la representación que se asume de la temporalidad y/o del tiempo en un lugar determinado, en un espacio circunscripto, a partir de una historicidad específica.

El tiempo lineal, es decir, la línea recta, está definido por un orden que distribuye un antes, un durante y un después, a través de un conjunto que los reúne *"en la simultaneidad de su síntesis a priori, y mediante una serie que hace co-rresponder a cada uno un tipo de repetición"* (Deleuze, 1988: 462).

El otro en la representación del tiempo lineal es un otro que espera la con-ciencia del yo mismo. No existe fuera de su dominio; es el otro de la mismidad; un otro que sólo aparece cuando es nombrado por el propio tiempo lineal: viene después, nunca antes. Es el otro abandonado en un futuro desierto. Un otro de nuestros horarios y calendarios.

El otro en la representación del tiempo circular es un otro que ya no espera, que vuelve insistentemente, pero para ocupar siempre el mismo lugar. Su nombre cambia o, mejor dicho, le es cambiado, re-etiquetado, re-establecido. Vuelve, no espera, pero su espacio ya está establecido. Es un otro también de la mismidad; un otro que re-aparece; viene siempre, nunca deja de venir. Es el otro de una repetición inconsistente. Un otro de nuestras (ilusas) metáforas y de nuestros (empobrecidos) eufemismos.

Luhmann se pregunta si la modernidad puede interpretar su idea de tiempo bajo una forma o bien lineal o bien circular, fundamentalmente por el hecho de que esa semántica temporal está fuertemente relacionada con una semántica re-ligiosa, esto es, con la distinción entre inmanencia y trascendencia. Y una de las respuestas que el autor ofrece para aquella pregunta es que *todo cuanto ocurre ocurre al mismo tiempo*, una especie de paradoja de la simultaneidad que permite la diferenciación y la diferencia. La paradoja del tiempo, continúa este autor, no obedece a una elección arbitraria; las diferenciaciones y su irreductibilidad lógica, *"ofrecen la posibilidad de coordinar las semánticas del tiempo con las estructuras de la sociedad"* (Luhmann, op. cit.: 155).

Desde esta perspectiva el tiempo se encuentra representado por la idea de mo-vimiento y habría que deshacerse de ella: de la idea y del movimiento. El presente no sería otra cosa que la invisibilidad del tiempo, la multiplicidad de un tiempo que no comienza ni termina, lo inobservable del esfuerzo por observar.[15]

Pero entonces: ¿cuáles semánticas del tiempo permiten incluir en sus signi-ficados la diferencia, la perplejidad y el desorden? ¿Habrá, por acaso, que babe-lizar el tiempo, es decir, confundirlo y confundirnos? ¿Producir una disyunción del tiempo entre el yo-mismo, la mismidad y lo otro? ¿Un ritmo del tiempo posicionado fuera del hábito de lo lineal, de lo circular, de lo cíclico? ¿La si-multaneidad de lo que es invisible y lo que es inobservable? ¿Un otro tiempo, un tiempo otro?

---

15 Un bello ejemplo de lo inobservable del observar aparece en el relato del comienzo del film *Amelie*, de Jean-Pierre Jeunet (2001): al mismo tiempo *hay* una mosca que aletea incesantemente y que es aplastada sobre el asfalto, un hombre que borra de su agenda el número de teléfono de su amigo muerto y un espermatozoide que alcanza el óvulo que procreará a Amelie, el personaje de la película.

— VII —

Babel representa el mito de la pérdida de algo que quizá nunca hemos tenido: una ciudad, una lengua, una tierra, una identidad, una comunidad. Por eso, después de Babel estamos exiliados de nuestra patria, de nuestra lengua, de nuestra tierra, de nuestro nombre, de nuestro mundo. El relato de Babel puede nombrar todo lo que es extranjero, la condición humana misma como extranjeridad. Y con eso puede contribuir a reformular un viejo motivo, el de la existencia misma como exilio, pero ahora más radicalmente: como un exilio constitutivo, inevitable, sin remedio.

En buena medida nuestra tradición ha elaborado la cuestión de la existencia en términos de un pasaje: hemos perdido la patria, o la ciudad, o la lengua, o la tierra, o la identidad, y nuestra tarea es recuperarla. Pero la condición babélica no es algo transitorio cuyo destino sea su propia supresión. Sino no haríamos más que justificar todas las violencias hechas a la condición humana misma en lo que tiene de plural, de dispersa, de confusa, de exiliada, de babélica en suma. Porque son formas de violencia todos los gigantescos movimientos de apropiación de la naturaleza que destruyen la naturaleza –aquello que la naturaleza tiene de alteridad, de extrañeza, de hospitalaria e inhóspita al mismo tiempo, de inapropiable, de territorio de la experiencia–, los movimientos de apropiación del mundo que destruyen el mundo, los movimientos de apropiación de los espacios públicos que destruyen la comunidad humana, los movimientos de apropiación de la lengua que destruyen la intimidad de la lengua, o los movimientos de apropiación de la identidad que destruyen la identidad.

Nuestra época nos muestra innumerables exilios. Algunos de ellos en la forma de un exilio exterior doliente: las deportaciones, los desplazamientos masivos de refugiados, de hambrientos, de expropiados, de apátridas y de perseguidos, las distintas modalidades de la exterminación. Otros bajo la forma de un exilio exterior gozoso y lleno de posibilidades: los viajes, las mezclas, las comunicaciones, los intercambios, las distintas modalidades del cosmopolitismo, de la evasión o de la salida de los propios límites. Otros, por último, en la forma de un exilio interior: de un desarraigo, o de una marginalidad, o de una distancia entre nosotros y nuestra patria, entre nosotros y nuestra lengua o entre nosotros y nuestro nombre.

Tiempo (presente) de exilio. De distancia. De desarraigo.

Y el exilio es aquello que remite, por un lado, a la figura de extranjero, una figura que dominó buena parte del pensamiento moderno. El extranjero es la imagen de aquello que irrumpe para destituir el orden en función de su carácter emblemático de lo desconocido, de aquello que no puede agregarse a lo que ya se da por conocido, de aquello que no es, no puede ser, ni amigo ni enemigo.[16]

---

16 Para un análisis acerca de la fabricación y la utilización sociológica de la categoría "extranje-

A pesar de su naturaleza eminentemente espacial, ya que remite a una perturbación de la noción de proximidad y de lejanía, el extranjero revela también una fuerte imagen de temporalidad: supone alguna cosa extemporánea a nuestra existencia, está fuera de la historia, no habita este tiempo pero (nos) amenaza el antes, el durante y el después.

El extranjero es, así pensado, una incongruencia temporal. Es el innombrable en el tiempo. Y el *etranger* es, también, el enemigo de lo propio y de lo extraño, el enemigo de todo gobierno y de todo Estado (y de todo estado). Como bien lo escribe Wahninch (1988: 81), el extranjero: *"designa a los enemigos políticos, a los traidores de la causa revolucionaria (...) es la falta de lealtad a la Nación"*.

Hoy circulan otras metáforas sobre el tiempo de los otros, que los ubican en espacialidades contiguas, linderas, pero en temporalidades diferentes; una de ellas, la que más apropiadamente parece hablarnos del presente, es aquella que se desdobla en la imagen del ser turistas –aquel exilio gozoso– o la del ser vagabundos –aquel exilio aparentemente trágico–.

Vagabundos es, más allá de su significado literal, una designación que viene a ocupar un lugar de sentido parecido al de "extranjeros"; la figura de un otro permanente, incesante. Pero a diferencia del extranjero, quien llega de repente y se establece enseguida, "vagabundos" permite construir una configuración diferente de la temporalidad; "vagar", ir de un lado a otro sin un destino cierto o un rumbo fijo, "transitar", "pasar" a lo largo, "pasar" de largo, etc. Pero no hay aquí ni llegada ni establecimiento. Tampoco hay linealidad y/o circularidad. Se "vagabundea" no por el tiempo, sino a través de él. Se es "vagabundo", no se está "vagabundo". ¿Será cierto que todo vagabundo desea ser, en verdad, un turista? ¿Que su tiempo otro quiere o requiere un otro tiempo parecido, idéntico a sí mismo?

— VIII —

«EL TIEMPO ES UNA COSA FIJA QUE NADA FIJA».

Nuestro tiempo, dice Magaldy Téllez (2001: 52) es la disolución de los paisajes, cuya familiaridad y proximidad nos permitía antes transitar con relativa tranquilidad y previsión: principios de valor universal; el Estado como referente por medio del cual los hombres se afirmaban en su iden-

---

ros", puede consultarse el reciente libro de Enrique Santamaría: *La incógnita del extraño. Una aproximación a la significación sociológica de la "inmigración no comunitaria"*. Barcelona: Anthropos, 2002. Sobre la cuestión de la "necesidad" del extranjero, véase también Jorge Larrosa: "¿Para qué nos sirven los extranjeros?" In E. Santamaría y F. González Placer (Coords.) *Contra el Fundamentalismo Escolar*. Barcelona: Virus, pp. 51-72.

tidad colectiva; la sociedad pensada como una unidad orgánica e impuesta de realidades heterogéneas, etc.

Quizá este tiempo (presente) no sea otra cosa, entonces, que la pérdida de los paisajes, la pérdida de la familiaridad con el mundo, la pérdida de la calma y de la previsión, la pérdida, finalmente, de la metáfora de lo homogéneo, de la estabilidad, del orden, de la coherencia.

Quizá este tiempo (presente) no sea más que, como consecuencia, la pérdida de la distancia hacia el otro. La pérdida no del otro, sino de un tiempo habitual con el otro. La pérdida de la mismidad. Quizá el otro ya estaba aquí, ahí y allá, en un tiempo que no es lineal ni circular ni simultáneo sino *disyuntivo* (Bhabha, op. cit.: 247 y siguientes).

La desorientación cultural y la pérdida de las localizaciones temporales, al menos de aquellas posiciones fijas y determinadas de una vez y para siempre, ha dado lugar a un proceso de redefinición de aquello que es cultura, tanto en un sentido substantivo como epistemológico.[17] Así, la "cultura", generalmente entendida como sinónimo de "cultura nacional", puede ser comprendida más bien como una "cultura transnacional", porque los discursos sobre ella están arraigados en historias específicas de desplazamientos culturales y viajes para "afuera" –migraciones, exilios, etc.–. Cada vez más las culturas nacionales están siendo producidas, interpretadas y re-escritas desde la perspectiva de las minorías; pero la "perspectiva de las minorías" no puede ser simplificada, al decir de Bhabha, como una simple proliferación de historias alternativas de los "excluidos".

Además del pasaje de lo nacional a lo transnacional, la cultura interpretativa –aquella que recibe y ofrece un sentido coherente a todo lo que por ella circula y que todo lo explica– puede ser mejor entendida como "cultura traductoria o de traducción". Decir que la cultura es traductoria, significa afirmar la inconmensurabilidad y la intraducibilidad de los movimientos y las experiencias culturales y, al mismo tiempo, pone en evidencia los juegos de poder representacionales dentro de la cultura. La traducción cultural –dice Bhabha (op. cit.: 314)– *"desacraliza los presupuestos transparentes de la supremacía cultural y, en ese mismo acto, exige una especificidad contextual, una diferenciación histórica dentro de las posiciones minoritarias"*.

Junto con la idea de lo transnacional y lo traductorio de la cultura, la idea de temporalidad disyuntiva pone el acento en la presencia permanente del otro, de la alteridad; pero no como un otro que forma parte de la división entre el pasado y el presente, entre lo arcaico y lo moderno, entre la idea de un "original" –yo

---

17 Para Stuart Hall (1997) el sentido substantivo de la cultura se refiere a su lugar en la estructura empírica real y en la organización de las actividades, instituciones y relaciones culturales en la sociedad, en cualquier momento histórico particular. Por sentido epistemológico entiende la posición de la cultura en relación a las cuestiones de conocimiento y de conceptualización, en como la "cultura" es utilizada para transformar nuestra comprensión, explicación y los modelos teóricos del mundo.

mismo– y su "copia" –el otro–. No se trata de un otro ontologizado, como lo es el otro de la filosofía griega, es decir, un otro que es un ser inmutable, eterno; ni se trata del otro de la filosofía moderna, sobre todo a partir de Descartes, esto es, del otro como alguien racionalizado, como un ente de la razón; y no es tampoco el otro de la subjetividad moderna europea: el otro cosificado, fijo e inerte.

En todas estas percepciones y concepciones del otro, existe un único desplazamiento temporal, una misma referencia –la acción sobre, acerca, alrededor, en torno, del otro– aun cuando se manifiesta en una aparente triple trayectoria: el otro como diverso, el otro como diferente, el otro como distinto.

Diverso, como el desviarse, como el apartarse de su camino, como algo que habita en distintos sentidos, como algo que se dirige hacia diversas y opuestas partes, como alguna cosa a ser albergada, hospedada.[18]

Diferente, en su raíz latina: *dis*, como división y/o como negación; *ferre*, que significa llevar con violencia, arrastrar. El otro diferente, que es arrastrado desde una identidad original y localizado como su opuesto, negativo. En síntesis: el otro que está en un único tiempo, y en un único tiempo que lo arrastra con violencia.

Y *distinto*, también en su significado latino: *dis*, como división y/o negación; *tinguere*, cuyo sentido más próximo es el de pintar, teñir, etc. El otro distinto, que es "mimetizado" para parecerse al "sí mismo", a la identidad supuestamente original. En definitiva: el otro que está en un tiempo de simulacro de lo otro, de mímesis de la mismidad.

La idea de temporalidad disyuntiva crea otro tiempo en lo que se refiere a la presencia del otro. Ya no es, no puede ser, aquel tiempo mítico a partir del cual el otro existe porque se le reconoce su existencia, porque se lo acepta, coteja, compara, excluye y/o incluye, tolera, examina, respeta, considera, respeta, etc. El otro, aquí, ha estado siempre, pero en un tiempo quizá diferente del que lo hemos percibido; sus historias, sus narrativas, su propia percepción de ser otro, no obedece de forma sumisa a nuestro orden, a nuestra secuencia, a nuestra determinación cronológica del tiempo. Por eso no es el otro que, sencillamente, viene a contar su historia y luego es "re-exiliado" a su arrastre y mímesis. No es el otro del testimonio virgen; no es un *verdadero otro*, un otro natural y esencial.

Es un otro que problematiza nuestro propio tiempo y nuestra propia elaboración y organización de la temporalidad. Pues si no fuera ese otro, sería sólo el otro de una oposición, de una "verdad" frente a lo "verosímil", de la respuesta a la afirmación que le antecede, de una dinámica cultural en donde lo otro es, por definición, la figura del conflicto.

El conflicto entre (e intra) culturas ha sido representado principalmente a través de metáforas espaciales y de polaridades geopolíticas binarias –por ejemplo, urbanos versus suburbanos, nativos versus inmigrantes, inmigrantes antiguos

---

18 *Diccionario Latino-Español*. Barcelona: Publicaciones y Ediciones Spes, 1950, p. 147.

versus inmigrantes nuevos, y hoy, sobre todo, modernistas occidentales versus fundamentalistas islámicos, etc.–.

Esta forma de narrar el conflicto cultural centrándolo en una problemática espacial oscurece la ansiedad de la cultura irresoluble, fronteriza, del hibridismo que articula sus problemas de identificación y su estética en una temporalidad extraña, disyuntiva, que es, al mismo tiempo, el tiempo del desplazamiento cultural y el espacio de lo intraducible.

Pero la propia idea de temporalidad disyuntiva que, reitero, crea un tiempo nuevo de significación dentro del cual las diferencias no pueden ser negadas ni totalizadas, nos remite a un problema más amplio y tal vez más arduo: la relación del lenguaje con las prácticas de representación y, en particular, el privilegio dado al lenguaje en cuanto a la construcción y la circulación de los significados culturales. ¿Por qué traigo a colación esta cuestión? Pues, en cierta forma, porque el concepto de temporalidad disyuntiva, en cuanto presencia del otro "independientemente" de nuestra percepción, parece suponer que el otro existe fuera del lenguaje. Y en algún sentido, es obvio que sí. Sin embargo, es evidente que esta cuestión debe plantearse en otros términos. Como afirma Peter du Gay (1997: 72):

> ... las presuposiciones tomadas como dadas en relación a la naturaleza y a la esencia fija de las cosas están inmediatamente sujetas a la discusión, en cualquier sentido definitivo o absoluto, si aceptamos que el significado de cualquier objeto reside no en el objeto en sí, sino que es producto de la forma como ese objeto es socialmente construido a través del lenguaje y de la representación.

Así, la existencia disyuntiva del otro, tal como la he planteado anteriormente, no supone la presencia de una esencia natural o material de la alteridad, sino su carácter discursivo. Dicho en otras palabras: el otro no es un otro natural, sino un otro del lenguaje y de los sistemas de clasificación dentro de los cuales están y estamos insertos, aunque en diferentes temporalidades y espacialidades o, mejor dicho, en asimetrías temporales y espaciales.

La discusión apenas esbozada anteriormente, plantea además el problema de la relación entre la temporalidad y la espacialidad discursiva del otro. La pregunta bien podría ser la siguiente: el otro, localizado entonces en una temporalidad disyuntiva con respecto a la mismidad ¿está también localizado en una espacialidad, llamémosla "divergente" de la nuestra? ¿O sólo "se encuentra" en la espacialidad del-ser-el-otro, la alteridad, la oposición del orden, la ambigüedad, la incongruencia? A este respecto dice Lyotard (1985: 37):

> La tradición es aquello que dice respecto al tiempo, no al contenido. Por otro lado, lo que Occidente desea de la autonomía, de la invención, de la novedad, de la auto-determinación, es el opuesto —olvidar el tiempo y preservar, acumular contenidos; transformarlos en aquello que llamamos historia y pensar que ella progresa porque

acumula. Al contrario, en el caso de las tradiciones populares (...) nada se acumula, o sea, las narrativas deben ser repetidas todo el tiempo porque son olvidadas todo el tiempo. Pero lo que no es olvidado es el ritmo temporal que no para de enviar las narrativas para el olvido.

El olvido del tiempo del otro. Enviar las narrativas del otro hacia el olvido. Fragmentar al otro. Impedir que se acumule su memoria, su propio tiempo.

Hay un otro lineal y un otro circular que no cesan de ser inventados, traducidos, normalizados, fijados a esa idea de la temporalidad. Pero hay un tiempo otro y un otro de la temporalidad que irrumpen desfigurando las líneas y los círculos. El presente –simultáneo, disyuntivo, o paradojal que sea– es, quizá, la síntesis de todos los tiempos y de todas sus figuras. El presente es aquello que impone un antes, un durante y un después, a la vez que pugna por neutralizar la irrupción del otro. El presente es, al mismo tiempo, la irrupción del otro que no puede ser ordenada, definida, establecida de una vez y para siempre. El presente es la impugnación y la irrupción del otro. La impugnación y la perplejidad de la mismidad.

En *Diferencia y Repetición*, Deleuze reflexiona en torno de algunas síntesis del tiempo: el presente es un presente vivo de la que dependen el pasado y el futuro; el tiempo es un pasado puro, desde la perspectiva de un fundamento que hace pasar al presente y posibilita el advenir de otro presente; el presente ya no es más que un actor cuyo destino es borrarse y, así, el pasado es una condición que actúa por defecto.

El presente es un presente vivo de la que dependen el pasado y el futuro: un presente múltiple, un único tiempo donde se concentran todos los tiempos, un presente inhóspito que se vuelve huésped del otro.

Es tiempo es un pasado puro, que da paso a otro presente: un presente que hereda del pasado su propia incomprensión, sus propios detalles paradojales, su inestabilidad y su permanencia. El pasado del otro que reverbera, siempre, en el presente.

El presente ya no es más que un actor cuyo destino es borrarse, diluirse, esfumarse: un presente sin presente, un presente que apunta insistentemente hacia afuera, un presente incomprensible. Un presente donde la mismidad es un actor cuyo destino es borrarse para siempre.

¿El otro que debe ser borrado? ¿El otro sólo como un huésped de nuestro presente? ¿El otro que reverbera permanentemente?

CAPÍTULO II

Acerca de las representaciones del otro y de la mismidad.

Notas para volver a mirar bien lo que ya fue (apenas) mirado

> *¿Y qué pasa con el Otro cuando ha desaparecido? ¿Qué pasa con la Realidad, qué pasa con el cuerpo, cuando los ha sustituido su fórmula operativa? ¿Qué pasa con el sexo, el trabajo, el tiempo y todas las imágenes de la alteridad, cuando sucumben a manos de la síntesis tecnológica? ¿Qué pasa con el acontecimiento y la historia cuando están programados, emitidos y diluidos hasta el infinito en los medios de comunicación?*
>
> *Jean Baudrillard.*

— I —

«YO PREGUNTARÍA A ESOS MUNDOS QUÉ GRANO DE ARENA LOS MUEVE A RODAR».

Si el tiempo de la mismidad y el tiempo del otro, como he querido sugerir antes, resultan en una temporalidad no (sólo) lineal ni circular ni (apenas) simultánea, sino sobre todo disyuntiva y paradojal; si se trata de una temporalidad que irrumpe en un ahora inesperado e incomprensible que trastorna/trastoca la propia noción de pasado y de futuro; si el tiempo es, al fin, un flujo infinito de perplejidades y de incomprensión hacia su propio tiempo, entonces, también es posible que la espacialidad del otro y de la mismidad se despedacen en este presente que es excesivamente incesante.

Me refiero, sobre todo, a la fragmentación y a la incomodidad que ejercen aquellas imágenes o aquellos calcos de mapas, construidos a propósito de un espacio homogéneo, único, sólido y sin fisuras, sin diferenciaciones, sin componentes de extranjeridad, donde sólo existe, se nos dice, un *adentro* –inclusivo, la inclusión– y un *afuera* –excluyente, la exclusión–.

La espacialidad de interioridad y exterioridad produce la sensación de orden, de que todo tiene su lugar, de que cada cosa está en su sitio y, sobre todo, de que así ha sido desde siempre.

... Todo lugar tiene un agujero por donde amenaza ruina, por donde corre peligro de vaciarse completamente de su identidad, una grieta por donde se le escapan su naturaleza y su espíritu (...) Esto refuta la ingenua creencia según la cual hubo un tiempo en el que cada uno estaba en su lugar y había un lugar para cada uno. Es al contrario, en el origen, el lugar se definía porque faltaba uno y sobraba otro, porque no todo estaba en su lugar (José Luis Pardo, 2001: 328-329).

Imágenes de orden que reducen la violenta complejidad de lo mismo a una espacialidad egocéntrica del centro, y que esfuman al otro en una espacialidad de borrosos márgenes, de periferias.

Si, como se ha dicho, todo acto de clasificación es asimismo un acto de exclusión y de inclusión que supone coerción y violencia, podemos decir ahora que toda espacialidad producida, inventada, normalizada, traducida y/o representada como espacio único de exclusión/inclusión es un acto de perversión. Perversión en la insistencia de lo mismo y perversión en la eterna reproducción del otro como lo mismo. Dos lados, casi idénticos, de la perversión de la mismidad. Perversión del sólo poder ser dentro y del sólo poder ser fuera (claro está: se trata de un sólo poder que siempre se mueve de una forma volátil, efímera y provisoria, como veremos enseguida); perversión de rechazar, impedir, prohibir los no-espacios, la falta de espacios, los espacios híbridos, las fronteras, el pasaje entre fronteras, la vida en las fronteras, los espacios otros.

Si la cuestión del espacio habitual del otro y de la mismidad se resuelve, sin más, en la certera distribución de un adentro y de un afuera; si la vida es sólo la incomodidad de lo exterior y la apacible existencia de lo interior; si la mismidad es el punto de partida y el punto de llegada, y el otro apenas un otro que transita sin lengua, sin gestos, sin rostro y sin cuerpo: ¿en qué espacio, en qué lugar estarán los infinitos e innombrables nosotros y los infinitos e innombrables otros del no-adentro y del no-afuera, de la no-exclusión y de la no-inclusión? ¿Son acaso las fronteras sólo lugares (apacibles) de pasaje para los *turistas* y lugares (de negación y muerte) para los *vagabundos*? ¿El mundo es, entonces, sólo una triste y desoladora metáfora de documentados e indocumentados? ¿Una representación que se piensa a sí misma como trascendental pero cuya ilusión es únicamente la imagen de un mundo de interioridad y exterioridad pero sin movimiento?

Ya no hay una única espacialidad sino varias espacialidades de la mismidad y del otro. O lo que es mejor decir: ya no hay una única representación sino varias representaciones acerca del espacio del otro y de la mismidad.

¿Pero a qué hacemos referencia cuando hablamos de representación? ¿La imagen de una mirada individual? ¿De un mirar colectivo? ¿Una mirada desde un sitio protegido por la mismidad? ¿Una mirada y la acción consecuente hacia el otro? ¿Una mirada que pueda ser también la rebeldía de la mirada, otra mirada diferente a aquello que hemos visto siempre, siempre igual, siempre en el mismo espacio? ¿Un calco de lo mismo en el otro? ¿Mapas sin brújulas? ¿Y/o el significado de una mirada que cada vez que ve algo se posterga y lo posterga, se difiere y lo difiere, se abandona y lo abandona hasta un nuevo mirar?

Un poema bien conocido de Alejandra Pizarnik puede orientarnos a pensar, por lo menos, en dos miradas y/o representaciones radicalmente diferentes sobre nosotros y sobre los otros, en fin, sobre aquello que llamamos mundo:

> *Una mirada desde la alcantarilla*
> *puede ser una visión del mundo.*
> *La rebelión consiste en mirar una rosa*
> *hasta pulverizarse los ojos.*[19]

Hay una mirada que parte desde la mismidad. Otra que se inicia en el otro, en la expresividad de su rostro.

Tal vez esta distinción sea una forma para poder mirar entre aquellas representaciones, aquellas imágenes que toman como punto de partida y como punta de llegada el yo mismo, lo mismo –la alcantarilla, el refugio del propio cuerpo y de la misma mirada– y aquellas que comienzan en el otro y se someten a su misterio, su lejanía, su rebeldía, su expresividad, su irreductibilidad. Una imagen de lo mismo que todo lo alcanza, lo atrapa, lo nombra y lo hace propio; otra imagen que retorna y nos interroga, nos conmueve, nos desnuda, nos deja sin nombres.

Cuando la representación insiste con su centralidad, individual o colectiva que sea, ella se exacerba, se multiplica, se vuelve una repetición de lo mismo. Por ello una de las preguntas más acuciantes, entre muchas otras, sería: ¿cómo mirar la mirada sobre nosotros y sobre los otros?

Hubo y sigue habiendo una tendencia a considerar la representación como un conjunto de conceptos, afirmaciones y explicaciones originadas en la "vida cotidiana" y vinculadas a formas específicas de adquirir y comunicar el conocimiento; una suerte de sentido común que se disemina en apariencia sin intención ni finalidad; contenidos descriptivos –es decir informaciones, imágenes, actitudes, etc.– que no se someten a una pura exterioridad, que no son un puro reflejo, una pura transparencia.

Al revisar sólo una pequeña parte de la herencia que, por ejemplo, la psicología social ha dejado en relación a estas ideas (nos) surgen innúmeros obstáculos, vacíos epistemológicos e infinidad de nombres que buscan, desesperadamente, una teoría a su servicio.

Para Moscovici (1998), la representación –que debería ser siempre social, aunque difusa e inestable– carga consigo una serie de dificultades analíticas: la primera de ellas se refiere a la fenomenología de aquello que se denomina como el otro, ese otro que generalmente es considerado como un alter ego que no deja de ser un yo dislocado para un individuo diferente. La segunda dificultad estaría relacionada con la especificidad de las relaciones intersubjetivas con el otro, en

---

19 Alejandra Pizarnik. *Árbol de Diana*. Buenos Aires: Editorial Sur, 1962.

el sentido que ese otro tal vez esté ausente o invisible, es decir, negado como tal: es el yo el que se proyecta y, también, el que ocupa el espacio vacío. La tercera y última dificultad se refiere a nuestra propia percepción del otro, percepciones generalmente "erróneas", "distorsionadas", intentos de enmascaramiento, etc.

Denise Jodelet (1998, 1999) ha realizado más recientemente una justa –¿aunque insuficiente?– crítica acerca de cómo los investigadores de ese campo tendieron a abordar la representación de la alteridad ajustándola siempre a un conjunto de sistemas externos de interpretación –sistemas tales como las relaciones intergrupales, los preconceptos, etc.– imposibilitando así la elaboración de un "modelo" que permitiera entenderla más bien como un producto y un proceso psico-social. La alteridad sería así el producto de un doble proceso de construcción y de exclusión social que mantiene su unidad por medio de un sistema de representaciones. En el contexto de la psicología social, nos sugiere esta autora, existe una tendencia a distinguir entre la alteridad de "afuera" –que se refiere a lo exótico en relación a una cultura determinada– y la alteridad de "adentro" –que se relaciona con y se refiere a aquellos quienes, marcados con el sello de la diferencia, se distinguen[20] en el seno de un conjunto comunitario.

En las miradas que acabamos de describir habitan una serie de problemas acerca de la representación que no pueden ciertamente minimizarse. Quisiera referirme en detalle a dos de ellos: el primero, y tal vez el más evidente, es que parecen ser inevitable y automáticamente miradas que recorren el mundo desde adentro hacia afuera, es decir, que siguen una dirección que es propiedad de la mismidad y que, manteniendo y produciendo una cierta distancia, tiene como única mira, como blanco permanente, a la alteridad. Así, la representación parece ser, ante todo, una representación del otro desde lo mismo.

El segundo problema puede bien parecer una extensión del anterior, pero con consecuencias bien diferentes: la representación parece ocurrir en un cierto vacío cultural o, por así decirlo, en una espacialidad sin gravedad aparente. Si la trayectoria de la representación sale de lo mismo hasta hacer suyo lo otro, eso otro no es más que un objeto, y un objeto que ha sido siempre objetualizado en un doble sentido: en primer lugar porque ha sido materialmente integrado en una historia y un sistema mundial que lo ha transformado y, en segundo lugar, porque su categorización está sujeta, atrapada, a la categorización del nosotros. Y en este caso el otro no es el otro sino como su alterización, es decir, como un producto de un cierto orden mundial que ha localizado a un sujeto cognoscente absoluto en un lugar coincidente o no con el de los centros económicos y sociales (Briones, 1998: 123).

Y es justamente por esta última razón que representación y poder ya no pueden ser distinguidos o separados. Muy por el contrario, ellos tienden a aproximar-

---

20 Nótese que se ha utilizado aquí la expresión "se distinguen". Sugiero al lector volver a la página 49, donde puede leerse el significado de la raíz latina de aquello que es "distinto".

se y a fundirse en una amplia intersección, ocupando casi toda la textualidad de los espacios. Ya no se trata de un otro alterizado u objetualizado sino del porqué de su alterización y su objetualización.

Así entendido, el proceso de representación supone la consideración de una doble dimensión de análisis: la primera es la cuestión de la delegación, es decir, quién tiene el derecho de representar a quién; la segunda se refiere a la cuestión de la descripción, esto es, cómo los sujetos y los diferentes grupos sociales y culturales son presentados en las formas diversas de inscripción cultural, es decir, en los discursos y en las imágenes a través de los cuales el mundo social es representado por y en la cultura. Esas dos dimensiones están relacionadas a través de un vínculo tan férreo como indisoluble, pues: *"(...) quien posee la delegación de hablar y de actuar en nombre del otro –representación como delegación– dirige, en cierta forma, el proceso de presentación y de descripción del otro –representación como descripción–. Quien habla por el otro controla las formas de habla del otro"* (Tomaz Tadeu da Silva, 1999: 33-34).

Desde la perspectiva de una de las corrientes más difundidas de los así llamados *Estudios Culturales*, la representación es entendida como prácticas de significación y sistemas simbólicos a través de los cuales se producen significados que nos posicionan como sujetos (Woodward, 1997). Y puede ser comprendida, además, como un proceso por el cual los miembros de una cultura determinada utilizan la lengua para producir significados específicos (Stuart Hall, 1997).

Posicionarse, posicionarnos como sujetos, parece sugerir el hecho de interrogar(nos) por el lugar desde el que parte la mirada –y no por lo que es *efectivamente* mirado– y por los efectos culturales necesariamente vagos, imprecisos, que supone la trayectoria consecuente del mirar y los significados que, entonces, son atribuidos.

En una y otra definición queda implícito el hecho de que los objetos, las personas, los acontecimientos del mundo, etc., no poseen *per se* ni se les puede atribuir *ad hoc* un significado (pre)establecido, determinado de una vez para siempre, fijado en la historia y, así, cosificado: la significación de la mismidad y del otro supone, entonces, una permanente postergación; y difiere para otro momento toda arrogancia, toda soberbia, toda omnipotencia de clasificación.

Aun así, el problema de la representación no parece quedar delimitado sólo por las cuestiones de delegación/denominación/descripción de la alteridad. Por eso vuelvo a Stuart Hall (ibídem: 9), cuando dice que ella podría ser: *"un proceso de traducción, que facilite la comunicación cultural en cuanto siempre se reconozca la persistencia de la diferencia y del poder entre los diferentes 'hablantes' dentro de un mismo circuito cultural"*.

Y si volvemos a la mirada –a nuestra mirada– existe, sobre todo, una regulación y un control que define hacia dónde mirar, cómo miramos a *quienes somos nosotros y quienes son los otros* y, finalmente, cómo nuestro mirar acaba por sentenciar *cómo somos nosotros y cómo son* los otros.

Visibilidad e invisibilidad constituyen mecanismos de producción de la alteridad y actúan simultáneamente con el nombrar y/o el dejar de nombrar. En este sentido, es interesante aquello que Pollok (1994) considera como un *llamado a la visión* que la representación impone, esto es, una relación social ejercida a través de manipulaciones específicas de espacios y cuerpos imaginarios para el beneficio (nuestro) del mirar hacia el otro.

Por eso la vuelta a aquella representación donde el espacio del otro no parece ser sino aquello que constituye nuestro ser-huésped (es decir, la hospitalidad y la hostilidad) del otro.

Por eso, la periferia de la mismidad no parece ser sino el centro siempre deseado por la alteridad.

Por eso, la inclusión en la mismidad no parece ser sino el goce eterno de la alteridad. El otro como huésped; el centro de la mismidad; el goce incluyente para la alteridad.

— II —

La persistente imagen del adentro y del afuera desnaturaliza el pensar, el mirar, el percibir el mundo, pues lo vuelve idéntico a la mismidad.

El sujeto se recubre así de una imagen fija, estática, casi inerte, que lo guía a tientas en una trama espacial de dos únicos lugares y de un único pasaje entre ellos. La sujeción de todo lo otro a lo mismo se hace evidente: es ésto o es aquello. Así explicitada, la imagen no produce otra cosa que obligar(nos) a representar el mundo como espacios de lo mismo (dentro, incluido) y de lo otro (fuera, excluido). La división, la separación, la frontera, no constituyen espacio alguno. No son espacio: son un pasaje obligatorio. Un poder de frontera ejercido, a ambos lados, ante la falta deliberada de espacios.

Para poder ejercer, regular y alargar esa primera imagen de simplificación y perversión de lo mismo y del otro, hemos tenido que ir agregando otras imágenes, como capas concéntricas del mismo y del único mundo y cuyo propósito tal vez sea el de disimular la violencia, el poder y el saber ejercidos por la primera. Volvamos a lo anterior: si la representación espacial del mundo se realiza sobre todo en términos de (a) *exterioridad/interioridad*; si esa representación acaba con todo lo otro, en tanto un otro externo de un sí mismo interno, entonces esa representación puede producir, al mismo tiempo o consecutivamente, imágenes de un mundo que bien podríamos denominar como siendo de (b) imágenes *cantidades manipulables y obscenas*, (c) imágenes *suavemente globalizadas*, (d) imágenes *objetivamente cibernéticas o eternéticas*, (e) imágenes *sólo políticamente co-*

rrectas, (f) imágenes de *proliferación y multiplicación de las exclusiones*, (g) imágenes de *promesas integradoras*.

Desde ya que esos mundos, esas imágenes, no son meras figuras espectrales. Ellas *existen*. Son tan reales como las representaciones que de ellas (nos) construimos. Tan verdaderas como el ardor y el cansancio de nuestros cuerpos, como las muecas y los silencios de nuestros rostros. Nos hacen virar de espaldas hasta descomponernos, también nosotros, en adentros y en afueras, deshacernos en cantidades, deshilvanarnos en globalidades, sumergirnos y trasladarnos en fibras ópticas, disimularnos e ignorarnos en los eufemismos y travestismos discursivos, reproducirnos en fragmentos de exclusión, gozar la ilusión de nuestra aparente inclusión. Somos, al mismo tiempo, padres-madres e hijos-hijas de esas imágenes. Las producimos, las consumimos, las vivimos, las padecemos. Nos producen, nos consumen, nos sobreviven, nos padecen.

Pero el problema no está sólo en saber o en averiguar cuán reales o aparentes o fantasmales son esas imágenes. La cuestión no es sólo entender si las construimos o nos construyen, si las representamos o nos representan, si estamos hechos de ellas o si las hacemos con nuestras propias manos, o ambas cosas a la vez. Supongo que el enigma se refiere mucho más al porqué del orden de su aparición, denominación y dominación. De cómo hemos de mirar al mundo y de cómo nos miramos, del ritmo y del orden en que esas miradas se enumeran para pensar el mundo, de la naturalización de la mirada: ¿somos, ante todo, divisibles en adentros y en afueras? ¿Y luego separables y agrupables en cantidades? ¿Y más tarde vueltos a juntar en una globalidad de tinieblas? ¿Y más luego reparamos en nosotros y en los otros para acalmar/acallar nuestras consciencias? ¿Y volvemos a separarnos y agruparnos? ¿Y somos, finalmente, un movimiento repetitivo que vuelve hacia adentro? ¿Una representación infinita que es un vaivén hacia lo mismo?

La imagen del mundo de las *cantidades manipulables y obscenas* tiende a hacer(nos) concentrar únicamente en una narrativa de posiciones, localizaciones que describen retrocesos, vanguardias, desventuras, rumbos y destinos, condenas de países y de sus individuos. Narra aquello que es visto desde un cierto orden mundial para celebrar o lamentar los avances y las caídas en las estadísticas del hambre, la miseria, la desidia, los genocidios, el analfabetismo, el desempleo. Y para narrar también, desde esas mismas miradas, las transformaciones, igualmente obscenas, que día tras días nos sugieren para que las cantidades se desplacen, se superen, se minimicen o, inclusive, se extingan.

Es la narrativa de un mundo donde la mitad de la población vive en situación de pobreza. Donde en los últimos cuarenta años la brecha que separa a los ricos de los pobres se ha duplicado. Un mundo en el cual 1.200 millones personas viven con menos de un dólar diario y 1.800 millones subsisten con menos de dos dólares. Donde cerca de 800 millones sufren problemas de desnutrición y

40 millones mueren de hambre a cada año. Donde el número de indigentes en
América Latina ha aumentado de 63 a 78 millones de personas. Donde, en países
como Brasil, en cuanto el 20% más pobre se queda con el 2,5% de la renta del
país, el 20% más rico posee el 63,8%. Donde aproximadamente 19 millones de
personas no van a llegar a los 40 años de edad.[21] Donde el SIDA matará a un tercio
de los jóvenes que viven en el África.[22] Donde cada año cuarenta millones de
hombres, mujeres y niños mueren de hambre. Donde bastaría aumentar los gastos
de salud en un dólar diario por persona para que todos los niños del mundo se
inmunicen contra la tuberculosis, la malaria, la diarrea y la neumonía.[23] Y donde
para erradicar la pobreza sería suficiente un impuesto del 2% sobre las rentas del
20% más rico de la población.[24]

La desolación e incomprensión de esta imagen del mundo (nos) hace pensar
que la vida existe o no existe, que aparece o desaparece sólo a partir de la capta-
ción y la modificación de las cantidades. El Banco Mundial, por ejemplo, advierte
que las cifras mencionadas no van a cambiar –es decir, no decrecerán– en el curso
de los próximos ocho años *"(...) a menos que se haga algo"*.[25] En este sentido,
20 mil personas que *hacen algo*, esto es, protestar durante la reunión del Fondo
Monetario Internacional y del Banco Interamericano del Desarrollo en Praga,
exigen la presencia de 11 mil policías para evitar tumultos.[26]

El mundo de las cantidades no parece ser otra cosa que millones de personas
que se deshacen *de hecho* en matanzas étnicas y religiosas, que se mueren *realmente* por falta de agua potable, que se destruyen *concretamente* ante la desinte-
gración del empleo, que se pierden *materialmente* entre los pantanos del exilio,
etc. Millones de mujeres que *efectivamente* son esclavizadas, des-clitorizadas,
traficadas, prostituidas; millones de niños que *también* son esclavizados, *solda-
dizados*, *obrerizados*, prostituidos y sobornados para ir a la escuela.

El mundo parece así ser sólo una debida e impostergable cuantificación de una
inevitable conjunción de violencias físicas, morales, sociales e institucionales.
El mundo como medida, a cada minuto, en cada esquina, en toda oscuridad, de
cantidades de corrupción, de asesinatos, de analfabetismos, de desempleados.
Y, también, el mundo del refinamiento extremo en las medidas de la muerte,
del asesinato, de la corrupción, del analfabetismo, de los desempleados, de los
estupros, de la falta de trabajo, de los deficientes, los ineficientes, los ineficaces.

21 Informe del Programa de las Naciones Unidas para el Desarrollo, PNUD, 1999.
22 Informe Anual del Programa de SIDA de las Naciones Unidas (Onusida) para 1999.
23 Carlos Fuentes. *¿Feliz Año Nuevo?* Diario *El País*, Madrid, 6/01/2002.
24 Víctor Tokman, citado por Atilio Borón. *Pobreza y neoliberalismo*. Barcelona: Cuadernos de
     Pedagogía 308, 2001, p. 19.
25 Diario *Clarín*, Buenos Aires, 27/06/2000.
26 Diario *Zero Hora*, Porto Alegre, 18/09/2000.

Y, otra vez, el mundo del (re)establecimiento de nuevas cantidades, nuevas obscenidades, nuevas manipulaciones.[27]

Pero por más impresionantes, por más rimbombantes, por más inquietantes y por más *reales* que sean las cantidades en esta particular imagen del mundo, no habría que dejarse gobernar por ellas o, lo que es mejor decir, no habría que dejarse arrastrar por esa mismidad que todo lo cuenta, en sumas y restas trazadas desde una alcantarilla, olvidando al sujeto que queda sumergido o ignorado entre posiciones numéricas, coeficientes, pérdidas y ganancias y umbrales.

Porque sino el otro es la imagen de un otro sólo de la manipulación numérica, un otro medible, un otro obscenamente cuantificable, sin rostro, sin lengua, sin cuerpo o bien con un rostro, una lengua y un cuerpo debidamente mensurados.

Entonces ya no importa el otro de la desidia, el otro de la violencia, el otro de la drogadicción, el otro de la deficiencia, el otro de la infancia, el otro de la lengua, el otro del aprendizaje, el otro innombrable, el otro irreductible: aquello que interesa es su medición, el otro *estadistizado* y el eterno retorno a la eugenesia de los cuerpos, de las almas y de las mentes.

Es tanta la desolación y la incomprensión que supone estar-en-el-mundo sólo a través de esas representaciones, que nos son dadas y están disponibles imágenes en apariencia menos trágicas, imágenes que se auto-equilibran, imágenes que se pretenden más conciliadoras, tranquilizantes. Entre ellas, la de un mundo *apaciblemente globalizado:* esa imagen (¿o fetiche?) de un mundo que parece ser el mundo de la pertenencia, de la accesibilidad, de la movilidad hacia afuera, de un destino irrenunciable, del trasladarse y de transitar por lo transitorio, de desplazarse, de la disponibilidad del todo, de la oportunidad del *self*, del tesoro exótico al alcance de la mano y sin moverse de casa,[28] de la felicidad, de la extra-territorialidad, de la pluralidad homogénea.

Pero que es, también, la imagen de un abismo que separa la mirada hacia dentro de la mirada hacia fuera, de la des/sin-territorialidad, de la inmovilidad

---

27 Y la educación ha sido también objeto de un lento pero eficaz proceso de cuantificación, es decir, de obligarnos a "leer" los problemas educativos y sus supuestas soluciones con una calculadora en la mano. En el informe de Unicef de 1999, denominado de *Educación para Todos*, se puede leer entre otros datos que mil millones de personas entrarán en el siglo XXI sin los conocimientos necesarios para leer un libro o para firmar con su propio nombre; que 855 millones serán analfabetas en las vísperas del nuevo milenio; que 130 millones de niños y niñas en edad escolar crecen sin poder recibir educación básica; que un profesor en Bangladesh tiene que atender a 67 alumnos, en tanto que la relación profesor/alumno en la Guinea Ecuatorial aumenta para 909. Es evidente que, en esas circunstancias, hablar de escuela para todos significa una brutal y ambiciosa ironía de la mismidad o, en el mejor de los casos, una metáfora demasiado ofensiva de parte de muchos gobiernos y gobernantes.

28 Me refiero a la noticia acerca de una red comercial virtual que *"(...) ahora permite comprar una alfombra de lana hecha a mano en Bangladesh, un cesto de Kenya o una cerámica maya"*. El subtítulo de la nota llama la atención al hecho que: *"Varios sitios ofrecen la posibilidad de adquirir un objeto exótico de un país remoto sin moverse de casa"*. Diario *La Nación*, Buenos Aires, 30/06/2000.

hacia adentro, de la quietud, de la vacuidad de lo propio, de la insistencia de lo mismo en cada calle, en cada cuarto, en cada alma, de la impertinencia del no ser-global, de lo rudimentario del-ser-local y de volverse hacia lo propio, de lo inoportuno del ser-como-se-es. Un mundo que lo sugiere todo en medio de un cuerpo que, por lo general, no siente nada; un mundo que no se parece a nada o, mejor dicho, que no es nada. Como dice José Luis Pardo (2001: 320):

> No hay nada parecido al espacio global, eso no puede ser una cosa natural sino la nada en donde nadie vive, un invento ficticio forjado por abstracción, una pesadilla, un delirio megalomaníaco en el que, por un azar espantoso y trágico, estamos ahora obligados a deambular como almas en pena, como fantasmas en busca de un reposo imposible.

La nada en donde nadie vive, una pesadilla que nos obliga a deambular, una imagen global que nos distrae del sufrimiento de aquellos sujetos de las cantidades manipulables y obscenas, que nos devuelve el reflejo de una mente nómade en un cuerpo sedentario-en-el-mundo despojado de toda memoria, que nos obliga a reconocer el porvenir como un futuro próximo y el futuro próximo, inerte, como el único tiempo posible y natural que nos indica insistentemente la medida y la mirada de la homogeneidad, de la homo-homogeneidad.

El otro que ya no está únicamente cuantificado sino también fragmentado entre el ser-local y el ser-global. El otro cuya sola elección parece fluctuar entre el ser o decididamente global o parcialmente global. Un otro cuya resistencia sólo reflejaría la incapacidad para alcanzar la globalidad total de su cuerpo y de su mente, cuya resistencia sería apenas su incapacidad para acceder a lo global.

Pero también el otro que se mueve entre fronteras no-globales, que se "hibridiza" fuera de la cima globalizada (Bauman, 1999: 9) y cuya localización no es –no puede ser– sólo el reflejo negativo de las consecuencias "humanas" de la globalización, es decir: no es tan sólo el otro de una pura segregación, de una pura separación, de una pura marginación o exclusión social.

La imagen del mundo globalizado se ha vuelto demasiado ambigua en sus interpretaciones humanas; genera, por definición, consecuencias trágicamente duales; nos ofrece, a la vez, demasiado beneplácito y demasiada virulencia; lejos de homogeneizar(nos), si acaso ése era/es su propósito, tiende a fragmentar(nos), a polarizar(nos), a desordenar(nos), a desclasificar(nos).

El mundo globalizado es, también, la imagen de un ciberespacio, un espacio que suprime todo trazo del tiempo y anula su propia espacialidad; un mundo cuya productividad (nos) ha hecho cambiar esencialmente nuestra pregunta acerca de la existencia (¿ser o no ser?) por la pregunta acerca de la inter-conectividad (¿estar o no estar conectado?). Y que ha hecho de la experiencia humana una forma de narrar(nos) cibernéticamente nuestras subjetividades, de vivir en una nueva frontera que ya no puede separar la máquina de lo humano, lo real de lo virtual, una frontera que se yergue para ser/sentirnos/percibirnos/fabricarnos/confundirnos como *cyborgs*:

> *(...) una de las cuestiones más importantes de nuestro tiempo es justamente: ¿dónde termina lo humano y dónde comienza la máquina? ¿O, dada la ubicuidad de las máquinas, el orden no sería el inverso?: ¿dónde termina la máquina y dónde comienza lo humano? O incluso, dada la general promiscuidad entre lo humano y la máquina ¿no sería el caso de considerarse ambas preguntas simplemente sin sentido? Más que la metáfora, es la realidad del cyborg, su innegable presencia en nuestro medio (¿nuestro?) aquello que pone en jaque la ontología de lo humano. Irónicamente, la existencia del cyborg no nos intima a preguntar sobre la naturaleza de las máquinas, sino, mucho más peligrosamente, sobre la naturaleza de lo humano: ¿quiénes somos nosotros? (Tomaz Tadeu da Silva, 2000b: 12-13).*

Aquella separación, aquel control, aquel dominio sobre la tecnología, se ha vuelto una transfiguración, una verdadera redefinición acerca de lo humano y de lo no-humano. Por una parte, la aproximación analógica del ciberespacio con la idea cristiana de un cierto Paraíso: el ideal, como dice Margaret Wertheim (citada por Bauman, 1999) de estar "más allá", "por encima" de un mundo material. Por otra parte, la deshumanización del cuerpo, o su sobre-tecnologización.

Y ya no hay un otro en este mundo, sino el doble del yo mismo, la duplicación hasta el hartazgo de la mismidad. Y la pérdida real de la mismidad, es decir: *"mi doble deambula por las redes, donde nunca lo volveré a encontrar"* (Baudrillard, op. cit.: 22).

Vivimos así entre guerras virtuales y pobrezas reales que se confunden en una misma desorientación televisada. Allí, sin que se distinga entre programación y publicidad, se nos ofrecen soluciones para un mundo tan moderno como pequeño. El mundo *punto.com* y sus *neties* se auto-proclaman como movimientos de vanguardia, como supuestas hordas que vigilan las miradas de aquellos pocos que aún no pugnan por entrar en el Paraíso del ciberespacio, o que se instalan a su manera, o que lo interpretan a su modo.

Y se nos tranquiliza al advertirnos que el 50% de los internautas en los Estados Unidos son mujeres,[29] se nos obliga a orientar nuestra atención hacia los 600 millones de teléfonos celulares que habrá en China en el año 2005,[30] se nos hace olvidar que en los países de América Latina sólo el 4% de los hogares están conectados a Internet y que en la mayoría de los países africanos ni siquiera hay luz eléctrica.[31]

---

29 Datos surgidos de una investigación realizada por la *Pew Internet & American Life Project* en los Estados Unidos, publicada en el site IDG NOW.

30 Diario *Clarín*, Buenos Aires, 18/09/2000.

31 Sociedad de Estudios Laborales, Buenos Aires, 1999.

Y otra vez nos confunden la mirada, nos robotizan la mirada, nos controlan a distancia la mirada. Pero la mirada sigue estática, refugiada en la alcantarilla.

Un mundo global y un ciberespacio que, una vez más, se regula por las cantidades manipulables y obscenas.

Que nos ofrece el paraíso al mismo tiempo que nos impide toda posibilidad de vivir con nuestros pies sobre el suelo.

Que nos enseña un suelo que, al mismo tiempo, nos quita el suelo.

Que nos invita a saltar distancias, a invalidar los tiempos, a conquistar los espacios y que, a la vez, nos quita la única distancia, los únicos espacios y los únicos tiempos posibles para lo humano.

¿Y cómo volver a pensar en los tiempos y en los espacios, si las cantidades obscenas, si la globalización y el ciberespacio lo han ordenado todo, lo han vuelto todo congruente, infinitamente posible, tanto como lo han desequilibrado todo, vuelto todo desigual, todo humanamente insostenible?

A la desigualdad de esas imágenes del mundo se superpone aquella que bien podríamos denominar como un mundo de *preocupaciones y ocupaciones políticamente correctas*,[32] es decir, un mundo del auto-cuidado y de la auto-protección.

Se cuidan las palabras de ellas mismas, se cuidan las imágenes, las leyes, el currículum de las escuelas, las publicidades, las miradas.

Nos vigilamos los unos a los otros para no decir aquellas palabras que (nos) hieren, para evitar aquellos gestos toscos y ampulosos, para que los nombres no (nos) sean incómodos, para denunciar las formas y las superficies no benignas de representar(nos) al otro. Pero, también, para dejar intactas las miradas, las representaciones.

En el nombre de lo políticamente correcto es posible hacer que la desigualdad sea ahora, en realidad, una mínima distorsión en la planificación consciente del ciberespacio; que las asimetrías sociales, económicas, políticas, etc. sean, por cierto, meros deslices del proyecto global; que las violencias puedan programarse para un horario adulto o, simplemente, hacerlas desaparecer; que los conflictos bélicos, raciales, religiosos, étnicos, sexuales, etc. sean como *video-games* pero sin muertos, sin heridos, sin cuerpos, sin destrozos, sin vestigios, sin humanos; que la historia sea una historieta; la palabra un simple ropaje que pueda intercambiarse según la ocasión.

Y el otro es un otro cuidadosamente pronunciado, un otro gramaticalmente correcto. El otro está bien enunciado pero atrapado en una mismidad que se enmascara en modos ligeros de decir, de nombrar y de mirar. Un otro anunciado pero a distancia, exento de toda relación, ignorado en su mirar, en su decir, en su respirar.

---

32 *"Políticamente correcto"* es, según Andrea Semprini, una expresión originariamente expresada –o más bien practicada materialmente– por Josef Stalin. En: *Multiculturalismo*. São Paulo: Edusc, 1998, p. 12.

Es, en cierto modo, la imagen de un mundo *CNNizado* que orienta y ordena nuestra mirada apacible hacia representaciones exóticas, folklóricas, paisajísticas; el mundo es una postal ingenua de países y de sus prolijos habitantes; son todos casi parecidos entre sí; parecidos pero no iguales, parecidos pero no idénticos; en otras palabras, una mímica de lo extranjero, un deseo de un otro ya no cuantificable pero sí reconocible, relativamente cercano y, hasta cierto punto, un otro reformado, un sujeto de una diversidad –no de una diferencia– que es casi la misma, que es casi igual, pero no exactamente.

El mundo de lo políticamente correcto es un mundo donde sería mejor no nombrar al negro como negro, donde no llamar de deficiente al deficiente, donde no decirle indio al indio. Es el mundo del eufemismo, del travestismo discursivo. No nombrarlos, no decirlos, no llamarlos, pero mantener intactas las representaciones sobre ellos, las miradas en torno a ellos.

O nombrarlos de otro modo para seguir masacrándolos. O decirlos con otro nombre para evitar toda ruptura con nosotros mismos. Porque si el mundo duele creemos que es, sobre todo, porque no somos, porque no hemos podido ser del todo políticamente correctos.

Sin embargo, entre tantos nombres que se instalan y se desmembran, el otro acaba por cambiar su nombre. Borran sus vestigios, su lengua, su rostro, sus huellas, sus historias, porque hasta el propio nombre se ha vuelto políticamente incorrecto.[33]

Además, entre tantos nombres que se imponen y superponen, el otro acaba por cambiar su cuerpo. Borran sus miradas, sus lugares, sus mirantes, porque hasta la propia altura se ha vuelto políticamente incorrecta.[34]

Y entre tantos nombres que se aceptan y se rechazan, el otro ve cómo las puertas de las escuelas se le cierran en sus propias narices. No pueden borrar su alteridad, no pueden borrar su raza, su etnia, su sexualidad, su lengua, no pueden eludir el mito que ronda sobre sus cabezas. No pueden educarse, pues hasta el propio ser-otro se ha vuelto políticamente incorrecto.[35]

Y si la imagen del mundo de las cantidades manipulables y obscenas crea un otro incontrolablemente numeral, la imagen de lo políticamente correcto (nos)

---

33 Una noticia publicada en *El Mercurio*, de Santiago de Chile, el 22/07/2001, refiere que entre 1970 y 1990 más de 2.600 personas cambiaron sus apellidos con raíces indígenas en Chile *"(...) para buscar mejores puestos laborales"*.

34 Comenta Atilio Borón que: *"un estudio médico-social a nivel nacional, efectuado sobre los adolescentes mexicanos, comprueba que la estatura promedio de los mismos disminuyó 1,7 centímetros entre 1982, año de comienzo del 'ajuste neoliberal'"*. Op. cit., p. 23.

35 Me refiero a la noticia aparecida en el *El País* de España (11-05-2000), en la que se cuenta la historia de tres hermanos gitanos de 3, 7 y 8 años, cuya presencia y admisión en una escuela religiosa de Barakaldo,Vizcaya, fuera boicoteada por todos los alumnos y los padres de esa institución. En las entrevistas que "ilustran" la noticia todos los familiares "implicados", absolutamente todos, eludieron la palabra "racismo" –y se horrorizaron frente a ella– mencionando que en verdad se trataba del genuino derecho a decidir con quiénes debían estudiar sus hijos.

restituye un cierto dominio, un cierto control sobre el otro y apacigua la gravedad "cuantitativa" del mundo. Puede ser allí, entonces, donde la utilización de
una imagen de un *mundo de proliferación de exclusiones* adquiera significado.
Porque si el otro es casi lo mismo pero no exactamente, lo es en virtud de su
desplazamiento hacia afuera de nosotros mismos, en su movimiento forzado y
forzoso hasta ocupar un otro espacio.

Y hay que volver, otra vez, a nombrarlos, a saberlos y adivinarlos de algún
modo. Y, para ello, nada mejor que colocarlos lejos, en el exterior de nosotros
mismos, a una distancia tal que nos sea fácil hablar, discutir, conceptualizar, decir;
a una distancia donde resulta imposible oir(nos), responder(nos), decir(nos).

— III —

«Hay sueños que merecen reposo».

L a imagen de las exclusiones se ha naturalizado tanto que sólo sería un
juego de la retórica dudar de su materialidad, de su concretud. De hecho
hay exclusiones concretas, del mismo modo que hay excluidos de carne y
hueso, con nombres y apellidos, con edades, géneros, sexualidades, razas, etnias,
religiones, cuerpos polimorfos, clases sociales, generaciones, etc.

A pesar de que parezca ser una contradicción con lo anterior: ¿Qué es lo
que se representa o se desea representar a través de la exclusión? ¿Quiénes son
los sujetos de la exclusión? ¿Qué es el mundo representado como mundo de la
exclusión, de los excluidos? ¿En qué consiste esa mirada que se vuelve, atónita,
hacia todas las exclusiones y no sabe más que nombrar a los otros, y nombrarlos
hacia fuera? ¿Los excluidos son siempre *aquellos* otros, los mismos otros?

Más allá de su (aparente) semejanza y su (típica) adecuación a un mundo de
cantidades manipulables y obscenas, esto es, de representarse el mundo sólo en
términos de mapas de exclusión y *de largas filas de excluidos*, aquellas preguntas
se tornan significativas en la medida en que la propia idea de exclusión supone, a
la vez, un *non sense* teórico –por su saturación conceptual, por su extrema e indiscriminada potencialidad de clasificación del todo y de la nada, por su nombrar
sólo y siempre al otro– y como una categoría (¿tal vez relacionada con la ética?)
que se aproxima, anuncia y amenaza el *sufrimiento del otro* –esto es, la exclusión
dolorosamente alojada en el cuerpo del sujeto, la imposición de fronteras como
límites inexpugnables a sus movimientos, la producción de unas subjetividades
obligadas a localizarse y re-localizarse permanentemente, a construirse su propia
imagen de ser-el-otro de la exclusión, de ser-el-otro-sólo-excluido–.

Producto, entonces, de un *non sense* teórico y del ser/establecer/padecer
sufrimiento, la exclusión resulta hoy por hoy una de esas nociones –sociales,

psicológicas, económicas, lingüísticas, políticas, sexuales, culturales, de género, etc.– cuya expresividad de significado resulta difícil de desentrañar, en tanto parece referirse a un dispositivo muy preciso de la espacialidad del otro –el otro afuera, el otro lejos, el otro confinado a un espacio único de sólo dos posibles posiciones– y también de su temporalidad –el otro que es obligado, impelido a moverse de una forma muy particular entre su percepción del ayer, el hoy y el mañana, para ser/dejar de ser aquello que se es en un siempre presente–.

Es bien conocida la discusión acerca de los usos y los abusos de la exclusión que atraviesa toda representación de las culturas y sus espacialidades. No parece haber un concepto más naturalizado, cuando se trata de describir las distribuciones, las posiciones, los riesgos de los países y de los sujetos en torno de cualquier atributo, cualquier rasgo, competencia y/o habilidad. Y tampoco existe una noción que se deslice tan perversamente y tan utilitariamente, para cambiar de una vez y a cada momento, la posición de la mirada y de las representaciones: no hay sujeto que parezca permanecer en el siempre *dentro* de la exclusión, así como no hay sujeto que parezca permanecer en el siempre *fuera* de la exclusión.

Hay aquí, por lo menos, cuatro problemas que deberíamos analizar con mayor detalle: ¿qué es, entonces, la exclusión? ¿De quién es la exclusión? ¿Quién es el sujeto otro de la exclusión? y, por último, ¿existe lo contrario, lo opuesto, lo inverso –y necesariamente *positivo*– de la exclusión?

Robert Castel (citado por Gentili, 2001) ha señalado la existencia de tres mecanismos arquetípicos en la construcción y producción de la exclusión: la exclusión por *aniquilamiento* –la masacre, el genocidio, la matanza del otro–, la exclusión por *separación institucional* –el apartar al otro, la lejanía del otro, la mirada tensa y vigilante de la mismidad sobre la distancia– y la exclusión *a través de la inclusión* –una aproximación sólo momentánea del otro que luego resultará, es decir se traducirá, se comprenderá y se practicará más tarde o más temprano, como su aniquilamiento o su separación–.

En esta descripción parecen resolverse todas las preguntas apuntadas anteriormente: hay un espacio-tiempo que parece despoblado de todo sujeto y de toda subjetividad. Algo parece impeler algo. Algo parece empujar algo. Algo parece aniquilar y/o separar y/o incluir algo.

Sin embargo, a poco que nos internemos en la *confabulación y en la confusión* de los sentidos del término y de su indiscriminada utilización, veremos en seguida que toda descripción de sus aparentes espacialidades y temporalidades se transforma en una multiplicidad y en una fragmentación de imprecisiones, transmutaciones y pérdidas de sentido sobre aquello que es y no es, que pueda ser o no pueda ser la exclusión.

Pero la primera de las preguntas mencionadas no es una pregunta sobre aquello que, en definitiva, *es o deba ser, pueda o no pueda ser* la exclusión. No es una pregunta acerca de si hay o no hay, efectivamente, excluidos. No es una pregunta sobre el *verdadero* rostro y las continuas arrugas de la exclusión. No es la búsqueda de una mejor o una nueva definición o un concepto *definitivo* aquello que ayudará a resolver "nuestros" problemas. Se trata, más bien, de una pregunta sobre la pregunta, es decir, un intento por revelar el porqué de una pregunta sobre la exclusión, una pregunta incómoda, insistente y pérfida que, por lo general, no hace más que multiplicarse a sí misma, que diseminarse como una peste que a todos, más rápida o lentamente, acabará por contagiar.

La segunda cuestión, mucho más ardua, es una pregunta sobre la producción, el gobierno y, si se quiere, la administración de la exclusión en las sociedades y en los individuos. Es el porqué de su invención y de su utilización. Es una cuestión acerca de los mecanismos de poder y de conocimiento que produce y distribuye. Es, además, una mirada sobre las subjetividades que la exclusión crea.

En tercer lugar, la pregunta acerca del sujeto de la exclusión. Una pregunta que adquiere cada vez más significado en la medida en que en las sociedades actuales parece no haber sujeto de la no-exclusión –a no ser aquel sujeto en movimiento hacia la inclusión–, lo que obliga a pensar, quizá sin demasiado esfuerzo, en la exclusión como un concepto totalizador y totalitario, es decir, como una noción sin sujeto o, mejor dicho, como un sujeto que al ser pensado/ percibido/mirado/producido/representado como excluido es sobreentendido como un sujeto sin cuerpo, sin sexo, sin rostro, sin género, sin lengua o que algo falta en su cuerpo, en su sexo, en su rostro, en su género, en su lengua.

Por último, una cuarta pregunta que se interroga a sí misma a través de su propia contradicción: ¿es acaso la inclusión lo contrario, la positividad de la exclusión, el otro con cuerpo, sexo, rostro y lengua?

Digamos que la exclusión se presenta, a primera vista, con su tradicional ropa- je –y anclaje– economicista, que produce y crea una imagen del mundo en torno de localizaciones absolutas y a partir de nociones tales como "renta mínima", "líneas de pobreza", "vivir con menos de un dólar diario", "hogares sin elec- tricidad", etc. Efectivamente, hay una inmensa cantidad de sujetos que (sobre) viven sin una renta mínima, por debajo de la línea de la pobreza, con menos de un dólar diario, sin electricidad, entre otras privaciones. Podría decirse que ése es el problema, pero que no es ése el punto crítico que quisiera considerar. Aquello que ha de señalarse, otra vez, es que en estas descripciones de la exclusión como privación no hay sujetos o bien los hay pero atrapados en la tensión entre tópicos de exclusión y cantidades de exclusión: no hay sujetos, hay números, hay estadís- ticas. Y esta diferenciación es crucial para el concepto de exclusión, cuando se lo subordina por completo a una dimensión (que parece ser) sólo económica. Dicho de otro modo: el "otro excluido" parece ser un ser sin rostro, sin subjetividad, sin identidad, sin cuerpo, a no ser, justamente, el rostro, la subjetividad, la identidad, el cuerpo del excluido. Pero es allí, justamente, donde pierde su corporalidad, pues su destino está marcado, desde esa lógica, por la necesidad resolutiva de aquella tensión entre los tópicos de la exclusión y sus cantidades.

Esa forma de comprender y practicar la exclusión revierte en una modalidad igualmente cuantitativa en aquello que se ha dado en llamar de soluciones al problema: "aumentar la renta mínima", "hacer decrecer la línea de la pobreza", "poder vivir con más de un dólar diario", "tener electricidad". Y está claro que esas soluciones, con todo el significado que puedan tener para aquellos que son producidos como excluidos y que sufren por la exclusión, son vistas sólo en términos de una mejoría estadística, de un descenso de la medida de "riesgo país", de una disminución en la cantidad de pobres, analfabetos, indigentes, etc.

La insistencia en considerar la exclusión como un problema escencialmente económico hace que su centralidad, sus extensiones, implicaciones y sus efectos hacia el mundo social resulten en una maraña poco o nada clara para analizar. Es cierto: se nos explica que a través de las transformaciones en el mundo del trabajo y del surgimiento de la automatización estarían ocurriendo cambios en las relaciones de producción, donde las relaciones de dominación y explotación no serían más aquellas predominantes; se nos dice que los individuos –no sus rostros, no sus cuerpos, no sus sexos, no sus lenguas– estarían siendo excluidos del mundo del trabajo.

La exclusión es, de este modo, el no-trabajo, el desempleo, el sub-empleo y, por extensión y conclusión, la pobreza. Los excluidos son, así, los que no trabajan, los desempleados, los que están sub-empleados, los pobres.

Pero, una vez más, el sujeto no (re)aparece. No hay vestigios de su rostro, ni de su cuerpo, ni de nada.

Dada esta primera "incomodidad" con el uso del término exclusión, algunos autores han planteado la necesidad de deslizar su significado hacia otros términos. Este es el caso, por ejemplo, de Serguei Paugam (1999), quien trata de desplazar o de complementar el concepto de exclusión con la idea de *descalificación y/o desafiliación social*.

Para Paugam las dificultades de análisis de las especificidades actuales de las desigualdades sociales son el resultado de la perspectiva estática que le subyace: más que identificar a los grupos desfavorecidos y las razones de la "falta de evolución" de su condición social, habría que descubrir los procesos que conducen a un cúmulo de desventajas en la fragmentación social. Existe una suposición, tan divulgada como equivocada, de que las situaciones de exclusión son relativamente estables, inmutables, inalterables, que están allí para quedarse para siempre. Muy por el contrario: lo que mejor definiría el proceso de la exclusión es su carácter dinámico, cambiante –e, incluso, irritante–; así, por ejemplo, no sería suficiente aumentar la renta mínima, ni hacer decrecer la línea de la pobreza para desterrar totalmente ese mecanismo.

Es verdad que la idea de *descalificación social* corresponde también a un proceso de expulsión del mercado de trabajo, lo que no modifica sustancialmente el problema de la subordinación de la exclusión a una dinámica y un sentido economicista. Pero lo que aquí se añade es el hecho que deberían considerarse igualmente las experiencias vividas por los excluidos, no sólo en relación a su exclusión sino también en lo que se refiere al *asistencialismo* y al *inclusionismo* que de ella generalmente resulta. La noción de descalificación social permite, para Paugam, redefinir la relación de exclusión de una población determinada con respecto al resto de la sociedad y, también, la de la clasificación misma de pobreza: la estigmatización de los asistidos que les confiere una trayectoria tan específica como ineludible –la trayectoria del *ser pobres*–; las modalidades de *integración*; el carácter falaz de la utilización del término exclusión como sinónimo de pobreza –como si ellos no participasen de la vida económica, como si no ofreciesen ninguna reacción frente a su situación–; y las formas de resistencia al estigma de adaptación al asistencialismo y al inclusionismo.

Paugam intenta desarticular así la auto-suficiencia del concepto de exclusión, introduciendo dos aspectos más o menos interesantes: primero, el de entender que se trata de un proceso donde los vínculos sociales se deshacen –por ejemplo, el desempleo tiene una relación directa con una crisis familiar y/o matrimonial–; segundo, el de sugerir que la exclusión es, entre otras cosas, una interiorización de aspectos negativos en la identidad del sujeto.

La ruptura de vínculos sociales y el quiebre identitario del excluido, conducen a Paugam a pensar en el concepto de *relégation*, un término que se parece o se acerca, etimológicamente, a la idea de exilio, de destierro, de expulsión del espacio territorial. *Relégation* se constituye a partir de una combinación de tres dimensiones que modifican o bien dejan en suspenso el concepto mismo de exclusión: la trayectoria histórica del sujeto, las identidades y los territorios.

Exilio, destierro, expulsión. El otro excluido ya no es sólo un otro sin cuerpo y sin rostro. Ahora es un otro cuya identidad se quiebra, se fragmenta, se deteriora por la exclusión. ¿Un rostro y un cuerpo disuelto en mil pedazos? ¿Un cuerpo que habrá que recomponer a partir de lo mismo? ¿El mismo sistema, la misma mismidad que produce al excluido ahora cuidará de él, lo albergará?

La sospecha que el cuerpo y el rostro del otro nunca (re)aparecen en la idea de exclusión, o que lo hacen pero despedazados, puede hacernos pensar que, quizá, la pregunta: ¿qué es la exclusión? debería ser transformada en otra bien diferente: ¿de quién es la exclusión? O inclusive: ¿es la exclusión el problema?[36]

---

36 Así como también es necesario cambiar la pregunta: ¿de quién es la pobreza? Y además: ¿es la pobreza el problema? Atilio Borón (op. cit.: 19) lo explica del siguiente modo: *"(...) en la escena latinoamericana hablar del 'problema de la pobreza' constituye un serio equívoco. El verdadero 'problema' es la riqueza y su concentración".*

En casi todas las definiciones y/o indefiniciones de la exclusión surge siempre la idea de que se trata de una propiedad o carencia del individuo, de este ser poseedor o no de algunos de los atributos fundamentales considerados necesarios para la constitución del hogar, la escolarización, la profesionalización, la inserción en el –¿en cuál?– mercado de trabajo, etc. Algunos documentos oficiales traducen muchas veces esta idea en términos de un binomio de irresponsabilidad/responsabilidad individual, independiente de cualquier mecanismo o dispositivo de producción lingüística, cultural, social, etc. Basta para justificar lo apenas expuesto una (in)definición que aparece en un informe del Banco Mundial (citado por Bain & Hicks, 1988: 6): *"(Es un) proceso por el cual individuos y grupos quedan total o parcialmente excluidos de la participación económica, social o política en su sociedad".*

Y esta frase parece responder con creces a nuestra pregunta anterior –¿de quién es la exclusión?– Pues bien: así definida la exclusión es del excluido; la exclusión es su propiedad, su responsabilidad, su carga, su *patrimonio*. Se trata de un individuo que no tiene, no posee, no dispone de los atributos para dejar de ser lo que es. Es, en cierta medida, la sujeción del individuo a la fórmula del "tercero" excluido; esto quiere decir que su localización debe ser postergada hasta la definición del "primero" incluido y el segundo "por incluirse". El "tercero excluido" es el otro de la inclusión y el otro del poder/querer/saber incluirse. Resulta así un sujeto de una doble negación: no está incluido, no está por incluirse, está excluido.

Por otro lado hay en esa tendencia a definir la exclusión una doble fórmula perversa: la *mercadologización* del otro y su *des-subjetivación*. En el primer caso, se trata de un individuo cuya responsabilidad o irresponsabilidad se refiere, única y exclusivamente, a su relación con el mercado –de capitales, de propiedades, de objetos–; en el segundo, se lo nombra siempre como individuo, esto es, como un cuerpo anómalo y amorfo, sin otras identidades.

Tanto en el caso de la primera cuestión, como de la segunda, y a pesar de la diferencia de matices, ambas tienen en común una noción de exclusión que acaba por diluir, disolver la subjetividad en un orden temporal y espacial que deja al sujeto sin identidades disponibles, sin diferencias, sin "entre-lugares". Porque uno de los problemas de esta forma de entender la exclusión es que ella produce, al mismo tiempo, otras "exclusiones" que están fuera de su propio alcance: grupos étnicos, grupos homosexuales, la alteridad deficiente, entre otros, que acaban por no sustentarse/subordinarse sólo en un análisis económico (o mercadológico) y que producen un necesario desplazamiento hacia otro tipo de reflexiones. Así, nuevamente, es necesaria la transformación de la pregunta: ¿de quién es la exclusión? por otra todavía más inquietante: ¿quiénes son los excluidos?

A primera vista la respuesta a esta pregunta también parece ser contundente: los excluidos son los pobres, así como la exclusión es la pobreza. Hasta hace relativamente poco tiempo, de hecho, exclusión/excluidos y pobreza/pobres, constituían sinónimos innegables, absolutos, indisociables.

Sin embargo, o bien por ello mismo, se comenzó a practicar un juego bien diferente dentro de las ciencias sociales y humanas: la tendencia hacia una sub-categorización cada vez más sofisticada de las mínimas parcelas en que la exclusión podía ser identificada, delimitada, purificada e inclusive autorizada. A la lista tradicional de los excluidos de siempre –es decir: inmigrantes, mujeres, indios, pobres, deficientes, mendigos, vagabundos, niños y niñas de la calle, delincuentes, marginales, drogadictos, gays y lesbianas (y por una extraña ley de extensión a todos los simpatizantes de esos y otros grupos) se fueron agregando otras listas para que todos tuviesen a disposición su propio *fragmento y/o parcela de exclusión*: por ejemplo, los excluidos de la abstracción, de la interactividad hombre-máquina, de la velocidad de respuesta a la información, de la flexibili-dad para cambiar de lugares de trabajo, entre muchos otros subterfugios en la producción e invención en la exclusión de la alteridad.

Toda nueva categorización, por más refinada o diferente que sea o parezca, parece conducirnos hacia idénticas representaciones de la exclusión y de los ex-cluidos: en primer lugar, *ya no hay* una dimensión económica pura sino más bien otra, pero semejante, de carácter tecnológico-económica; en segundo lugar, *sigue existiendo* una exclusión masiva fundamentalmente alrededor de las cuestiones sexuales, raza, género, normalidad del cuerpo y de sus edades, etc.; en tercer lu-gar, no hay una exclusión que parezca poder detenerse en un punto determinado, aunque toda exclusión cree identificar a su víctima en cuanto a su atributo más álgido –nadie es, a pesar de las apariencias *simultáneamente, transversalmente* excluido–; y por último, la exclusión sigue siendo del/el sujeto otro: la exclusión de la mujer es su sexualidad y su género, la del negro su negritud, la del deficiente su deficiencia, la de los homosexuales su elección sexual, y así sucesivamente.

Y la exclusión se hace cada vez más insostenible en su descripción, cuando advertimos que no es lo mismo hablar/sentir/estar/sufrir/representar/hacer con y por ella *desde aquí o desde allá o desde otros lugares.*

Y la exclusión se hace insoportable cuando notamos que sus fronteras no son –ni pueden, ni quieren ser de hecho– estables: aparecen, desaparecen y vuel-ven a aparecer; se multiplican, se disfrazan; los límites de sus fronteras parecen perderse, oscilan, se amplían, siempre están en movimiento, nunca permanecen quietas o inalterables. Cruzan los cuerpos, las mentes y las lenguas de un modo vertiginoso; los atraviesan, se hacen múltiples, se desfiguran y cambian perma-nentemente su estrategia de representación sobre los otros. El control se ejerce sobre los cuerpos, los colores, los lenguajes, las pieles, las sexualidades, las territorialidades, las religiones de la alteridad.

Y se hace insostenible cuando percibimos que es un discurso y una práctica generado desde un hipotético centro hacia unas periferias imaginadas. Cuando se alude a la idea de que todos pueden ser excluidos de alguna situación y no de otras. Cuando todo sujeto pierde su cuerpo, pierde su rostro o cuando le es negado todo cuerpo, todo rostro.

La exclusión, si entonces algo puede ser, es la muerte a ambos lados de la frontera; es la separación y la yuxtaposición institucional indiscriminada; es el aniquilamiento del otro; la negación de ejercer el derecho a vivir en la propia cultura, en la propia lengua, en el propio cuerpo, en la propia edad, en la propia sexualidad, etc., una norma –muchas veces explícitamente legal– que impide la pertenencia de un sujeto o de un grupo de sujetos a una comunidad de derechos. Comunidad de derechos, inclusive y sobre todo el derecho a la no-mismidad; el derecho irreductible de/a la diferencia.

La exclusión, si entonces algo puede ser, es un proceso cultural, un discurso de verdad, una interdicción, un rechazo, la negación misma del espacio/tiempo en que viven y se representan los otros. Como dice Sonia Fleury (1998: 5): *"La exclusión es un proceso cultural que implica el establecimiento de una norma que prohíbe la inclusión de individuos y de grupos en una comunidad socio-política (...) Un proceso histórico a través del cual una cultura, mediante el discurso de verdad, crea la interdicción y la rechaza".*

Un proceso cultural –y no una propiedad del sujeto–; la creación de una norma que prohíbe –y no un atributo "objetivo" del sujeto–; un discurso de verdad –y no una frontera explícita–; la interdicción del otro –y no su voluntario aislamiento–: el término exclusión, que ha sido naturalmente localizado en el espacio individual del otro parece ir deslizándose hacia una dinámica de relaciones sociales, culturales, políticas, lingüísticas, etc. que enfatizan la acción hacia el sujeto y no su propia esencia, sus atributos o su falta de atributos, su responsabilidad o su irresponsabilidad. Así (parece que) dejamos de hablar de la exclusión y comenzamos, tímidamente, a pensar en los discursos de verdad que la legitiman, que le dan cuerpo, valor y validez en un momento determinado de la historia. Se trata, ahora, de una interdicción cultural, de una prohibición, de una norma que es a la vez un imán. Por lo tanto, ante la pregunta: *¿de quién es la exclusión?* podríamos responder que *no es del sujeto, no está en el sujeto, circula en la cultura o bien en un fragmento puntual de ella como un significado que no es natural y que se ha naturalizado. Es un mecanismo de poder centralizador que consiste en prohibir pertenencias y atributos a los otros,* etc.

Pero aquí debo hacer una observación. La exclusión no es ni está en el sujeto. Lo que hay en el sujeto es el hambre, la miseria, el sufrimiento, la reacción, la falta de trabajo, etc. Y el sujeto del hambre, de la miseria, del sufrimiento no es un sujeto de la exclusión: es un sujeto del hambre, de la miseria, del sufrimiento. Si se antepone "exclusión" a "sujeto que sufre" entonces no hay sujeto que sufre sino sujeto excluido. Y un sujeto que no sólo es borrado en su sufrimiento sino que es negado en su potencialidad de no-sufrimiento, en su acontecimiento de no-miseria, en su potencia de no-quietud.

Incluso si pensamos en su etimología, el término excluido proviene del verbo latino *ex-cludere* que significa expulsar a alguien –o a una cosa– hacia fuera de un sistema cerrado o hacia fuera del lugar que (hipotéticamente) ocupa o debería ocupar. El sentido y/o la falta de sentidos de la exclusión remiten mucho más a una consideración de los lugares y de la falta de lugares. Y aun así la insatisfacción con la palabra y con su significado se nos hace extrema. De allí que recurramos, otra vez, a otro desplazamiento, a otra postergación de su significado: el de la exclusión como *expulsión*.

> *¿Qué ocurre con la exclusión? ¿Qué fenómenos describe? La exclusión pone el acento en un estado: estar afuera del orden social. El punto es que nombrar la exclusión como un estado no supone referirse a sus condiciones productoras. La exclusión nos habla de un estado –con todo lo que tiene de fija la noción de estado– en que se encuentra un sujeto. La idea de expulsión social, en cambio, nos remite a una relación entre ese estado de exclusión y lo que lo hizo posible. Mientras el excluido es meramente un producto, un dato, un resultado de la imposibilidad de integración; el expulsado es producto de una operación social, una producción, tiene un carácter móvil. Si se considera la exclusión ya no como un estado (determinación) sino como una operatoria (unas condiciones), ponemos de relieve su carácter productivo y la estrategia de lectura se altera.*
>
> *La expulsión, considerada como una serie de operaciones, nos da la chance de ver funcionamiento, una producción que hizo posible la situación de expulsado. La expulsión social, entonces, más que denominar un estado cristalizado por fuera, nombra un modo de constitución de lo social. (...) La expulsión social produce un desexistente, un "desaparecido" de los escenarios públicos y de intercambio. El expulsado perdió visibilidad; nombre; palabra, es una "nuda vida" –no porque no nos enfrentemos a diario con los que han quedado afuera sino por que su presencia está privada de lenguaje, ya no son vistos como sujetos de enunciación (Dustchatzky y Corea, 2002).*

El extenso texto citado arriba permite varias interpretaciones y *soluciones* en varios niveles a muchos de los problemas apenas anunciados anteriormente.

El excluido es sólo un producto de la imposibilidad de integración. No es un sujeto, es un dato. Es la negación del estar dentro que sirve, al mismo tiempo, como una afirmación de ese "espacio dentro".

El expulsado es una producción, un modo constitutivo de lo social. Es un sujeto absolutamente necesario para el nuevo orden. Pero no enuncia ni denuncia ni anuncia nada: está privado de lenguaje. Revela su contradicción, sin decir nada; está siendo producido para testimoniar su espacio sin hablar sobre su espacialidad.

El excluido no tiene cuerpo: es la negación de su espacialidad y de su temporalidad. El expulsado no tiene voz: es la afirmación de su espacialidad y de su temporalidad silentes.

Pero las incomodidades políticas, culturales, económicas, etc. (re)niegan del sujeto expulsado: lo prefieren excluido. Y han encontrado en la lógica del binomio de exclusión/inclusión un repertorio de acciones, justificativas, argumentos y nuevos –pero tan viejos– mecanismos de poder, de saber y de control sobre el sujeto. Descansan plácidamente en esa oposición, satisfechos con el descubrimiento de un nuevo –pero tan viejo– orden.

La idea de estabilidad, sistematicidad, congruencia y coherencia del mundo encuentra en esa lógica una espacialidad cómoda, de sentido común, dominante, hegemónica, que se resuelve por sí misma: debe haber sólo dos lugares, aunque aparentemente contradictorios entre sí, donde la inclusión sea por fuerza y necesidad la positividad –el Paraíso, el otro angelical– y la exclusión su contra-cara maliciosa –el Infierno, el otro maléfico–.

La relación exclusión/inclusión es, a primera vista, una de las más típicas representaciones espaciales, territoriales, a partir de la cual se ha ejercido una presión sistemática para organizar el mundo –y la cultura, y la educación, y la política, etc.–: hay individuos que están "fuera" del mapa (el "otro" excluido), lo que supone necesariamente la existencia de individuos "dentro" de ese mapa (el "otro incluido" que es, en verdad, un "yo mismo incluido"). Sin embargo, a esta configuración simplificada de la espacialidad se le ha ido añadiendo una dimensión temporal específica: el "otro excluido" no sólo está fuera del espacio, sino que "retrocede", "no alcanza el futuro", "está lejos de adaptarse a estos tiempos", etc.

Además el afuera, la exterioridad y el otro excluido parecen ser encuadrados y someterse a una espacialidad cuya esencia es la de un mundo físico, de un mundo de lo natural, de lo biológico, de los suburbios, de lo que se encuentra en un estado natural o primitivo, el cuerpo; por el contrario, el adentro, la interioridad, el otro incluido, responden a una lógica de espacialidad opuesta: el mundo psíquico, lo cultural, lo humano, la ciudad, lo comunitario, la mente, etc.

Exterioridad como un espacio sin tiempo de la alteridad; interioridad como un espacio del tiempo, de la mismidad. Exterioridad e interioridad como lugares tan irreconciliables como irreductibles.

> *Y esta irreductibilidad no solamente quiere decir que ninguna aparición puede ocupar un lugar o un tiempo iguales a cero, sino que las apariciones exteriores son irreductibles a las interiores y viceversa, que entre ambos órdenes, interioridad y exterioridad, no hay posibilidad alguna de traducción (José Luis Pardo, 1992: 34).*

Por ello hay aquí, por lo menos, tres cuestiones que permanecen relativamente oscuras.

En primer lugar, cuando se piensa en inclusión/exclusión en las sociedades contemporáneas, las múltiples y complejas inserciones de cada sujeto en el mapa social hacen que él y/o ella puedan ser incluidos por algunas condiciones y, al mismo tiempo, excluidos por otras. Para decirlo de un modo más literal: nadie parece estar completamente incluido, nadie parece estar totalmente excluido. Visto de este modo: ¿tiene algún sentido hablar de exclusión y de inclusión cuando los sujetos –políticos, sociales, lingüísticos, sexuales– están sometidos al mismo *principio de unanimidad* en el que todos están, al mismo tiempo, fuera y dentro de un sistema (Abdallah Saaf, 1996)? Sí lo tiene, pero en los términos de la conveniencia y funcionamiento del propio sistema, es decir, en hacer del sistema un tipo de estructura que se consolida a partir de la oposición binaria y que hace que los sujetos que de algún modo fueron antes excluidos por el sistema, sean ahora incluidos por él. En ambos casos, sea exclusión y/o inclusión, hay una manutención y una sujeción férrea del sujeto a *partir* de un cierto sistema, *dentro* del sistema, *desde* el sistema, *en* el sistema, *por* el sistema.

En segundo lugar: ¿Acaso todo lo humano está aprisionado en una relación de exclusión/inclusión? ¿Es toda voz, todo cuerpo, cada gesto, cada mirada, todo espacio y todo tiempo exclusión y/o inclusión? ¿No es este binomio una forma perversa de mirar, representarse y actuar en el mundo y, además, un modo de esconder/oscurecer lo híbrido, lo inclasificable, lo indeterminable, lo ambiguo, lo ambivalente, y en fin: la contradicción? Y sobre todo: ¿no es esta relación una forma de acabar justamente con la relación, es decir, no se estarán acabando así con las contradicciones donde la exclusión se diluye en la inclusión y la inclusión resulta un Paraíso, aunque se mantenga intacta una intensa producción e invención de expulsados?

Además, el binomio exclusión/inclusión no es original ni reciente pues ha constituido sujetos, configurado pactos de poder, determinado conocimientos, encuadrado sujetos y grupos a lo largo de la historia (Celi Pinto, 1999) aunque se pretenda introducirlo hoy bajo un rostro novedoso, ya sea político, cultural y/o educativo.

En efecto, Foucault (2000, op. cit.) analizó la genealogía de los procesos de exclusión y de inclusión de los individuos en la Edad Media, a partir de las medidas tomadas en relación a los leprosos y a los enfermos de peste. Los leprosos asumían la figura de la exclusión, del alejamiento, del desconocimiento, de lo maléfico; hacia ellos iba dirigido un poder punitivo, negativo, marginalizador. Los enfermos de peste, por el contrario, eran la metáfora de la inclusión; sobre ellos se ejercía el poder del conocimiento, del exámen, del cuidado.

Para Foucault la inclusión resulta ser así una figura sustitutiva de la exclusión, aun cuando ésta permanezca activa y activada en una sociedad determinada. Dicho en otras palabras: la inclusión no es lo contrario de la exclusión, sino un mecanismo de poder disciplinar que la reemplaza, que ocupa su espacialidad, siendo ambas figuras *igualmente* mecanismos de control. Dado el desorden de la exclusión, por el desconocimiento, por la lejanía de los excluidos, por la falta de control sobre ellos, la inclusión puede ser entendida, de acuerdo con Alfredo Veiga-Neto (2001: 113) como *"un primer paso en una operación de ordenamiento, pues es precisa la aproximación con el otro, para que se de un primer (re) conocimiento, para que se establezca algún saber, por mínimo que sea, acerca de ese otro"*.

Esa tal operación de orden, esa tal aproximación, ese tal reconocimiento, ese tal saber, determinan nuevas configuraciones en la cuestión y en el problema de la espacialidad del otro, del lugar del otro y de la mismidad.

El otro globalizado o localizado en un puro exotismo. El otro global. El nombre políticamente correcto del otro. La exclusión, la descalificación, la desafiliación, la relegación del otro. La (¿falsa?, ¿ficticia?, ¿ilusoria?, ¿ordenadora? ¿controladora?) promesa de inclusión del otro: ¿hay, acaso, otras espacialidades, espacialidades otras para lo humano? ¿Puede el otro no ser otra cosa que una imagen velada del yo mismo? ¿Ahuyentar a la mismidad y refugiarse en su alteridad?

CAPÍTULO III

Acerca de la espacialidad del otro y de la mismidad.

Notas para una deslocalización (permanente) de la alteridad

El sujeto desprovisto de toda alteridad se desploma sobre sí mismo y se abisma en el autismo.

Jean Baudrillard.

— I —

Toda cuestión humana debería ser pensada desde la perspectiva de las diferentes espacialidades. Y, otra vez, puede ser verdad su reverso: no hay nada de la espacialidad –y en la espacialidad– que pueda explicarse sino es a través de lo humano.

Entonces: ¿hay una única espacialidad para lo humano? ¿Es la espacialidad del sujeto también una espacialidad lineal –el otro únicamente en relación con nosotros mismos– y/o circular –el otro que vuelve, ocupando el mismo territorio que le hemos asignado siempre–? ¿Un espacio sólo homogéneo, únicamente colonial? ¿O será el espacio un espacio simultáneo donde el otro ocupa un espacio otro pero conocido o por conocer; un otro espacio pero que se imagina apaciblemente vinculado, pretendidamente comunicativo con la mismidad? ¿Un espacio multi-homogéneo, un espacio multicultural? ¿O bien se trata de una espacialidad radicalmente diferente del espacio de la mismidad? ¿Un espacio que irrumpe, un espacio de acontecimiento, un espacio de miradas, gestos, silencios y palabras irreconocibles, inclasificables, irreductibles? ¿Las espacialidades de la/s diferencia/s?

Así como con la temporalidad las espacialidades habituales de la mismidad y del otro se han desordenado. Hay destierros que van más allá de los espacios conocidos y concebidos. Exilios, como estados y como condiciones, que nunca regresan. Sitios confortables que destilan aburrimiento, tedio, insatisfacción. Inclusiones cuantitativas, globales, políticamente correctas y sensiblemente confusas. Exclusiones que se instalan en todos los cuerpos y que atraviesan dimensiones ignoradas.

La expulsión del Paraíso, la falta de Paraíso, la inexistencia del Paraíso.

El otro ya no parece ser sólo un afuera permanente, o una promesa integradora, o su regreso a nuestro hospedaje, o su extranjería, o su andar errante y/o
vagabundo. Su irrupción confunde el espacio de la mismidad.

Y es también la falta de espacios, la pérdida de espacios, el descubrimiento
de espacios, el desdoblamiento de espacios, aquello que nos causa la perplejidad
del presente: así como necesitamos de un otro tiempo y de un tiempo otro, tal vez
ahora precisemos también de un otro espacio y de un espacio otro.

El mapa de la mismidad parece haberse esfumado junto con los mapas tra-
zados durante siglos sobre los otros. Porque ese mapa indicaba siempre para lo
mismo de nosotros mismos y la mismidad era así y en sí un significado completo,
absoluto, ordenado, coherente.

El mapa de la mismidad como un calco de lo mismo, el calco de aquello que
siempre vuelve a lo mismo (Deleuze y Guattari, 1977: 29).

La pérdida del mapa es, también, la diferencia entre el calco de lo mismo,
el calco de aquello que siempre vuelve a lo mismo y la cartografía de lo otro,
el mapa de las múltiples entradas y relieves del otro, de su expresividad, de sus
rostros.

Y si antes éramos como flechas apuntando hacia la mismidad, ahora esas flechas se curvan preguntándose, abrumadas y perplejas, acerca de las direcciones
a tomar. Saben, sabemos, que ya no indican, que ya no indicamos, para nosotros
mismos: *¿Somos, entonces indicaciones para el sentido de los "otros"?* (Felix
de Azúa, 2001: 47).

La respuesta a esta pregunta podría estar en la negación misma del mapa de
la mismidad. Decir: no hay tal mapa, sino un calco, una historia de su repetición,
de su traducción, de su invención, de su ilusión, de su conformidad, de su auto-
satisfacción. Decir: es un calco cada vez más real pero cada vez menos verosímil,
que nos hace habitar lugares que nunca hemos visto y que siempre (nos) hemos
inventado. Lugares que, si alguna vez son alcanzados, dejan ya de ser lugares:
son la falta de lugares.

La pérdida del mapa de la mismidad es sobre todo la pérdida del calco de una
espacialidad habitual: la mismidad ocupando el centro, corriendo sus fronteras
cada vez más hacia fuera y concentrándolo todo y a todos en la periferia, en los
bordes, en aquello que supone ser marginal. Y la periferia, los bordes, lo marginal, cuya única razón de su existencia debería ser pugnar para entrar, para estar
en el centro, para ocuparlo y así ser, finalmente, como los demás. La mismidad,
el centro, vigilando, controlando y castigando al otro, conduciéndolo hacia la
periferia pero insistiendo, al mismo tiempo y en el mismo espacio, sobre las
bondades y la perfección de su centralidad.

La pérdida del mapa es, en cierto modo, la pérdida de aquellas fronteras, la
existencia de unos entre-lugares que ya no (re)presentan con tanta claridad ni
el centro ni su supuesta periferia. Esto no significa que no existan mecanismos

de poder ejercidos sobre el espacio del otro. Significa que el poder, quizá, haya tomado otros rumbos, porque: ¿Es el otro sólo un otro de un espacio vigilado, controlado, determinado por los férreos disciplinamientos individuales y colectivos? ¿Es el otro, únicamente, la representación de un cuerpo (y el cuerpo mismo) dócil, entrenable, perfeccionable?

Se reformula un concepto de lo espacial como mera condición-marco de referencia de la acción, y se entra en una fase de nuevas-viejas tecnologías de poder, crecientemente espaciales y situativas. Se concretizan, se repolitizan, se recalientan los espacios y los lugares, y se abstractizan los sujetos, se desdoblan los recorridos sociales, se relativizan las pautas de conducta. La sociedad estalla en sociedades, por cierto, pero en todas ellas late lo espacial-situativo (De Marinis, 1998: 24).

La fabricación de los sujetos del disciplinamiento social comenzó a experimentar desde hace un tiempo un cierto tipo de cortocircuito: la docilidad de los cuerpos esculpidos por la normatividad, la solidez en la construcción de las identidades de lo mismo y de la comunidad son, como dice De Marinis (ibídem.: 32): *"como chispas que hoy se apagan y mañana pueden aparecer reavivadas, corregidas y aumentadas".*

De Marinis realiza una cartografía de algunos procedimientos a través de los cuales se administran las (supuestas) exclusiones e inclusiones en las sociedades del presente, recuperando la dimensión espacial de los procesos sociales. "Antes" un sujeto era excluido del tráfico social por medio de intervenciones correctivas, ortopédicas, en torno de un cuerpo que se decía que estaba "enfermo". Esa explicación espacial, hacía de las exclusiones un proceso percibido siempre desde una matriz general de normatización y de normalización (y, claro está, de inclusión).

Pero ahora ya no se trata sólo de un metódico y detallado relevamiento de presencias y de ausencias, sino de novedosas modalidades de gubernamentalidad que determinan un conjunto de saberes y poderes relativamente originales: un eficiente y eficaz control poblacional.

Se abandona la vigilancia del cuerpo individual, la intromisión en su biografía, en su historia –con el propósito de hacer de él, por ejemplo, un buen trabajador, un buen hijo, un buen padre, un buen ciudadano, un buen alumno, etc.– y se comienzan a administrar otros perfiles, otros matices. La tríada: modulación – control – exclusión parece ir desplazando del escenario al binomio: disciplinamiento – inclusión.

El "mapa" del presente, sigue este autor, supone el trazado de múltiples mapas yuxtapuestos que deben mostrar todos los lugares, vistos desde todos los ángulos posibles. De ese modo, es posible suponer la existencia de dos modalidades diferentes de cartografiar el ejercicio de poder: la sociedad disciplinar y la sociedad de control.

La sociedad disciplinar asume la forma de una grilla que representa una demarcación estricta de territorios, lo que permite observar y controlar a los sujetos, reparar en sus presencias y en sus ausencias; es el panóptico de Foucault, que sugiere la posibilidad de verlo todo y de hacerlo, siempre, ocupando una posición superior, de privilegio. La sociedad disciplinar es el resultado de un poder masivo, cotidiano, sistemático y consecuente que, utilizando la misma metáfora de De Marinis, se ha vuelto "ciega" desde hace tiempo a las exclusiones y a todo lo que puede acontecer "allí afuera". De este modo, el mapa de la sociedad disciplinar nos conduce a pensar que *"las exclusiones de la generalidad del tráfico social eran percibidas desde una matriz general de la inclusión, la cura, la rehabilitación, la normalización"* (ibídem: 35-36).

A diferencia de la cartografía anterior, la de la sociedad de control está representada a través del despliegue de un espiral de modulación y de una red con agujeros, que determina tres zonas: una zona de modulación –o inclusión–; una zona de vulnerabilidad; y, por último, una zona de exclusión.

Pero ya no se trata de una espacialidad de un sujeto gobernado desde adentro, sino de alguien que se desplaza continuamente a lo largo del espiral; alguien *"(...) escindido en esferas normativas plurales y situativas"* (ibídem: 36). La sociedad de control establece un espacialidad central de movimiento rápido y vertiginoso –lo global, lo flexible, lo veloz, etc.– y una espacialidad periférica –dónde fijar, inmovilizar–.

Así entendida, esta red no puede ser descripta a través de una única densidad o de una densidad compacta: hay zonas de líneas gruesas, bien determinadas, por donde circula la capacidad de adaptación a las exigencias del presente –esto es, la flexibilidad y la movilidad–; en algunas zonas su trama es más cerrada –donde se sostiene y se mantiene a los sujetos centrifugados de adentro hacia afuera, en la zona de la vulnerabilidad–; y en otras partes, la red presenta enormes orificios que conducen directamente hacia la zona de exclusión. El "derrotero de la exclusión", como lo llama el autor, supone la acción de "resbalar hacia afuera" de los sujetos que no toleran, que no quieren tolerar más aquellas exigencias.

Si la tríada: modulación–control–exclusión va desplazando del escenario al binomio disciplinamiento–inclusión, la pregunta acerca de la espacialidad del otro y de la otra espacialidad asume un particular significado: ¿hay lugares no modulados, de no-control, de no-exclusión, que no sean lugares de disciplinamiento y de inclusión? ¿Hay, acaso, una suerte de tercer espacio, un espacio sin nombre, un entre-lugar, es decir, un espacio otro, un otro espacio?

— II —

Hoy, es verdad, nos obsesionan los espacios, los pasajes entre espacios, la dispersión de los espacios, la yuxtaposición de los espacios, el pliegue, la rugosidad de los espacios, los otros lugares. Y también nos obsesiona la falta de lugares, los no-lugares, la insistencia en un aparente único espacio, la reunión ordenada de aquello que parece estar disperso, la negación de otros espacios, la sistemática expansión de lo mismo.

Pero (re)establecer la/s espacialidad/es del otro no supone enumerar en listas interminables la composición de los nombres de la alteridad, ni ordenar a aquellos otros que no están/estaban presentes, o que están/estaban olvidados, silenciados, ignorados. No se trata de nombrar lo innombrable, de hacer sedentario aquello que fue, es y será nómade, de convertir los no-lugares en lugares conocidos de antemano, pre-fabricados, instituidos e inventados por la mismidad.

(Re)establecer la espacialidad del otro no es, no puede ser, no debe ser, simplemente, una confesión de *mea culpa* de la mismidad. Significa, eso sí, no olvidar la pregunta, rehacer la pregunta, interrogar la pregunta, malherir la pregunta. Significa, también, no acostumbrarse a la nostalgia de la mismidad; no dejarse arrastrar por la agonía del "ya no ser", ni arrastrar al otro en esa agonía tan torpe como impiadosa.

La pregunta acerca del otro no es una pregunta que pueda formularse en términos de, por ejemplo: *¿quién es, "verdaderamente", el otro?*

Un interrogante similar *(¿quién es, entonces, el otro?)* condujo a Marc Augé (1996: 13) a pensar en el no-lugar, un lugar opuesto a aquel espacio del otro que está necesariamente afuera y cuya aparente exterioridad no es otra cosa que el intento por dominar su inestabilidad y su ambigüedad como objeto (de conocimiento) social.

Tampoco es una pregunta cuya respuesta pueda conducirnos a la apacible y tranquilizadora conclusión de que *"todos somos, en cierto modo, otros"* o bien *"todos somos, en cierto modo, diferentes"*. Así expresadas, esta frases no parece ser otra cosa que una suerte de pluralización de lo mismo, o una multiplicación repetitiva del yo, condescendiente y austera, que sólo intenta generar mayor ambigüedad, quitarle la respiración al otro y provocar aun mayores limitaciones en su espacialidad.

Y, menos aun, podemos pretender construir una suerte de (imposible e impensable) "catálogo de la alteridad", esto es, una descripción intensa y exhaustiva, pero malsana, del otro: de un otro conocido, claro está, que sólo puede ser un otro excluido con nombre, o de un otro por conocer, por incluir, que también tendrá, más temprano o más tarde, su nombre a disposición de la mismidad. No se trata de saber su nombre, de conocer al otro para iniciar, así, su rápida captura.

La pregunta es una pregunta que vuelve a insistir sobre la espacialidad del otro y no sobre su literalidad. Es una pregunta acerca de las espacialidades asignadas, designadas, enunciadas, anunciadas, ignoradas, conquistadas. Sobre la distribución del otro en el espacio de la mismidad y en un espacio otro. Sobre el perpetuo conflicto entre los espacios. Sobre la negación y la afirmación de los espacios. Sobre la pérdida y el hallazgo de los espacios. Sobre los espacios que, aun en convivencia, se ignoran mutuamente. Sobre espacios que no conviven pero que, ciertamente, respiran su propio aire.

Entre tantas imágenes, entre tantas miradas de lo mismo y del otro, tal vez debiésemos optar por una cartografía en parte semejante y en parte diferente a las descriptas anteriormente. Una cartografía y no un calco de espacios quizá simultáneos, ciertamente paradojales, obligatoriamente disyuntivos, indudablemente irreductibles entre lo mismo y lo otro.

Y más que insistir en la caracterización de un espacio de modulación–control–exclusión y/o de un espacio de disciplinamiento–inclusión, propongo territorializar tres espacialidades del otro cuyas fronteras pueden ser a veces muy tenues y diluirse, y a veces ser muy amplias y perderse, y cuyos significados continúan siendo por necesidad todavía imprecisos: son las espacialidades acerca del otro o, mejor aun, representaciones y/o imágenes y/o miradas espaciales en torno del otro.

Adoptaré para esas imágenes, para esas representaciones de espacialidad, sólo provisoriamente, la siguiente denominación: *(a) la espacialidad colonial* –es decir: el otro maléfico y la invención maléfica del otro–; *(b) la espacialidad/los espacios multicultural/es* –el otro de la relación yo/tú o, mejor aun, de la relación pluralizada y generalizada entre nosotros/ellos–; *y (c) la/s espacialidad/es de la/s diferencia/s* –el otro irreductible, la distancia del otro, su misterio y, a la vez, el espacio de la mismidad como siendo rehén del otro–.

Digo provisoriamente, pues se corre el riesgo (y yo mismo lo corro) de un perpetuo travestismo discursivo donde todo y todos se desplazan, sin costo alguno, de nombre en nombre, de eufemismo en eufemismo, usurpando y haciendo suyos los términos que hacen referencia a otras espacialidades y de otras temporalidades.

— III —

«Quien se queda mucho consigo mismo, se envilece».

Toda cultura es, por sí misma, en sí misma, originariamente colonial. Y lo es en términos de una imposición a los otros de una especie de ley de lo mismo: la mismidad que persigue por doquier a la alteridad como si fuera su sombra; una sombra de la propia lengua, una sombra lingüística:

Toda cultura se instituye por la imposición unilateral de alguna "política" de la lengua. La dominación, es sabido, comienza por el poder de nombrar, de imponer y de legitimar los apelativos (...) Esta intimación soberana puede ser abierta, legal, armada o bien solapada, disimulada tras las coartadas del humanismo "universal", y a veces de la hospitalidad más generosa. Siempre sigue o precede a la cultura, como su sombra (Derrida, 1997: 57).

La cultura como *intimación al hospedaje* del otro hace de sí misma y de su hospedaje lugares, espacios, esencialmente coloniales.[37] Coloniales en el sentido de una ley que, bajo una apariencia igualitaria, universal, de pluralización del yo y/o de albergue de la diversidad, acaba por imponer la fuerza y la "generosidad" de la lengua de la mismidad.

De manera tal que el "colonialismo" y la "colonización" no son más que relieves, traumatismo sobre traumatismo, sobrepuja de violencia, arrebato celoso de una colonialidad esencial (...) Una colonialidad de la cultura y sin duda también de la hospitalidad, cuando ésta se condiciona y autolimita en una ley, aunque sea "cosmopolita" (ibídem: 39).

Una colonialidad esencial, también de la hospitalidad, condicionada por una ley, aunque ella se diga cosmopolita.

La hospitalidad demanda la necesidad de invención de su propia norma, de su propia regla, de su propia generosidad: una hospitalidad del otro, en este caso, en esta espacialidad, sólo y únicamente en las condiciones de la mismidad; una hospitalidad no poética, una hospitalidad hostil (Derrida, 2001: 131-132).

La espacialidad colonial es, ante todo, un aparato de poder que se articula y se sostiene a partir de un doble mecanismo diferenciador: por un lado, la ilusión de reconocer las diferencias[38] del otro y de hacerlo en su apariencia más externa, en la mímica de un diferencialismo racial, lingüístico, histórico, sexual, cultural, etc.; por otro lado, y al mismo tiempo, el de repudiar esas mismas diferencias, disimularlas, enmascararlas, desactivarlas hasta convertirlas en puro exotismo, en pura alteridad de "afuera". En síntesis: se trata de reconocer la diversidad como dato descriptivo y transformarla, enseguida, en un largo y penoso proceso de alterización, en su victimización y en su culpabilidad. En palabras de Bhabha (op. cit.:127):

Algunas de sus prácticas reconocen la diferencia de raza, cultura e historia como siendo elaboradas por saberes estereotípicos, teorías raciales, experiencia colonial

---

37 Es curioso, y no lo es tanto, que en el *Diccionario del Diablo* de Ambrose Bierce (original en inglés, 1906) "hospitalidad" sea definida como: *"virtud que nos impulsa a ofrecer alojamiento o alimento a unas personas que no necesitan casa ni comida"*. Y "hostilidad" como: *"sensación singularmente aguda que nos produce, especialmente, la superpoblación de la tierra"*.

38 Utilizo aquí la expresión "reconocimiento de las diferencias" aunque, en verdad, para el contexto donde está situada sería mucho más apropiado emplear otra muy diferente: "reconocimiento de la diversidad" o, mejor aun, "reconocimiento de las apariencias del otro".

*administrativa y, sobre esa base, institucionaliza una serie de ideologías políticas y
culturales que son preconceptuosas, discriminatorias, vestigiales, arcaicas, míticas
y, lo que es crucial, reconocidas como tal. Al conocer la población natural en esos
términos, formas discriminatorias y autoritarias de control político son consideradas
como apropiadas.*

El aparato de poder colonial es, sobre todo, un aparato de producción de
conocimientos que parece pertenecer *originariamente* sólo al colonizador; se
trata de su saber, de su ciencia, de su verdad y, por lo tanto, del conjunto de procedimientos que le son útiles para instalar y mantener *ad infinitum* el proceso de
alterización del otro. Pero luego ese saber, ese conocimiento, se trasplanta de un
modo muy lento y violentamente, también hacia el interior del colonizado como
si se tratara de un propio saber, de un conocimiento que, justamente, *también* le
resulte apropiado, le sea natural.

Y es curioso que el conocimiento estereotipado del colonizador sobre el colonizado y del colonizado sobre sí mismo no sean percibidos como correspon-
dientes a dos sistemas diferentes de discursos, sino a uno mismo: ambos giran
en torno de la legitimación en la ocupación del territorio y el espacio del otro;
el espacio colonial es como una única flecha que apunta insistentemente para
la invención, el gobierno, la administración, la instrucción y la masacre del otro
–aunque no necesariamente en este orden–.

Para la modernidad –entendida no ya como una idea de orden, sino ahora
como una ideología de lo que *comienza, la modernidad como lo nuevo*– el molde
del "no-lugar" se traduce directa y literalmente como una espacialidad colonial.
Y lo hace, otra vez, por medio de una duplicidad. Por un lado, el espacio colonial
es la tierra de la incógnita o de la tierra nula, la tierra vacía o desierta cuya historia no es *historia* pues tiene que ser iniciada de una vez todas las veces, cuyos
archivos deben ser abiertos y completados por la mismidad, y cuyo progreso
futuro debe ser asegurado en y por el propio principio ordenador y clasificador
de la modernidad.

Pero el espacio colonial también representa el tiempo despótico de aquello
que no es Occidente, de aquello que se vuelve un grave problema para la definición de la propia modernidad y para la inscripción de la historia del colonizado
a partir de la propia perspectiva de Occidente: *"En aquella figura doble que rondaba el momento del Iluminismo en su relación con la alteridad del Otro, puede
verse la formación histórica de ese entre-tiempo de la modernidad"* (Bhabha,
op. cit.: 339).

Dos textos pueden resultarnos fundamentales, sobre todo por su carácter
fundacional,[39] para pensar inicialmente la espacialidad colonial del otro: *Psy-*

---

39 Esta discusión fue inicialmente propuesta por Regina María de Souza, lo que más tarde se
reflejaría en un trabajo conjunto publicado con el nombre de: "O debate sobre as diferenças e
os caminhos para se (re)pensar a educação". In J. Clovis, P. Gentili, Andrea Krüg & C. Simon

chologie de la colonisation de Octave Mannoni (1950), cuyas problematizaciones fueron luego retomadas, aunque parcialmente, en *Claves para lo imaginario* (1973, en la versión en portugués) y *Pieles negras, máscaras blancas* de Frantz Fanon (1973, en la versión en español).

Después de pasar largos años en Madagascar, país de raza negra que sufrió la colonización francesa entre 1896 y 1960, Mannoni concentró su atención en la tentativa de resolver una paradoja (tal vez irresoluble): ¿por qué para los negros que sufren los efectos del racismo la violencia del discurso racista –por más inadmisible que sea– resulta menos inmovilizadora que el discurso liberal de la igualdad? O dicho de otro modo: ¿por qué para los negros sería preferible el racismo y no la idea universalista de que todos los hombres son, en esencia, iguales? En palabras de Mannoni (op. cit.: 309):

> *... el racista niega la similitud universal de todos los hombres, y nosotros la refutamos estableciendo la similitud; sólo que el problema real no se establece en términos de similitud, sino precisamente en términos de diferencia, y la cuestión es saber aquello que los hombres harán de sus diferencias, y no suprimirlas.*

Mannoni anuncia en este párrafo una cuestión terriblemente actual y, también, trágicamente falaz: la de la aparente y casi obligada relación entre igualdad y diferencia, que se plantea en términos de una férrea e inexpugnable oposición: o bien igualdad o bien diferencias.

Terriblemente actual, en el sentido que a todo discurso de afirmación de diferencias en el debate contemporáneo le sigue –¿acaso como la sombra de un discurso veladamente colonial?– la pregunta sobre si no se estará debilitando, al mismo tiempo, la utopía de la igualdad. Y falaz, pues se tiende la trampa de un binarismo no pertinente entre igualdad/diferencia, ya que la igualdad debería ser el resultado de una relación de oposición con la desigualdad –y no con la diferencia– y la diferencia con la mismidad –y no con la igualdad– (Skliar & Larrosa, op. cit.: 34).

Estoy de acuerdo en este punto con Semprini (op. cit.: 39) cuando afirma que aquí la pregunta no es: ¿qué es la igualdad?, y sí, por el contrario: ¿no será la igualdad un gran equívoco? Y tanto más es ese el posible interrogante cuanto más se observa cómo la idea de igualdad produce presiones y expulsiones, genera promesas ilusorias de equidad y se fija, solamente, al conjunto de derechos formales, administrativos y legales, negligenciando así la autonomía, la irreductibilidad y el acontecimiento de las diferencias.

Aquel texto de Mannoni se vuelve más significativo cuando desde las voces, los gestos y los silencios del otro se tiende a juzgar que la solución racista no

---

(Orgs.) *Utopia e democracia na educação cidadã*. Porto Alegre: Editora da Universidade Federal do Rio Grande do Sul, 2000, p. 234-246.

pierde de vista, al menos, el enunciado del problema, como sí lo hace el subter-
fugio universalista de la igualdad:

> *La solución universal es tan agradable, abre un tal paraíso imaginario de justicia
> y de felicidad, que no es fácil criticarlo (...) Pero ellos (los racistas) permanecieron
> confundidos, y a veces escandalizados, viendo venir hacia ellos la crítica, a veces
> vehemente, por parte de aquellos cuya causa creían defender (Mannoni, op. cit.:
> 310).*

Esta cita nos revela una parte de aquello que hemos mencionado como dos
discursos que son, en verdad, uno sólo. Pero también comienza a reflejar el estado
de incomprensión del colonizador frente a sus propios efectos discursivos y no
discursivos, frente a sus propias miradas.

La colonialidad se trastoca y vuelve a su punto de partida, a su fundación, a su
razón originaria. El colonizador no comprende la crítica del otro, pues cree que el
otro existe gracias a su propia producción e invención colonial. Así, podríamos
preguntarnos: ¿qué es lo que se espera cuando se silencian los discursos y las
prácticas coloniales? ¿Qué voces pueden surgir de esa (aparentemente nueva)
relación? ¿Silenciarse es, entonces, hacer perdurar indefinidamente el espacio
colonial? ¿Silenciarse es continuar hablando? ¿Hablando sobre las voces colonizadas que hablan *colonizadamente* sobre lo mismo? Sigue Mannoni (ibídem.:
314):

> *Nos colocamos en la desagradable situación de no ser capaces de entender qué es
> lo que él quiere decir, no encontramos el sentido de la importancia y de la signifi-
> cación —que insisten en dar a sus trazos de diferencia—, nos desinteresamos como
> si ello no nos dijera nada a nuestro respecto, como si no fuera, por lo menos por
> una parte, nuestra obra.*

El silencio (colonial) parece ser sólo una invitación o bien a la mudez del
otro, o bien a la confirmación —no idéntica, pero parecida— de su espacialidad. El
silencio colonial ha permitido un reagrupamiento de fuerzas, un *tour de force* del
colonialismo, una nueva legitimación para novedosas estrategias de invención y
de traducción del otro. Se niega que el otro habla y se niega su habla posible; o
en otro sentido, se da la autorización para que el otro hable sólo de lo mismo y,
entonces, se celebra la generosa autorización, no la voz.

En su libro *Piel Negra, Máscaras Blancas,* Fanon relata la situación de los
negros antillanos y sugiere otras interpretaciones para la relación colonial; una
relación enmarcada fundamentalmente en el problema de la posesión y/o no-
posesión y/o posesión parcial de la lengua. Dice Fanon (op. cit: 128) que:

> *Todo pueblo colonizado —es decir, todo pueblo en cuyo seno haya nacido un complejo
> de inferioridad a consecuencia del entierro de la cultura local— se sitúa siempre, se
> encara, en relación con la lengua de la nación civilizadora, es decir, de la cultura*

*metropolitana. El colonizado escapará tanto más y mejor de su selva cuando más
y mejor haga suyos los valores culturales de la metrópoli. Será tanto más blanco
cuanto más rechace su negrura.*

Aquello que puede ser original en este trecho de Fanon, además de la vinculación explícita que establece entre colonialismo y lenguaje, se encuentra en dos
planos apenas esbozados por él: el primero, que el espacio colonial se relaciona
necesariamente con un proceso de destrucción y sepulcro –físico, material y
simbólico– de la cultura local. El segundo está en el hecho que para poder/inten-
tar/querer ser como los demás –los demás, claro está, especificados desde una
perspectiva colonial– el sujeto colonizado debe des-racializarse y/o des-vestirse
y/o des-etnicizarse y/o des-sexualizarse, etc., en fin, despojarse de sus marcas y
de sus trazos culturales que constituyen su diferencia.

En relación a esto último Fanon reconoce la importancia que tiene para los
pueblos colonizados recobrar sus narrativas reprimidas y afirmar las tradiciones
culturales, pero no niega los peligros que ello acarrea: el peligro de la *fijación*
y del *fetichismo* de las identidades en la recordación del pasado y, por lo tanto,
la consecuente homogenización del tiempo presente como necesidad de una experiencia común, obligatoria e insalvable para todos los miembros de un grupo
determinado.

La negación al discurso y a la práctica colonial en la descripción de Fanon no
está expresando solamente el desentierro de los ritos y de los mitos ancestrales;
remite, quizá, hacia un otro lugar y hacia una otra cosa: *"no estoy meramente
aquí-y-ahora, sellado en la cosificación (...) Exijo que se tome en cuenta mi
actividad negadora"* (ibídem: 237).

El otro cosificado, la negación de la negación. Des-hacerse para ser como los
demás, los demás colonizadores.

La espacialidad colonial no puede ser considerada como una ideología lineal,
poseedora de una cartografía única. Pero *debe* ser pensada en términos de una
finalidad totalizadora y totalitaria. Se trata, para mejor decir, de un conjunto muy
heterogéneo de prácticas, discursos e intereses, cuyo objetivo más evidente es el
de instaurar un sistema de dominio. Sin embargo, no es sólo el dominio en sí lo
que interesa, sino la posibilidad infinitamente exponencial de su perpetuación, de
su diversificación en sub-espacios, de la puesta en marcha de estrategias cada vez
más diseminadas y más microscópicas de saber y de poder sobre el otro.

Establecer sólo una relación unívoca entre la espacialidad colonial y el
imperialismo –o capitalismo– remite exclusivamente a uno de sus elementos más visibles y también más superficiales. Como bien señala Edward Said
(1978: 64) la faceta más evidente del espacio colonial es aquella que se define como una práctica, teoría y postura adoptada por un centro urbano que
gobierna un territorio distante. La otra faceta, tal vez menos visible pero más
sustancial y sutil, se refiere al empleo permanente de un único tiempo verbal

–el "eterno atemporal"–, que transmite una impresión de repetición y de fuerza, y que se resume en la utilización eficaz y suficiente de la simple cópula "es" (ibídem: 73).

No se trata de negar la obviedad de estas facetas coloniales. No se trata de dar suavidad a la violencia rocosa del colonialismo. No es cuestión, como dice Derrida (1997: 58), *"de borrar la especificidad arrogante o la brutalidad traumatizante de lo que se denomina la guerra colonial moderna y 'propiamente' dicha, en el momento mismo de la conquista militar o cuando la conquista simbólica prolonga la guerra por otros medios"*.

Se trata de establecer cómo los *otros medios*, también coloniales, que no se limitan al hecho físico de la acumulación y adquisición colonial de territorios y subjetividades, y que no son sólo usurpación de fuentes de producción, *también* producen traumas sobre traumas, violencias sobre violencias, negación sobre negación del otro.

El espacio colonial supone también la idea de que, efectivamente, algunos territorios y algunos pueblos *quieren o necesitan* ser colonizados. Y es por esta razón que el espacio colonial, sus prácticas y sus discursos, desarrollan formas de conocimiento, modalidades de representación y dispositivos de poder que son, enseguida, vinculados al dictado de leyes y a la creación de instituciones *nuevas*. Leyes e instituciones nuevas para adecuar la imagen del otro a una representación, que es en cierto modo anterior, que pre-existe a ese otro, que está fabricada lejos del territorio del otro y cerca del territorio del colonizador; una imagen del otro que le es conveniente, que está hecha a su medida en tanto está a su alcance representacional, que resulta un simulacro del otro y una corporificación de su mismidad, la repetición de lo mismo. Por eso Bhabha (op. cit.: 113) sugiere que: *"el objetivo del discurso colonial es presentar al colonizado como una población de tipos degenerados, fundamentándose en el origen racial con la finalidad de justificar y establecer sistemas de administración e instrucción"*.

Parte de este proceso de colonización, en tanto modalidad de representación del otro, es explicado con particular claridad por Carbonell i Cortes (1999: 32): en el espacio colonial representación/representar supone que los "textos" coloniales (a) sustituyen de hecho una realidad determinada por una imagen subjetiva *del otro*; (b) esa imagen del otro es una suerte de prisma que se compone de un conjunto de mitologías *acerca del otro*; (c) esas mitologías ubican al otro en una posición de inferioridad, de subalternidad; (d) a partir de ese cambio jerárquico y asimétrico de posiciones es posible, entonces, enfatizar detalladamente las diferencias entre ambos y justificar así cada componente minucioso de la relación colonial; (e) por último, el proceso parece completarse con la transformación del sujeto-otro a una posición de objeto-mismo, objeto relegado, objeto confinado, objeto objetualizado incapaz de toda negación e incapacitado para toda afirmación de (irreductibilidad) de su diferencia.

Entre las mitologías del otro más conocidas, en tanto más repetidas en la literatura colonial, están: el mito *primitivista*, es decir, la cristalización del otro en una versión positiva –el noble salvaje, el salvaje domesticado, el salvaje servicial, el buen salvaje cristiano– y en una versión negativa –el salvaje caníbal, fundamentalista, arcaico, etc.–; el mito del *orientalismo*, una rara mezcla de imágenes exóticas y eróticas sobre el otro de Oriente; el mito de la *periferia*, que presupone un centro cultural desde donde se irradia el tiempo, el espacio y el orden, en una jerarquía de valores; y el mito de la *buena diversidad* o de la *diversidad aceptable* –tal vez de naturaleza más neo-colonial que colonial– pero cuyo origen se remonta a la atribución uniformizada de propiedades culturales del otro y del establecimiento de límites (leyes) sobre aquello que puede o no puede ser –o que debe o no debe ser– considerado lengua, cultura, rito, comunidad, historia, folklore, lengua, etc. en los otros.

Uno de los hechos más interesantes de esas mitologías del otro, es la percepción de que la representación del otro siempre se ha edificado desde la mismidad y para la mismidad: si consideramos, por ejemplo, la construcción del concepto de Europa, de lo europeo, a través de la historia, siempre encontraremos allí una oposición a aquello que es, por consecuencia, bárbaro, oriental, sub-desarrollado, latino, no-ilustrado, pagano, etc.

Pero tal vez lo más significativo del discurso y la práctica colonial resida en otra cuestión bien diferente a la del establecimiento sistemático de mitologías hacia el otro, o de la distribución de roles y semblantes que deben ser asumidos por el otro: el discurso y la práctica colonial se hace realmente efectivo y eficaz cuando, por una parte, el colonizado usa su voz como espejo de la voz de su "pastor" y, en un segundo momento, cuando ya está en condiciones de usurpar y usurpa de hecho las mitologías propias del otro colonizado.

El otro queda sin su voz y sin sus mitologías. ¿Es el otro definitivamente colonizado? ¿Es el otro que asegura la conveniencia y la convicción de la relación colonial? ¿Es el otro que está disponible, que se evidencia para su colonización?

La representación del otro no se limita a una rápida mitología, a un nombre eficaz, a una determinación eficiente, a una simple oposición de "es ésto o es lo otro", es decir, "soy yo o eres tú", o "somos nosotros o son ellos" o, para volver a una imagen anteriormente mencionada: "soy yo, somos nosotros o es el diluvio".

La representación colonial del otro es un eco que produce, en su propia reverberación, nuevas representaciones o, mejor dicho, nuevas necesidades coloniales de representaciones igualmente coloniales.

La representación colonial del otro, además de la conquista de su territorio y de sus mitos, es su masacre, su descubrimiento, su re-descubrimiento, su invención, su inscripción en fronteras estrictas de inclusión/exclusión, su demonización, la atribución de sus perturbaciones, su infantilización, su normalización, su traducción, su estereotipia, su medicalización, su domesticación, des-territorialización, su usurpación, su mitificación, su institucionalización y su separación institucional, su redención etnográfica, su regulación a través de la caridad y la beneficencia, su salvación religiosa, su ser objeto de curiosidad científica, su ser sólo el segundo término (negativo) en la oposición de la lógica binaria, su pasado en los museos pero no en sus cuerpos, la moda y la domesticación de lo anormal, los campos de exterminio, los campos de refugiados, la destrucción de sus cuerpos, la separación de sus cuerpos, la mutilación de sus cuerpos, la escisión de sus cuerpos.

Por ello una de las cuestiones más ilustrativas que caracterizan el discurso colonial es, justamente, su relación con el concepto de fijación en la producción e invención de la alteridad. La fijación es un modo típico de representación que en cierto modo conserva para sí un carácter paradojal: supone un alto grado de rigidez y un orden inmutable, pero al mismo tiempo desorden, azar y degeneración. El estereotipo, que es una de sus principales estrategias discursivas, acaba siendo una modalidad de conocimiento e identificación que vacila entre aquello que está siempre en un lugar ya conocido, o más bien esperado, y algo que debe ser ansiosamente repetido: el otro debe siempre *coincidir* con lo que inventamos y esperamos de él y si esa coincidencia no ocurre, o no ocurre con la frecuencia que esperamos, la invención y la espera se vuelve más destructiva, más violenta y, finalmente, más genocida.

Es esta ambivalencia lo que permite su eficacia y validez: garantiza su repetición en coyunturas históricas y discursivas por completo diferentes; centra sus estrategias de individuación y marginalización; produce aquel efecto de verdad probabilístico y predictivo que siempre debe ser excesivo, para aquello que puede y tiene que ser demostrado empíricamente, explicado lógicamente o evaluado científicamente.

Bhabha (op. cit.: 115-116) propone una lectura del estereotipo en términos de fetichismo al afirmar que:

> *El mito del origen histórico —pureza racial, prioridad cultural— producido en relación con el estereotipo colonial tiene la función de 'normalizar' las creencias múltiples y los sujetos divididos que constituyen el discurso colonial como consecuencia de su proceso de rechazo (...) Esto porque el fetichismo es siempre un 'juego' o vacilación entre la afirmación arcaica de totalidad/ similitud (...): todos los hombres tienen la misma piel/ raza/ cultura y la ansiedad asociada con la falta y la diferencia.*

De ese modo el estereotipo es una forma primaria de subjetivación en el discurso colonial, tanto para el colonizado cuanto para el colonizador. Es el deseo de una originalidad que se siente siempre amenazada por las diferencias de cultura, de sexualidad, de raza, de color, de piel, de lengua, de género.

Así, el lugar de la diferencia parece no tener lugar.

Hay una estrategia de contención donde el otro nunca es un agente activo de articulación. El otro es citado, mencionado, iluminado, encajado en estrategias de imagen/contra-imagen, etc. pero nunca se cita a sí mismo, nunca se menciona, nunca puede interferir en los juegos de imágenes y contra-imágenes establecidos apriorísticamente.

En la misma dirección del discurso colonial la *lógica binaria* es una forma de distribución desigual de poder entre dos términos de una oposición. Permite la denominación y dominación del componente negativo que se opone a aquel considerado esencial y, digamos, natural: a su turno o simultáneamente, el marginal, el indigente, el loco, el deficiente, el drogadicto, el homosexual, el inmigrante, la mujer, etc. ocuparon los espacios del ser-alteridad; una alteridad cuya relación con el "yo normal" ha permitido la progresiva destrucción de toda ambigüedad, la aniquilación de cualquier "otro indeterminado" que esté o quiera estar fuera de esa oposición. El otro de la oposición binaria, entonces, no existe fuera del primer término sino dentro de él, como su imagen velada, como su expresión negativa, como necesitada de corrección normalizadora.

Bauman (1996, op. cit.) señala que en las dicotomías cruciales para la práctica y la visión del orden social el poder diferenciador se oculta como norma tras uno de los miembros de la oposición. El segundo miembro es el otro del primero, la cara opuesta –degradada, suprimida, exiliada– del primero y su creación. Por eso, la anormalidad es lo otro de la norma, la desviación es el otro de la ley a cumplir, la enfermedad el otro de la salud, la barbarie el otro de la civilización, y así sucesivamente. En apariencia ambas caras dependen una de la otra, pero la dependencia no es simétrica: *"la segunda depende del primero para su aislamiento forzoso. El primero depende del segundo para su autoafirmación"* (ibídem: 91).

El primer término de la oposición resulta ser el centro que expulsa sus ansiedades, contradicciones e irracionalidades sobre el término subordinado, llenándolo con las antítesis de su propia identidad. El otro simplemente refleja y representa aquello que es profundamente familiar al centro.

También el *lenguaje de la designación* se ha convertido en una estrategia de colonización del otro y a partir de ella: *"(...) el intelectual occidental santifica su ignorancia (el 'Sujeto de Europa'), vuelve transparente al resto del mundo ('Asia', 'Latinoamérica') y 'borra' la distancia real de lugar y diferencia y la subsiguiente 'dimensión del silencio'"* (Ian Chambers, 1995: 112).

La pregunta gravemente retórica planteada por Ian Chambers: *¿quién define la autenticidad del otro?*, se hacen particularmente significativa, porque ese otro vuelve siempre a ser posicionado en una diferencia domesticada; no tiene voz, no se le permite hablar ni definir su noción de ser específico, su autenticidad. Por eso el autor afirma que estamos decididamente marcados por la imposibilidad histórica y ética de hablar en lugar del otro *"(...) esos ambiguos ritos funerarios*

invariablemente nos obligan a reconsiderar los poderes asimétricos de las re-
presentaciones, y nuestro lugar en ellos" (ibídem: 115).

La *traducción*, en este contexto colonial, es un mecanismo de manipulación de los textos del otro, una usurpación de sus voces que son transformadas,
primero, en voces *parecidas pero no idénticas* para ser asimiladas, después, a
nuestras formas conocidas de decir y de nombrar. Traducción como un tipo de
eterno retorno a la propia lengua, como si no se pudiera escapar de la gramática
de la lengua que tiene el traductor para "leer" toda y cualquier extranjeridad
(Duschatzky y Skliar, 2001).

Una traducción que niega la pluralidad de las lenguas, la extrañeza de las
lenguas, la confusión y la dispersión de las lenguas. Traducción que corrige
permanentemente al otro, que lo normaliza en la propia (y única) lengua del
traductor, que paraliza toda multiplicidad y, en un sentido derridiano, traducción
que evita toda diseminación de la lengua (Derrida, 1987: 324).

Mitologizar al otro. Fijarlo en un punto estático de un espacio pre-establecido.
Localizarlo siempre en el espacio otro de nosotros mismos. Traducirlo a nuestra
lengua, a nuestra gramática. Despojarlo de su lengua. Hacer del otro un otro parecido, pero un otro parecido nunca idéntico a lo mismo. Negar su diseminación,
su pluralidad innombrable, su multiplicidad. Y designarlo, inventarlo, fijarlo,
para borrarlo (masacrarlo) y para hacerlo reaparecer cada vez, en cada lugar que
(nos) sea necesario.

El otro del espacio colonial es un otro maléfico y un otro de una invención
maléfica. Así lo entiende Frederick Jameson (citado por James Donald, 2000:
111):

> *El mal es caracterizado por cualquier cosa que sea radicalmente diferente de mí,*
> *cualquier cosa que, en virtud precisamente de esa diferencia, parezca constituir una*
> *amenaza real y urgente a mi propia existencia. Así, el extraño de otra tribu, el*
> *"bárbaro" que habla una lengua incomprensible y sigue costumbres "extrañas",*
> *pero también la mujer, cuya diferencia biológica estimula fantasías de castración y*
> *devoración o, en nuestra propia época, la venganza de resentimientos acumulados*
> *de alguna clase o raza oprimida o, entonces, aquel ser alienígena, judío o comunista*
> *(...) son algunas de las arquetípicas figuras del Otro, sobre las cuales el argumento*
> *esencial a ser construido no es tanto que él es temido porque es malo, sino, al*
> *contrario de ello, que es malo porque él es Otro, alienígena, diferente, extraño,*
> *sucio y no familiar.*

En la trama de la lectura de esta cita asoma una explicación sobre la *construcción del otro* en un espacio que se manifiesta como una diferencia radical
en relación a la mismidad. Un otro maléfico y un maléfico otro, cuya alteridad
está localizada, detenida, en un espacio fijo y negativo. Es el otro mítico y miti-
ficado en una exterioridad que acecha, que pugna por obstaculizar la integridad

de nuestra identidad, que se presenta cada vez con un rostro o bajo una sombra diferente o, menos usualmente, con un rostro –o bajo una sombra– múltiple: es el bárbaro, la mujer, el deficiente, el de la raza sojuzgada, etc. y es también todo aquello al mismo tiempo, es decir, por ejemplo: la mujer bárbara deficiente de una raza sojuzgada.

Es el otro del mal y el propio origen del mal: la explicación de todo conflicto, la misma negatividad de la cultura; el otro es, en síntesis, aquel espacio que no somos, que no deseamos ser, que nunca fuimos y nunca seremos. El otro está maléficamente fuera de nosotros mismos.

La construcción del otro maléfico está (re)presentada por Jameson en términos de una oposición donde el otro es, por fuerza, un siempre-otro, un otro permanente, una amenaza eterna que debe ser contenida, y por ello, fijada en su estereotipo, normalizada, masacrada, inventada, institucionalizada, colonizada.

Sin embargo: ¿Es ese otro, el único otro, siempre el mismo otro, en esa misma espacialidad? ¿Es este otro un permanente otro que sólo apunta insistentemente para el mal y que es construido y producido porque él *es el mal*?

El otro que introduce Jameson es un otro que aparece, en cierto modo, bajo la forma de una esencia maléfica inicial, una esencia duradera, estable e, inclusive, una esencia final.

Al mismo tiempo, en esa misma operación de *alterización*, queda implícita la construcción de la esencia de la propia mismidad, la fijación del yo mismo: una mismidad regular, coherente, completa, pero sobre todas las cosas benigna, positiva, satisfactoria, localizada en una territorialidad opuesta al mal del otro y al otro del mal. El otro funciona como el depositario de todos los males, el portador de las "fallas" sociales.

Este tipo de pensamiento supone que la pobreza es del pobre, la violencia del violento, la deficiencia del deficiente, etc. Zizëk (1998) analiza el modo en que se despliega la fantasía de creer que todo el problema está fuera de lo social, en alguien específico, particular. La trampa de la "blanquedad", o de la "patriedad", o del "antisemitismo", consiste en desplazar los problemas sociales, lingüísticos, económicos, educativos, culturales, etc. a un conflicto entre la sociedad y el negro, el extranjero, el judío, etc. como si se tratara de una fuerza extraña que corroe la estructura de la sociedad. Se construye así un sujeto maléfico que aterroriza, para depositar allí el origen y las explicaciones de todos los conflictos.

El sujeto maléfico es el resultado de un conjunto complejo de operaciones lingüísticas y culturales que consistiría en: (a) diluir la manifiesta heterogeneidad del espacio social; (b) condensar en una única figura –de uno o de varios rostros, de una o de varias voces, de uno o varios cuerpos, etc.– toda una serie de antagonismos culturales; (c) anunciar el componente amenazador que aleje suficientemente la posibilidad de cualquier perplejidad y que asegure nuestra mismidad; (d) enunciar el/los nombre/s de un culpable para obtener una cierta sensación de orientación espacial y, finalmente; (e) reducir a/en un objeto, es decir, objetualizar todo el desorden, toda la complejidad y toda la conflictividad de la experiencia humana.

En esta múltiple y compleja operación se disimula una incongruencia que es constitutiva de cualquier espacialidad social: el otro maléfico aparece encarnando la imposibilidad de la sociedad y ésta queda impedida para alcanzar su "plena" identidad en virtud de ese otro; pero al invertir esta lógica (diabólica) podríamos decir que lo negativo no está en el sujeto-otro, al cual se le atribuye el ser dueño de un atributo maléfico esencial, sino en ser aquello que invade o intenta invadir la normalidad, aquello que desgarra o intenta desgarrar el orden, que nos obliga a ver y a vivir en la ambivalencia, que nos obliga a ver y a vivir en el caos, que nos obliga a ver y a vivir en la incongruencia (Duschatzky y Skliar, 2000).

Esta suerte de *sociologización maléfica* del otro es sólo una parte de la cuestión; una cuestión sin dudas significativa, pero que suele ocultar otras dimensiones de análisis igualmente importantes. Y Jameson lo recuerda muy bien: ese otro, el otro maléfico, es un argumento de la mismidad, un argumento del yo mismo, a veces onírico, a veces material, otras veces simbólico y otras tantas político.

Y ese otro es, como dice Peñalver (2001: 117) el *otro primero*, el otro como enemigo real o como enemigo potencial. Pero lo negativo, la negatividad, en las palabras de Deleuze, no logra capturar ni siquiera el fenómeno del otro como diferencia: recibe de él tan sólo un fantasma, un otro fantasmagórico (Deleuze, 1988: 113).

La construcción del otro maléfico y fantasmagórico como argumento, la invención de ese primer otro, permite pensar en otra dirección acerca de la producción de la alteridad: ¿qué es aquello que argumenta la mismidad al producir un otro maléfico? ¿Y por qué y para qué ese argumento? La respuesta puede ser rápida y concluyente: es el argumento que sirve para preparar la *necesidad* de producir siempre más y más alteridad o bien, aunque no sea lo mismo, la *necesidad de utilización* del otro. Y de ello se trata, justamente, la siguiente cita de Larrosa y Pérez de Lara (1998: 14):

> *La alteridad del otro permanece como reabsorbida en nuestra identidad y la refuerza todavía más; la hace, si esto es posible, más arrogante, más segura y más satisfecha de sí misma. A partir de este punto de vista, el loco confirma y refuerza nuestra razón; el niño, nuestra madurez; el salvaje, nuestra civilización; el marginal, nuestra integración; el extranjero, nuestro país; y el deficiente, nuestra normalidad.*

Se plantea aquí la cuestión del otro en términos de la necesidad y de la utilización que del otro hace y re-hace la mismidad. Repasemos, no literalmente, lo que dicen los autores: necesitamos del loco, del deficiente, del niño, extranjero, del salvaje, del marginal –de la mujer, del violento, del preso, del indígena, etc.–; y los necesitamos, básicamente, en términos de una invención que nos re-posicione en el lugar de partida a nosotros mismos; como un resguardo para nuestras identidades, nuestros cuerpos, nuestra racionalidad, nuestra libertad, nuestra madurez, nuestra civilización, nuestra lengua, nuestra sexualidad. Aquello que los autores dicen es, en síntesis, que necesitamos, *trágicamente*, al otro.

Pero de aquí puede sugerirse otra consecuencia: no es sólo que necesitamos del loco –o del deficiente, o del niño, etc.– en términos de una relación de dependencia y de sumisión a la mismidad del sujeto. Necesitamos, además, de la locura, de la deficiencia, de la infancia, etc. como aquello que no sólo opera en términos de completamiento de lo mismo sino también como aquello que genera y determina el propio contenido central de la mismidad. Así, por ejemplo, el deficiente restituye al yo mismo su no-ser-deficiente y también lo constituye en cuanto a sus amplios márgenes (también inventados, naturalmente) de normalidad.

Y agreguemos otra mirada más. La necesidad de construcción del otro no es de modo alguno accidental, no ocurre por acaso, no resulta de una posición ingenuamente egocéntrica y/o etnocéntrica y/o falocéntrica de la mismidad: es, además, una necesidad de matar (física y concretamente) y "matar" (simbólica y metafóricamente) al otro. En las palabras de Blanchot (1969: 189), refiriéndose al antisemitismo: *"(...) representa la repulsión que el Otro inspira, el malestar ante lo que viene de lejos o de otro lugar, la necesidad de matar al Otro, es decir, de someter a la omnipotencia de la muerte lo que no se mide en términos de Poder"*.

Ahora el otro ya no es, sólo, el otro del mal o el mal del otro, sino una invención de la mismidad, de nosotros mismos y de la necesidad de definir mejor aquello que nuestro "yo" contiene y/o debería contener.

Y aquello que existe del otro ya no es, únicamente, lo que pensamos, percibimos y/o representamos del otro; también es necesario, si es que ese otro no "existe", inventarlo, construirlo en sus más mínimos detalles, moldearlo, diseñarlo y, además, matarlo (en ambas *versiones*: física y metafórica).

El otro sólo es otro en la medida en que pueda ser capaz de mostrarme, claro que siempre a una distancia prudencial (incluso aquella distancia que separa la vida de la muerte), quiénes somos nosotros y cuáles ajustes debemos hacer para parecernos, cada vez más, a nosotros mismos.

El otro es un otro que nosotros no queremos ser, que odiamos y maltratamos, que separamos y aislamos, que profanamos y ultrajamos, pero que lo utilizamos para hacer de nuestra identidad algo más confiable, más estable, más seguro; es un otro que tiende a producir una sensación de alivio ante su sola invocación –y también, ante su mera desaparición–; es un juego –doloroso y trágico por cierto– de presencias y de ausencias.

Y ya no es el *primer otro*, sino que es un otro que se determina y establece a partir de la relación *nosotros-ellos*. Si en el primer caso, en el otro primero, lo que cuenta es la presencia de un otro maléfico, en el segundo caso de lo que se trata es, sobre todo, de las formas a partir de las cuales se construye su maléfica invención.

Pero aun así resta pensar en otros problemas, uno de los cuales puede ser formulado del siguiente modo: ¿es el otro *apenas* un otro sociologizado y un otro cuya invención *apenas* sí menciona la relación nosotros-ellos? ¿Un otro *apenas* para confiarnos la vida y para, luego, ejecutarlo?

Ejecutar al otro: la mismidad como *homo xenophobus*, como la hospitalidad (en tanto necesidad del otro) y la hostilidad (en cuanto repulsión del otro) contra todo lo que sea extranjero –*lo* extranjero, en general; *el* extranjero, en particular–.

Digamos, entonces, que el otro sí es un otro apenas sociologizado y un otro apenas para confiarnos la vida, desde la perspectiva de un otro del cual decimos, al cual narramos, no sin cierta superficialidad y con bastante ligereza, que "ha sido colonizado" y que de ese modo, nos parece un otro sin ninguna otra temporalidad u otra espacialidad, a no ser aquellas que le hemos asignado de una vez y para siempre. Pero digamos, también, que no lo es –o que no lo es *apenas*– en función de otras cuestiones que de allí surgen: ¿el otro sólo se narra en y desde el lugar de lo maléfico y de la maléfica invención? ¿Hay, por acaso, otras narrativas sobre la historia de su/s espacios? ¿Otras narrativas que excedan o no se sometan a la relación maléfica entre nosotros-ellos? ¿Que no sean voces de una mismidad plural, de lo mismo calcado y multiplicado/pluralizado? ¿Narrativas de un otro no-maléfico, no-utilizado, que está *fuera* de las masacres abrumadoras? ¿Que comparte *alegremente* nuestras homogeneidades?

— IV —

«Lo que es igual para todos no interesa a nadie».

Del otro singular, del otro como oposición (negativa) de la mismidad, del otro maléfico y su invención, parece surgir un tibio pasadizo hacia la idea del otro como un otro de un espacio equilibradamente plural. El otro ya no parece ser sólo un individuo capturado en su singularidad maléfica, ni parece un otro diabólicamente traducido por lo mismo, ni parece un otro reductible a la maléfica mismidad.

Pluralidad puede referirse, sin embargo, a una repetición y una multiplicación de la mismidad –los ejemplos, diversos, parecidos pero no idénticos del yo mismo– y también puede significar –¿al mismo tiempo?– una pluralidad del sí mismo: el otro como unos otros en un espacio que debe ser estrictamente comunitario, hegemónicamente comunitario, sistemáticamente comunitario, férreamente comunitario, siempre comunitario.

Pluralizar y repetir el yo mismo confiere a los otros un espacio de ser sólo, o de ser apenas, matices de lo mismo inventados por la mismidad. Pluralizar al otro determina un espacio donde no hay más escapatoria que seguir siendo unos otros cuya experiencia debe ser idéntica a sí misma, y así poder ser organizada, legitimada, oficializada, nominada y comprendida por la mismidad.

De la espacialidad colonial a la espacialidad multicultural *parece* crearse un abismo de representaciones: el otro colonial y el otro multicultural *serían* dos espacialidades del sujeto lejanas, irreconocibles e irreconciliables, radicalmente otras; otros espacios, otros sujetos, otras vibraciones culturales.

Y, sin embargo, la pregunta vuelve a ser incesante: ¿Han cambiado, esencialmente, las representaciones, las imágenes, las miradas, los modos de narrar al otro con el surgimiento de esa nueva espacialidad que es denominada como *multicultural*? ¿Hay, por acaso, un abandono de posiciones monológicas y sedentarias en el pasaje, aparentemente diverso, entre lugares coloniales y lugares multiculturales? ¿Quién es ese otro del multiculturalismo que no es el otro del espacio colonial?

Para muchos autores –y defensores– del multiculturalismo estas preguntas sólo pueden ser entendidas como un juego más de una suerte de retórica hipercrítica. De hecho, el espacio multicultural, el multiculturalismo, es habitual y *positivamente* definido de acuerdo con una o más de las siguientes definiciones: (a) un tipo de conciencia colectiva que se opone a todas las formas (conocidas y nombradas) de centrismos –etno, falo, fono, logo, antropo, etc.–; (b) un espacio que puede conducir tanto a una nueva teorización y producción de conocimiento sobre el otro, como a renovadas formas de entender y de ejercer estrategias sobre todo culturales, políticas, de ciudadanía y de educación; (c) una nueva forma de disputa –identitaria, cultural, política, educativa, etc.– en torno de los significados, las asimetrías y jerarquizaciones de las representaciones entre la mismidad y la alteridad; (d) un conjunto de *acciones afirmativas*[40] en una dirección aparentemente sin rodeos hacia el otro; (e) revueltas anti-racistas, anti-sexistas, antibélicas, ecologistas, anti-discriminatorias, etc.; (f) movimientos sociales y luchas por los significados lingüísticos y políticos en torno de lo otro, de la alteridad; (g) la consideración –declarativa, respetuosa, tolerante– de la diversidad como

---

40 Las acciones afirmativas han sido y siguen siendo objeto de una curiosa atención y, también, de una cierta morbosidad. Por lo general son entendidas como estrategias cuyo propósito es el de promover y en último término alcanzar la igualdad de oportunidades. Desde su origen, relacionado con el gobierno de J. F. Kennedy en los Estados Unidos, ha sido más bien comprendidas como la prohibición del uso de la categoría "raza" como criterio para excluir a los negros que, por cierto, no condujo en los años siguientes a su inclusión en grandes cantidades en empleos, profesiones, viviendas, etc. Esa estrategia, básicamente fundamentada en una mirada cuantitativa, originó una paradoja: la raza, que no debía ser usada para producir la exclusión de nadie, acabó convirtiéndose en la medida única para evaluar lo bien o mal que se integraban en la vida estadounidense los negros y, por extensión, otros grupos minoritarios como los asiáticos, los latinos, etc. Para una discusión más detallada, véase Ricardo Fernández (1996).

tópico crucial de toda descripción política, cultural, educativa, lingüística, sexual, de género, etc.; (h) una enunciación, aunque tenue y ambigua como veremos, de una cierta *política de la identidad y de la diferencia*.

Habría tal vez que considerar, además de lo antes mencionado, una posible *gramática de la multiculturalidad* (Lanz, 2001), es decir, un espacio privilegiado en el lenguaje, en las prácticas discursivas que parecen compartirse en torno de la idea del encuentro cultural, de la convivencia, de la peregrinación entre los diferentes pueblos, razas, del pasaje a través de las culturas, del intercambio simbólico; en síntesis: todo aquello que sobreviene en el discurso –aunque no sabemos si irrumpe– desde/a partir/en función de/por/lo multicultural otro.

Pero las preguntas anteriores, que interrogan sobre el aparente cambio en la espacialidad del otro multicultural, no quieren ser un simple juego de retórica. O dicho de otro modo, la sospecha de lo multicultural, del multiculturalismo, no sugiere una desvalorización de las pretensiones políticas y culturales surgidas en torno de (ideas tan ambiguas como) la "igualdad" y la "desigualdad", entre lo mismo y lo otro; y tampoco niega aquello que Hopenhayn (2001) ha denominado como una *vibración transcultural*, esto es, el hecho de enfatizar mucho más el efecto de trascenderse a sí mismo a través del "culturalmente-otro" y mucho menos en aquel efecto de agregación o sumatoria, de diversificación estable, de hibridación mecánica o de mestizaje cultural matemáticamente medido.

Digo que la cuestión es otra, álgidamente otra.

Si las preguntas o las dudas o las sospechas, sobre quién es, quiénes son los otros en el espacio multicultural o qué significa *ser multiculturalmente otro* permanecen todavía vigentes y nos hacen permanecer alertas es porque, en cierto modo, bajo algunas condiciones de análisis, subyace allí mismo un travestismo discursivo que no deja ver más allá que un conjunto bizarro, sólo políticamente correcto, acentuadamente "capitalista" e inclusive marcadamente "benigno" en las definiciones, invención y producción de ese otro multicultural.

Bizarro, como dice Semprini (op. cit.: 17), pues existe la tendencia a reducir la cuestión multicultural a sus aspectos más exóticos: la *televización* de las reinvidicaciones y de los conflictos beligerantes entre diferentes grupos sociales, el exotismo de algunos procesos judiciales absurdos y poco frecuentes, una simbología periférica relacionada con las protestas callejeras, la folklorización de las resistencias mundiales,[41] la cuantificación perversa de las asimetrías raciales, sexuales, etc.

Políticamente correcto, como he mencionado antes, en tanto estrategia discursiva de asimilación del otro, en cuanto asunción de eufemismos para denominar

---

41 Resistencias mundiales que siempre son traducidas a lo mismo y que desde allí son vistas como "revueltas de perdedores", "simples contestatarios", "nostálgicos que regresan al pasado", "violentos anarquistas", etc. Es interesante detenerse aquí en la lectura del libro *Resistencias globales. De Seattle a Porto Alegre*, organizado por José Seoane y Emilio Taddei (Petrópolis: Editora Vozes, 2001).

a los otros, dejando incólumes las asimetrías de representaciones y de relaciones de saber y poder –aquello de "no llames deficiente al deficiente –o negro al negro, etc.– pero continúa practicándolo, masacrándolo, continúa haciéndolo deficiente –o negro, etc.–".

Capitalista, en palabras de Zizëk (1998:114), en cuanto:

> *La insistencia en el multiculturalismo entendido como la coexistencia híbrida y mutuamente intraducible de diversos mundos de vida culturales puede interpretarse también sintomáticamente como la forma negativa de la emergencia de su opuesto, de la presencia masiva del capitalismo como sistema mundial universal.*

Y *benigno*, utilizando la expresión de Stoer (2000: 29), como la expresión de una posición blanda y suave, que no exhibe ni exige gravedad en la descripción, caracterización y explicación de las diferencias culturales.

Gramática multicultural. Pluralización del yo mismo, del otro y de lo otro. Acción de afirmación del otro. Enunciación ligera de la identidad y de la diferencia del otro. El otro como bizarro, exótico. La mismidad benigna. Una espacialidad políticamente correcta. La coexistencia cultural híbrida e (hipotéticamente) traducible.

¿Será el multiculturalismo, el espacio multicultural, un tipo de respuesta elegante que la propia modernidad (nos) ofrece a cambio de ignorar su brutalidad colonial? ¿Una respuesta de lo mismo para no confesar sus pecados de desigualdad, de exclusión, de expulsión, de normalización, de genocidios, de desapariciones, de miserias?

Desde la propia espacialidad multicultural se han intentado articular algunas respuestas a estos interrogantes, afirmando, en primer lugar, que no hay tal cosa como un espacio multicultural sino varios espacios multiculturales. Y que ello es el resultado, precisamente, de una variación en las formas políticas y culturales mediante las cuales la alteridad es representada y la diferencia es construida.

Pero tal variación también puede ser el síntoma de una necesaria postergación y de un desplazamiento del significado de lo "multicultural", producto de una sucesiva e interminable usurpación de nombres y de terminologías, con el objeto de poder/querer/deber referirse –siempre vagamente– a nociones tales como cultura/s, identidad/es, diversidad/es y diferencia/s. Los usos y abusos –políticos, culturales, educativos– de esas nociones conducirían, entonces, a un permanente e infinito cambio en la adjetivación de lo multicultural. Por ello, se nos dice, no hay nada o hay muy poco que pueda ser entendido como multiculturalismo a secas.

A la pregunta: ¿qué es, qué significa el multiculturalismo? Kincheloe y Steinberg (1999: 25) responden sin rodeos que: *"significa todo y al mismo tiempo nada"*. Para estos autores el multiculturalismo nada tiene que ver con creencias o descréditos acerca de su existencia, o con el estar de acuerdo o discordar de él:

"el multiculturalismo simplemente es (...) Representa una condición del modo de vida occidental de fin de siglo: vivimos en una sociedad multicultural".

Aparece en esta última descripción la perspectiva o la idea de multiculturalismo como un dato, como una condición y un estado, como aquello que sencillamente existe, como aquello que es y aquello que se es. Y también, se trata de la definición de un espacio o, mejor aun, de una localización muy precisa: es el espacio del otro localizado en Occidente. Por esta razón, siguen los autores, la cuestión fundamental para el análisis de lo multicultural radica en las formas en que respondamos a esa realidad, es decir, el modo que elegimos o que seleccionamos o que preferimos para responder a una realidad que *de hecho existe, de hecho es*:

> *... podemos suponer razonablemente que alude por lo menos a uno de los siguientes temas: raza, clase socioeconómica, género, lenguaje, cultura, preferencia sexual o discapacidad. Aunque el término se usa más en relación con la raza, se hace generalmente extensivo a otros tipos de diversidad (...) Usado como meta, concepto, actitud, estrategia y valor, el multiculturalismo aparece como el ojo de un huracán social que se arremolina en torno de los cambios demográficos que están ocurriendo en las sociedades occidentales (Kincheloe y Steinberg, op. cit.: 25).*

Además de la distinción entre la simple alusión y la actitud hacia el multiculturalismo, hay en la anterior definición algunos tópicos significativos, cuya trama de textualidad bien podría ser la siguiente: *(algunas) temáticas – (de la) diversidad – (en medio de un) huracán social – (por los) cambios demográficos – (en las) sociedades occidentales.*

El multiculturalismo, así expresado, deriva en formas políticamente divergentes en virtud de las diferentes versiones/interpretaciones/miradas/representaciones que puedan generarse sobre: (a) cuáles son las temáticas –¿o son en verdad sujetos?– que han sido y están siendo privilegiadas; (b) qué es, por qué se utiliza y qué se está significando con el término *diversidad*; (c) desde dónde se mira y cómo se interpreta ese huracán social (producto específico de los cambios demográficos) y, por último, (d) que supone la localización, histórico-espacial, de sociedad/es occidental/es.

Teixeira Coelho (1999) nos ofrece una primera e imprescindible diferenciación para el análisis de la espacialidad multicultural: la distinción entre la idea de multiculturalismo como resultado y como programa. En el primer caso, se trata de una referencia a la acción cultural, un dato que surge de la coexistencia entre culturas diferentes. En el segundo, se trata de una derivación de la fabricación cultural, a la cual el autor no duda en llamar de paternalista, autoritaria, discriminatoria y totalitaria, porque supone y ejerce un paralelismo cultural allí donde no existe y, por lo tanto, crea un mecanismo –débil, por cierto– de compensación por las injusticias y asimetrías de poder pasadas y aún presentes. Es un intento de borrar las fronteras, de superar los antagonismos, de crear una suerte de convergencia simbólica obligatoria: es, en términos del autor, *el Black & White de Michael Jackson*.

Entre otros autores que han tratado de caracterizar las diferentes formas que asume el multiculturalismo, Peter McLaren (1997a) considera –tal vez con un exceso de didacticismo, quizá para evitar todo deslizamiento, toda intertextualidad política y cultural– cuatro formas sustanciales: (a) *el multiculturalismo conservador o empresarial*, (b) *el multiculturalismo humanista liberal*, (c) *el multiculturalismo liberal de izquierda*, y (d) *el multiculturalismo crítico*.[42]

El multiculturalismo *conservador* –que también podría recibir el mote de *monoculturalismo*– reconoce como origen las visiones coloniales en las cuales los sujetos afro-americanos eran –y son– representados como esclavos y esclavas, como serviciales, como aquellos que están ahí para divertir a los otros y hacerles la vida más apacible, más llevadera. Es el resultado directo de un legado de las doctrinas de la supremacía blanca que, de acuerdo con McLaren (ibídem.:111) *"biologizaron las poblaciones africanas como 'criaturas' al compararlas con los orígenes del desarrollo humano"*.

Los multiculturalistas conservadores, aun cuando toman una cierta distancia de un racismo directo y obvio, disfrazan falsamente la igualdad cognitiva de todas las razas y acusan a las minorías de ser inferiores o de poseer bagajes culturales insuficientes. Por ello puede hablarse de la existencia de un proyecto conservador el cual, bajo la apariencia de querer construir una cultura común –es decir*, una trama de textualidad sin costuras*– anula el concepto y la práctica de frontera, despojando de toda legitimidad a las lenguas extranjeras y a los dialectos regionales del otro. Y aquel que proclama, con soberbia, su multiculturalismo acaba por atribuirle al otro, al decir de Derrida (1997, op. cit.: 58), su propio monolingüismo:

> *El monolingüismo impuesto por el otro opera fundándose en ese fondo, aquí por una soberanía de esencia siempre colonial y que tiende, reprimible e irreprimiblemente, a reducir las lenguas al Uno, es decir, a la hegemonía de lo homogéneo. Se lo comprueba por doquier, allí donde esta homo-hegemonía sigue en acción en la cultura, borrando los pliegues y achatando el texto.*

Además del rechazo hacia la cultura común y al multilingüismo, esta forma de multiculturalismo asume otras perspectivas problemáticas: existe, en primer lugar, la negación de considerar lo blanco, la blanquedad como una forma de etnicidad, lo que produce como consecuencia una norma invisible a través de la cual otras

---

42 Kincheloe & Steinberg (op. cit., pp. 25 y siguientes) proponen una clasificación de las formas multiculturales muy parecida a la ya señalada por McLaren. Incluso influenciados por él, describen cinco "modalidades": (a) el multiculturalismo conservador o monoculturalismo; (b) el multiculturalismo liberal; (c) el multiculturalismo pluralista; (d) el multiculturalismo esencialista de izquierdas y (e) el multiculturalismo teórico.

etnicidades pueden ser y son juzgadas. En segundo lugar, se utiliza impunemente el término diversidad para, al mismo tiempo y en el mismo espacio, establecer prácticas y discursos de asimilación. Así, los otros son vistos como anexos de la cultura dominante y esto significa que deben aprender necesariamente las pautas, las normas y los comportamientos de la sociedad que los hospeda.

El multiculturalismo conservador abusa de la idea de diversidad para poder encubrir así una cierta forma de hospitalidad hostil: los "diversos" grupos que componen la cultura son considerados como agregados o bien como ejemplos que sólo matizan, que únicamente *dan color* a la cultura dominante, que la enriquecen. Así lo entienden Müller y Tuckfeld (1994: 277):

> *Las concepciones multiculturalistas parten del hecho de que las personas de de-*
> *terminadas naciones tienen culturas comparables, las cuales pueden conservarse*
> *también en el "extranjero" y contribuyen así al enriquecimiento de la correspondiente*
> *cultura nacional.*

Esta forma de multiculturalismo resulta ser así, simplemente, una perspectiva neo-colonial, es decir, se propone ofrecer una *autorización* para que algunos "otros" continúen siendo esos "otros", pero ahora en un cierto espacio de legalidad, de oficialidad, una suerte de convivencia *sin remedio*.

McLaren sugiere que dentro de una democracia que se considera a sí misma como "pluralista", los grupos privilegiados ocultan sus ventajas al defender el ideal de una humanidad común, auto-constituida, neutra, universal y no localiza-da, en la cual todos puedan participar con alegría y sin rubor, desconsiderando o simplificando en extremo las diferencias de clase, edad, raza, sexualidad, género, cuerpo, etc.

Y también este multiculturalismo acaba por traducirse en una suerte de *etnopluralismo*, es decir, en el simple hecho de querer subrayar o enfatizar una igualdad fundamental al mismo tiempo que insiste sobre el aislamiento de las diferentes culturas. No debemos exagerar en la descripción de esta forma multi-cultural para darnos cuenta, rápidamente, de la analogía y de la continuidad con las representaciones del otro en la espacialidad colonial.

En ambos casos los otros no son todos los otros, sino sólo algunos otros. Pero el sentido dramático de la fragmentación de la alteridad se vuelve aquí particularmente evidente: los otros son re-categorizados y sub-divididos; algunos otros se acercan, algunos otros se alejan cada vez más; el circuito de la cultura "multicultural" parece recibir con beneplácito a la alteridad consumista y pro-ductiva, y vigila o maltrata o ignora en la misma proporción a los mendigos, a los niños de la calle, a la prostitución, a los deficientes, etc., quienes continúan siendo expulsados del territorio de la alteridad. De aquí la adjetivación que le es dada: *empresarial*, tal vez un nuevo maquillaje de la antigua lógica del mercado y del capital humano.

Es necesario pensar, como lo hace Fernando Placer (2001: 130/31), sobre cómo hoy el fetichismo inicial de la mercadería ha sido ya compensado por el *"fetichismo de las identidades y de las diferencias"*. Y que ello sólo es posible a través de una sistemática depredación y rechazo del otro, sustentado en el permanente exterminio de cualquier señal de singularidad, de todo registro que pudiese quebrantar la homologación de nuestro principio de identificación y diferenciación.

Regresa aquí el otro, pero no vuelve. Es regresado como una víctima a ser socorrida –o liberada– o como un otro culpable que debe ser perseguido –o denunciado–.

Y de acuerdo, otra vez, con Zizëk (op. cit.: 135) podemos afirmar que el multiculturalismo es una "actitud" que considera a cada cultura local como el colonizador trata al pueblo colonizado, esto es: *"como nativos, cuya mayoría debe ser estudiada y respetada cuidadosamente"*. Estudiar y respetar a los otros se hace posible, en primer lugar, por una distancia que el multiculturalista mantiene con la alteridad; en segundo lugar, porque esa distancia así producida revela tanto su *posición universal privilegiada* como lo opuesto, es decir, la posición local de la alteridad desprovista de toda jerarquía.

Si la espacialidad colonial es violencia/invención/fijación/normalización y traducción del otro, esta forma de espacialidad multicultural parece diseminar la estrategia de pluralismo de la mismidad/diversidad/acogimiento-hospedaje/respeto-aceptación-tolerancia, hacia el otro.

Espacialidad colonial y espacialidad multicultural. Parecen espacialidades diferentes. Hay otra retórica, eso es evidente. Hay otra gramaticalidad, eso es cierto ¿pero son diferentes verdaderamente?

Hay una voz entre otras que resuena con particular reverberancia en la retórica y en la gramaticalidad del espacio multicultural: la *tolerancia*.[43] Tolerar al otro, tolerar lo otro, tolerar la diversidad, tolerar la diferencia; hacer de la tolerancia un principio inexcusable, una fuente de conocimiento, un lugar de comunicación.

Entonces: volvamos a mirar bien la (gramática/retórica) de la tolerancia.[44] Como ya se ha dicho en páginas anteriores, la esencia de la vida moderna cons-

---

43 Aunque parezca resonar particularmente ahora, a partir de la espacialidad multicultural, en verdad la tolerancia (y por ende la intolerancia) "nos" preocupa, aun con su filiación cristiana, por lo menos desde Bayle con *su Commentaire philosophique sur ces paroles de Jésus-Christ 'Contrains-les-déntrer'* (1686), Locke con su *Epistola de tolerantia* (1686) y Voltaire con su *Traité sur la tolérance* (1763). Dice Voltaire en el capítulo IV –'Si la tolerancia es peligrosa, y en qué pueblos ella es permitida'–: *"Algunos dijeron que si usáramos de una indulgencia paternal para con nuestros hermanos errantes que rezan a Dios en mal francés, estaríamos poniéndoles armas en las manos"*; y en el capítulo VI –'Si la intolerancia es de derecho natural y de derecho humano'–: *"El derecho de la intolerancia es, pues, absurdo y bárbaro; es el derecho de los tigres, y bien más horrible, pues los tigres sólo atacan para comer, en cuanto nosotros nos exterminamos por parágrafos"*.

44 Quiero expresar aquí mi mayor agradecimiento a Silvia Duschatzky, quien me enseño cómo volver

tituye un esfuerzo para exterminar la ambivalencia, es decir, una intención voraz por definir con la máxima precisión y para eliminar toda ambigüedad. Y es justamente por esa razón que la intolerancia acaba siendo una inclinación natural de la modernidad, pues la construcción del orden establece límites para la incorporación y admisión de cualquier entidad, de cualquier sujeto, de cualquier alteridad, de cualquier otro. Permanece siempre la voluntad de acabar con la ambigüedad y, por lo tanto, de mantener la intolerancia, incluso cuando ella se esconde bajo la máscara de la tolerancia. Una máscara de la tolerancia que, como dice Bauman (1996, op. cit.: 82), puede ser así mejor expresada: *"tú eres detestable pero yo, siendo generoso, voy a permitir que continúes viviendo"*.

¿Pero cómo negarse al discurso de la tolerancia, frente a las consecuencias que genera la intolerancia en la experiencia humana?

Walzer (1998) cuestiona aquello que puede denominarse como política de la tolerancia, resaltando las ambigüedades de los diferentes regímenes de tolerancia que la humanidad parece haber construido a lo largo de la historia.

Según este autor, la historia de la tolerancia se ha ido desplazando desde el privilegio del individuo en detrimento del reconocimiento de (ciertos y determinados) grupos o, por el contrario, desde el privilegio de (ciertos y determinados) grupos dejando de lado y sin resolver la cuestión de lo individual, de la autonomía y singularidad del sujeto.

Walzer señala que la modernidad ha dado lugar a dos formas de tolerancia: la *"asimilación individual y el reconocimiento del grupo"*. La conquista de la ciudadanía de trabajadores, mujeres, negros, inmigrantes, homosexuales, etc. significó un paso decisivo en el terreno de los derechos humanos. Sin embargo, el principio del reconocimiento estaba sustentado en la (homo)homogeneidad, en la igualdad, y no en la diferencia. En vez de pensarse en una diferencia de oportunidades, se dejó intacto el monumento de la mismidad, la búsqueda frenética del ser igual a lo mismo.

La tolerancia no está exenta de ambigüedades, pero principalmente: ¿expresa por acaso una utopía de profundo (re)conocimiento de la alteridad? Por una parte, es cierto que la tolerancia es una invitación para admitir la existencia de diferencias. Por otra parte, sin embargo, esa admisión constituye también la esencia de su propia paradoja: "aceptar" las diferencias supone aceptar también la intolerancia.

Forster (1999) sospecha de la tolerancia por su tono eufemístico. La tolerancia, dice, surge como una palabra blanda, frágil, nos exime de tomar posiciones y responsabilizarnos por ellas. La tolerancia debilita las diferencias discursivas y enmascara las desigualdades: cuanto más fragmentado se presenta el mundo, más resuena el discurso de la tolerancia y más se "toleran" formas inhumanas de vida.

---

a mirar bien muchas de las cuestiones que aquí trato y, en particular, el problema de la tolerancia que desarrollo en estas páginas (siguiendo más o menos textualmente sus enseñanzas).

La tolerancia tiene una fuerte relación con la indiferencia. Corre el riesgo de transformarse en un mecanismo de olvido y de conducir a sus dueños a la eliminación de las memorias de sufrimiento, pasión y dolor. Además, al entender la tolerancia como una virtud natural o como una utopía incontestable, se ignora la relación de poder que le da razón y sustento. Por ello Susan Mendus (1989) dice que la tolerancia implica que el objeto tolerado es moralmente y *necesariamente* censurable. De este modo, el discurso de la tolerancia corre el riesgo de transformarse en un pensamiento de la des-memoria, de conciliación con el pasado, en un pensamiento aletargado que despeja y borra de una vez todo el malestar cultural. En este sentido vale la pena reflexionar acerca del siguiente pasaje de Bauman (1996, op. cit.: 82):

> *La tolerancia no incluye la aceptación del valor del otro; por el contrario, es una vez más, tal vez de manera más sutil y subterránea, la forma de reafirmar la inferioridad del otro y sirve de antesala a la intención de acabar con su especificidad –junto a la invitación al otro a cooperar en la consumación de lo inevitable–. La tan nombrada humanidad de los sistemas políticos tolerantes no va más allá de consentir la demora del conflicto final.*

La demora del conflicto final: acabar con la especificidad del otro, hacerlo cómplice de su aniquilamiento. La inevitabilidad de la mismidad del otro, del otro como lo mismo. Su inferioridad. El otro como un suspenso postergable. Su misterio enajenado por la tolerancia. Reducido por la tolerancia. Borrado por la tolerancia.

Demorar el conflicto final supone que más temprano o más tarde la tolerancia será efectivamente una cuestión del pasado. Aquello que se impondrá en el presente es, entonces, el conflicto final: ¿y esto quiere decir: el final del otro? ¿un juego de ganancias y de pérdidas mediado por la tolerancia? ¿tolerar, esto es, diferir la muerte del otro?:

> *La tolerancia no se da ni se obtiene, ya que no es ni un don ni una conquista. La tolerancia –como la objetividad en el ámbito del conocimiento– es siempre una exigencia, una imposición del ganador sobre el perdedor. Tolerante es el que soporta algo a alguien, es decir, el que individualizándose respecto a los demás marca una separación que no es mera distancia sino diferencia de altura. Desde esta posición de superioridad el tolerante se convierte automáticamente en juez. Puede denostar, desdeñar, despreciar. En resumen, puede perdonar o no. Si en el último término poder significa poder matar, tolerar es a su vez perdonar la vida del otro. En este sentido la tolerancia (...) no es más que la imposición de una muerte diferida, la gracia de una existencia que el vencedor concede. Y vencedor es siempre el que sobrevive al otro, el poder (Santiago López-Petit: 1996).*[45]

---

45 Agradezco a Virginia Ferrer el hallazgo de esta cita de Santiago López y su complicidad en ésta y otras partes del libro.

Perdonar la mismidad al otro en su diferencia. Imponerle un destino de alteridad condenada a muerte. Pero: ¿es el otro del multiculturalismo, acaso, un otro *realmente* diferente? Aquello que aquí se anuncia como siendo diferencias o con/ en el nombre de diferencias, debería ser más bien traducido en los términos de un *diferencialismo conservador* (Veiga-Neto, 2001b), es decir, en un modo de entender las diferencias como siendo naturales –y no culturales– o derivadas de una supuesta naturaleza del mundo, casi diríamos biológicas; diferencias neutrales o neutralizadas; inscriptas en oposiciones binarias, donde vuelve a hacerse presente el principio del tercero excluido; y como diferencias de valor, es decir, como desigualdades.

A diferencia de la forma conservadora, el multiculturalismo humanista liberal predica –*y está convencida de*– la igualdad natural entre los hombres. Se nos dice que las situaciones desiguales son la consecuencia de la insuficiencia de oportunidades sociales, legales y/o educativas, pero no el resultado de una privación cultural que pueda ser atribuida a las minorías. Enfatizando hasta la obsesión la supuesta oposición entre igualdad y diferencia, los discursos y las prácticas de esta forma multicultural se transforman, en la mayoría de las ocasiones, en presiones etnocéntricas que centrifugan hacia una norma que no es, nunca es, no puede ser, equivalente. El igualitarismo se establece como una condición *sine qua non* de la existencia multicultural, como un requisito ineludible que debe anteceder toda voz, toda mirada, toda expresividad.

El otro ha dejado de ser aquí un objeto del diferencialismo y comienza a ser objeto de un igualitarismo que está también naturalizado. Es la imagen de un otro similar, de un otro semejante, cuyas diferencias son vistas como aquello que entorpece toda equivalencia, toda simetría.

El multiculturalismo liberal de izquierda, en cambio, subraya las diferencias culturales y sugiere que el acento puesto en la igualdad tiende a obstaculizarlas, reprimirlas, atenuarlas, extinguirlas. Desde esa perspectiva, la diferencia es considerada como una esencia, ignorando y negando la situación histórica y cultural de su construcción. Así, se asume que existe una única forma, una forma esencial de ser mujer, de tener una existencia afro-americana o latina, de ser deficiente, etc. Pero más que tratarse aquí de *diferencias* estamos en realidad, otra vez, de frente a otro tipo de *diferencialismo: el diferencialismo "progresista" o de "izquierda"*, que se vuelve una vez más hacia un tipo de igualitarismo, pero esta vez hacia un igualitarismo focalizado en cada fragmento, en cada porción de diversidad, en cada parte de la lengua, del cuerpo, de la edad, de la sexualidad, etc.

En este diferencialismo igualitarista surge la perspectiva de que las culturas representan de hecho comunidades homogéneas de creencias, organización y estilos de vida. Es el mito del arquetipo cultural, sustentado en la suposición de que cada cultura está fundada en un patrón que otorga sentido pleno y coherencia a la vida, las acciones y los intercambios de cada uno de sus individuos. Así, todos los negros viven su "negritud" de la misma manera, todas las mujeres viven su género del mismo modo, todos los musulmanes experimentan una única forma cultural de ser musulmanes, todos los deficientes viven su "deficiencia" de forma idéntica, etc.

La consistencia culturalmente interna implica que toda comunidad es armónica, equilibrada, auto-suficiente y auto-satisfactoria: las diferencias son absolutas, plenas y las identidades se constituyen como únicos referentes, como referentes sólidos, estables, proto-típicos, sean éstos étnicos, sexuales, raciales, religiosos, etc.

En ese contexto, la diversidad cultural se convierte en un objeto epistemológico: es el reconocimiento de contenidos y de costumbres culturales pre-establecidas, exentas de toda y cualquier mezcla y alejadas de toda posible contaminación con el otro, con los otros, con *lo otro*. Cada cultura, desde esta perspectiva, se supone no sólo totalizada sino también de estar a salvo de toda inter-textualidad, protegida por una memoria mítica y por una identidad estable.

En esta forma multicultural, en efecto, la identidad de cada cultura –lo que es decir: la identidad de cada uno de los individuos entendidos como inscriptos en esa cultura– es comprendida como una esencia que debe permanecer única e inalterable. ¿Pero se trata *efectivamente* de (una preocupación por) la identidad del otro o más bien de (una vuelta hacia) la ipsidad de lo mismo?

> *Nuestra cuestión es siempre la identidad. ¿Qué es la identidad, ese concepto cuya transparente identidad consigo misma siempre se presupone dogmáticamente en tantos debates sobre el monoculturalismo o el multiculturalismo, sobre la nacionalidad, la ciudadanía, la pertenencia en general? Y antes que la identidad del sujeto, ¿qué es la ipsidad? Ésta no se reduce a una capacidad abstracta de decir "yo", a la que siempre habrá precedido. Tal vez signifique en primer lugar el poder de un "yo puedo", más originario que el "yo", en una cadena donde el "pse" del ipse ya no se deja disociar del poder, el dominio o la soberanía del* hospes *(Derrida, 1997, op. cit.: 27).*

La soberanía del hospes, de hospedar, de hostilizar al otro. Ante cada pregunta acerca de la identidad, la sospecha de que el yo mismo se instala cómodamente en su sitio. Ante cada interrogación sobre la identidad del otro, responde siempre la ipsidad del yo. El poder del yo que habla de la diferencia del otro.

Es posible afirmar que el mito de la consistencia interna de las culturas alimenta el discurso actual multiculturalista. El multiculturalismo parece oponerse a aquellas perspectivas homogeneizantes, reivindicando no sólo la inconmensurabilidad de las culturas –siguiendo modelos universalistas– sino también los derechos plurales no previstos o ignorados por tales narrativas. Pero también se torna un discurso conservador cuando la alteridad es vista y producida en medio de una descripción que busca desesperadamente la equivalencia –y no la conflictividad, y no la irreductibilidad– entre las diferentes y divergentes espacialidades del otro.

La cultura se transforma entonces en un remanso de colores, sabores, olores y sonidos. Distanciados lo más posible de aquella idea inicial de torbellino, el multiculturalismo calcula su mirada para que la imagen se haga apacible, fácil para degustar, tenue. Como en una típica comedia americana, todos participan de la misma escena accionándose comunicativamente, con empatía, en un ritmo ordenado pero somnoliento; el boceto ha sido trazado de una forma políticamente correcta: hay mujeres, hombres, diferentes sexualidades, diferentes generaciones, siempre un negro o un asiático o un latino, a veces algún deficiente, etc. Y esa imagen se encarna, enseguida, en un cuento no televisivo ni fílmico sino real, patéticamente real, como por ejemplo el que nos narra, con cierta ironía, Ash (2000): *"Es el de la Australia cosmopolita y multicultural de una ciudad como Sydney, donde una bella muchacha de rasgos asiáticos y nombre alemán sirve sofisticada comida italiana, acompañada de la versión californiana de un yogur africano; una Australia que no conoce barreras de color ni de sexo ni de clase ni de credo".*

Sin embargo, la pregunta sobre los otros de la diferencia vuelve indemne: ¿son esos otros, los otros de la diferencia? ¿Es la diversidad la diferencia?

Homii Bhabha articuló una distinción significativa entre "diversidad" y "diferencia". Por lo pronto, interesa aquí decir que la noción de diversidad es utilizada generalmente dentro de un discurso liberal que se refiere a la "importancia" de sociedades plurales y democráticas y que junto con ella surge siempre una *"norma transparente"*, construida e administrada por la sociedad que *hospeda*, que crea un falso consenso, una falsa convivencia, una estructura normativa que detiene y contiene la diferencia cultural: *"la universalidad, que paradójicamente permite la diversidad, es la que enmascara las normas etnocéntricas"* (Bhabha, op. cit.: 64).

La diversidad está aún centrada en los otros y no parece ser posible descentrarla de allí, impactarla, irrumpirla. No hay ninguna implicación del yo mismo, de la mismidad, en ella: *los otros son los diversos; ellos son los diversos, nosotros no somos diversos.* La diversidad es pura exterioridad; y otra vez la mismidad es pura interioridad. La diversidad no es la mismidad que está adentro, que está protegida, que está incluida. La diversidad es el otro del afuera, de la exterioridad; el otro excluido, el otro expulsado:

> *Esta diversidad inocua todavía se fija en "ellos" (...) No nos engañemos, aunque en este contexto se valora la diferencia, siempre se hace desde la posición blanca. La idiosincracia blanca, como una norma incuestionable, constituye un neocolonialismo ... que estructura a los que no están integrados en ella como algo inferior, anómalo y patológico; aunque, al mismo tiempo, como algo más interesante, más exótico, más natural .... (Kincheloe & Steinberg, op. cit.: 39).*

Pero: ¿Valorar la diferencia? ¿Es decir: hacer cuentas, sumas y restas con las diferencias? ¿Atribuirles un valor inmanente y/o trascendente? Es cierto: es la idiosincracia blanca, pero también es la idiosincracia masculina, el cuerpo completo y eficiente, lo letrado, lo nativo, etc. Las normas incuestionables son infinitas y aquí no parece haber nunca una rebelión contra lo blanco que no sea, otra vez, hacia la norma, sobre la norma, por la norma; nunca parece haber una rebelión contra el cuerpo perfecto que no sea, en efecto, hecha en el nombre del cuerpo perfecto.

El otro, si es que se rebela, lo hace sólo para ser/parecer a los demás –blancos, hombres, saludables, eficientes, alfabetizados, etc.–.

Si estalla en mil pedazos es únicamente para recomponerse en la integridad de la mismidad. Para ser, finalmente, el yo que lo ha diferenciado, diversificado, pluralizado y, finalmente, igualizado.

¿Encontraremos, por fin, alguna respuesta, algún indicio de las diferencias en el multiculturalismo crítico?

Para McLaren esta forma de entender el multiculturalismo constituye el rechazo a la imagen de una cultura no conflictiva, armónica y consensual, así como también una oposición a la idea de la existencia de identidades autónomas, autodirigidas, auto-construidas. Las diferencias –que son entendidas aquí en términos de diferencias políticas y culturales– ocupan un lugar central, considerándolas no sólo como atributos rígidos y esenciales, sino como productos históricos, culturales, que resultan siempre de (una consciencia de) relaciones de poder.

El otro del multiculturalismo conservador, del humanismo liberal, del liberalismo de izquierda, del multiculturalismo crítico. El otro de la/s espacialidad/es multicultural/es es, por lo menos, un otro ambiguo. Parece ser un otro construido, producido a propósito de una imagen política de lo mismo que nunca es, que no quiere ser, que nunca puede ser el otro.

Si el multiculturalismo es la gramática de las relaciones con el otro, de *nuestras relaciones* con el otro: ¿Podemos, a partir de su simple enunciación, vibrar con el otro? ¿Hemos efectivamente pasado de un otro maléfico y de una invención igualmente maléfica a una relación de cordialidad, convivencia y empatía? ¿O hemos diluido al otro en una paz sepulcral, en una comunicación de silencios sobre silencios?

Lévinas (1993: 116-129/130) lo plantea así:

> *El otro en cuanto otro no es aquí un objeto que se torna nuestro o que se convierte en nosotros; al contrario, se retira en su misterio (...) El otro no es un ser con quien nos enfrentamos, que nos amenaza o que quiere dominarnos. El hecho de que sea refractario a nuestro poder no representa un poder superior al nuestro. Todo su poder consiste en su alteridad (...) Que el otro no es de ningún modo un otro-yo, un otro sí mismo que participase conmigo en una existencia común. La relación con otro no es una relación idílica y armoniosa de comunión ni una empatía mediante*

la cual podemos ponernos en su lugar; le reconocemos como semejante a nosotros y al mismo tiempo exterior: la relación con otro es una relación con un misterio.

Todo su poder consiste en su alteridad, en su retiro al misterio, en su no-ser-nosotros ¿Relación con el otro concreto o con su misterio? ¿Con su nombre y con su exterioridad, o con su inexistencia en común? ¿Forzarlo entonces a entrar en una relación con la mismidad, cueste lo que cueste?

Las preguntas se desplazan, entonces, desde los lugares atribuidos, fijados, inventados, a los lugares posiblemente compartidos o no compartidos, reconciliables o irreconciliables, reductibles o irreductibles: ¿podemos, entonces, "negociar" nuestras historias? ¿Hacerlas una sola? ¿Confiarnos en una comunión sin memorias? ¿Acabar de una vez con el misterio del otro? Dice Mohanty (citado por Kathryn Woodward, 2000: 26-27):

> *¿Cómo podemos negociar entre mi historia y la suya? ¿Cómo sería posible para nosotros recuperar aquello que tenemos en común, no el mito humanista de los atributos humanos que compartiríamos y que supuestamente nos distinguirían de los animales, sino, de forma más importante, la intersección de nuestros varios pasados y nuestros varios presentes, las inevitables relaciones entre significados compartidos y significados contestados, entre valores y recursos materiales? Es necesario afirmar nuestras densas peculiaridades, nuestras diferencias vividas e imaginadas. ¿Pero podemos permitirnos dejar de examinar la cuestión de cómo nuestras diferencias están entrelazadas y, en verdad, jerárquicamente organizadas? ¿Podemos, en otras palabras, realmente permitirnos poseer historias completamente diferentes, podemos concebirnos como viviendo —y habiendo vivido— en espacios enteramente heterogéneos y separados?*

Este texto introduce, con particular agudeza, el tercer elemento del problema de la relación mismidad/alteridad: la relación ya no puede ahora ser sencillamente naturalizada, ignorando los modos crueles de violencia física y simbólica, sometiendo al otro a un encuentro forzoso de pluralidades sin historias, determinando el tiempo y el espacio del encuentro, inventando una nueva ley de lo común, negando la opresión, disimulando la barbarie entre las páginas gastadas y abandonadas de la historia, la historia de la mismidad. Y todavía más: ¿acaso el otro vuelve a nosotros? Y si volviese: ¿puede ese otro volver como un otro despojado de su alteridad, desprovisto de su contra-memoria, de su contra-imagen, de sus otros rostros, sus otras expresividades, de su misterio? ¿Podemos en tanto mismidad anunciar la simpatía y la empatía de un *pacto* que anule los efectos de la invención maléfica y sustituya al otro del mal por un otro del no-mal? ¿En qué términos puede suponerse, imaginarse, anunciarse o bien enunciarse la relación entre nosotros y los otros?

Tal vez nos ayude el reiterar una de las preguntas recién mencionadas: *¿podemos (...) realmente permitirnos poseer historias completamente diferentes,*

podemos concebirnos como viviendo –y habiendo vivido– en espacios entera-
mente heterogéneos y separados? O bien, como se pregunta Peñalver (2001: 59):
"¿cómo lo Mismo, que se exhibe como egoísmo, puede entrar en relación con
Otro sin privarlo inmediatamente de su alteridad?".

Tal vez el otro multicultural no pueda más que ser otro que fluctúa, pues está
representado como un péndulo entre el yo plural, lo mismo plural, y la emergencia
de la diferencia sólo como diversidad ordenadamente política, esto es, el otro
político de la política de la mismidad, el otro de la "igualdad" del igualitarismo,
de las equivalencias pensadas sólo en términos de administraciones identitarias,
de las distribuciones políticas y de las representaciones delegadas y descriptas
culturalmente.

Ese otro, esos otros, se parecen mucho a una turbulencia necesaria, a una inestabilidad que se hace obligatoria para reordenar y re-categorizar la (idea de) cultura, identidad, lengua, nacionalidad, etc. y (la percepción de) sus conflictos.

Quizá el otro multicultural sea, en realidad, un otro desigual; un otro diverso
pero igual o equivalente a todos los demás (pensados como) diversos; un otro
siempre-comunitario, siempre tribal, siempre grupal, siempre plural-con-su-
nombre-claro; un otro *apenas* diferente y cuya diferencia debe ser rápidamente
traducida en términos fijos y estables de raza, etnia, religión, sexualidad, clase
social, género, edad, cuerpo, etc.

Siempre hay una relación necesaria entre nosotros y ellos. Ellos no pueden ser
irreductibles, no pueden ser misteriosos. Siempre hay un ritmo monocorde. Una
voz que repite siempre las mismas notas. Siempre hay una distancia infranqueable.
Un movimiento cíclico. Un tiempo despótico. Siempre hay una frase que culmina
en la mismidad.

Pero no hay nada –o hay muy poco– de la mismidad en el multiculturalismo
que parezca vibrar con el *transculturalmente otro.* La singularidad de lo mismo
parece ser la piedra fundamental inevitable para pensar la pluralidad del otro.

No hay nada –o hay muy poco– que enjuicie aunque sea un instante la perversa relación de exterioridad e interioridad entre nosotros y los otros, entre la
mismidad y la alteridad.

No hay nada –o hay muy poco– de nuestras turbaciones, de nuestra propia
perplejidad, de inquietarnos y pulverizarnos las miradas.

No hay nada –o hay muy poco– de una relación entre el otro y los otros –otros
"otros"–; el otro siempre es/está en la referencia a lo mismo y en su repetición.

No hay nada, y ni siquiera un poco, de lo irreductible del otro, de su misterio,
del ser-otro-en-su-alteridad, de la diferencia.

— VI —

«CUANDO BUSCO MI EXISTENCIA, NO LA BUSCO EN MÍ».

El otro maléfico. El otro como invención maléfica. Los otros siempre como un producto del vínculo entre nosotros y ellos. Las narrativas (tal vez imposibles y/o irreconciliables) de la/s relación/es empáticas con el otro. La irrupción del otro, su vuelta, la negación de un retorno apacible y confortable de nosotros mismos hacia la mismidad. La instauración de la relación con lo mismo. El otro irreductible. ¿Y su rostro? ¿Y su expresividad? ¿Son rehenes de nuestro rostro y de nuestra expresividad?

El otro colonial es un cuerpo sin cuerpo. Una voz que habla sin voz. Que dice sin decir. Que ha sido masacrado y que se lo sigue haciendo culpable de su propia masacre. Una representación que gira en torno de un yo completo, natural, concéntrico, omnisciente, diseminado, todo-poderoso.

El otro multicultural ocupa, como se ha dicho, una espacialidad en cierto modo anclada a la política de la mismidad –de pertenencia a una comunidad que debe estar siempre bien ordenada y solidificada– tal vez identitaria –aunque sometida a una única esencia, a un único *modus vivendu*– y quizá cultural –pero siempre de equivalencia–.

Es un otro al cual se le hace oscilar entre el ser-radicalmente-otro, el otro-igual y el -otro-a ser tolerado (y/o el otro-a ser aceptado, y/o a ser respetado, y/o a ser reconocido, etc.). El otro multicultural naufraga entre el ser-diverso y el ser-diferente. Diversidad y diferencia *parecen* términos similares, sus usos *parecen* ser los mismos, su carácter de representación de la alteridad *parece* idéntica. Pero no lo son. O, en todo caso, lo son sólo en la superficialidad y la artificialidad de un travestismo discursivo que se apropia violentamente, otra vez, de lo innombrable.

Entre la diversidad y la diferencia sobreviene un abismo insondable, una distancia política, poética y filosóficamente abrumadora. El otro de la diversidad y el otro de la diferencia constituyen otros disímiles. Y la tendencia a hacer de ellos lo mismo vuelve todo discurso a su trágico punto de partida colonial, aunque se vista con el mejor ropaje del multiculturalismo –e incluso aunque éste sea igualitarista o diferencialista–.

Para Tomaz Tadeu da Silva (2000b) el concepto de diferencia adquirió importancia a partir de la denominada política de identidad y de los movimientos multiculturales. Pero en ese contexto la diferencia cultural ha sido y es considerada, sencillamente, como un dato de la vida social que debe ser respetado, aceptado y/o tolerado. Desde la perspectiva de la filosofía de la diferencia, en cambio, ese concepto se opone a las filosofías que se centran en la dialéctica, pues ellas tienden a resolver la contradicción afirmando justamente la identidad y la mismidad.

Hay una política, una poética y una filosofía de la diferencia. ¿Pero cómo describir estas cuestiones sin inventar nuevamente al otro, sin masacrarlo, sin designarlo, sin enmudecerlo, sin dejarlo tenso en la fijación de lo diferente, sin constituirlo en un simple ventrílocuo de nuestra mismidad, sin transformarlo en una espacialidad exterior de nuestra (in)diferencia?

En primer lugar: ¿puede decirse que el otro político es, esencialmente, únicamente, un otro anti-colonial o anti-colonialista? Y, enseguida: ¿puede entenderse una política de la diferencia sólo como una contestación ostensible hacia la mismidad? ¿Como una enunciación afirmativa de la diversidad multicultural? ¿O se trata más bien de un otro diferente, de un otro que cierta literatura llama de diferencia *postcolonial*, esto es, de un otro cuya razón de ser escapa y no puede explicarse por medio de una lógica de lenguaje colonial? ¿De un otro que no es maléfico ni transparente, que no vive sólo para contestar el maleficio, que no se alinea fácilmente a una cultura que puede ser tan ordenada como múltiple, que no puede ser reducido a una secuencia o a un papel o a una acción sólo relacional y comunicativa?

Digamos de una vez que la diferencia política, aun cuando así sea habitualmente entendida, no está localizada del todo ni en un otro anti-colonial ni en un otro multicultural. Y no parece estar, simplemente, pues en ambos casos el otro continúa siendo reducido/simplificado a una acción/situación que tiene como punto de partida otro lugar diferente del suyo, una espacialidad cuyo origen ha sido ya inventado y determinado, una temporalidad presente de la mismidad que le obliga a existir en una metáfora violenta sólo de linealidad y/o circularidad.

Hay, está claro, un tipo de diferencia (política) que es anti-colonial: es el otro que nace en el mismo momento en que el colonizador comienza a establecerse en tierras distintas y distantes; es el otro que inicia una ardua batalla contra la violencia física y simbólica de ese proceso; es el otro que se propone y propone discursos y prácticas de oposición hacia lo colonial.

Hay, también, un tipo de diferencia (política) que es básicamente des-colonizadora; una diferencia que insiste en producir textos afirmativos, imágenes positivas acerca de la propia cultura, del propio cuerpo, de la propia identidad. Una diferencia que se instala para discutir palmo a palmo la omnipresencia del discurso colonial; que intenta contestar con otros lenguajes la asimetría entre discursos y representaciones; que denuncia las desigualdades sociales, económicas, educativas, sexuales, raciales, etc.; que en el rever de la historia y de la literatura pretende anular los efectos del discurso colonial desde perspectivas no hegemónicas y/o no-dominantes.

Pero el otro anti-colonial y el otro des-colonizador han sido frecuente y rápidamente reciclados, domesticados, reducidos por el poder del discurso colonial.

La distancia, la oposición y la referencia hacia un mismo punto han sido veloz-
mente entendidas como voces de una misma obra de teatro, de una misma tragedia, de una misma gramática. Y se reprodujeron y multiplicaron las sociologías
del *sub-desarrollo*, las teorías de la *dependencia,* las formas *holísticas* sedativas
de explicación cultural, las relaciones nativistas y nacionalistas de relación con
el otro. Y el otro vuelve a ser así, solamente, un otro (políticamente) reductible,
sub-desarrollado, domesticado, minoritario, nativo, dependiente, etc.

Así se anulan, otra vez, todas las fronteras, las ambigüedades, las indeterminaciones, los innombrables. O bien las fronteras se hacen sólo un lugar de dramática
espera; las ambigüedades se vuelven estados alterados; las indeterminaciones se
tornan cuerpos dóciles; y los innombrables se vuelven apenas nombres políticamente correctos.

La espacialidad postcolonial como diferencia política remite a otro tiempo
y otro lugar, donde los otros no son únicamente otros en relación a lo mismo,
sino que invaden la mismidad hasta cambiarle su pulso, invaden la historia hasta
cambiarle su curso, invaden el tiempo hasta hacerlo porvenir:

> ... en el mundo postcolonial, la flecha del tiempo, de la linealidad, de la nación y la
> identidad, y el 'progreso' de la historia occidental, se desvía hacia espacios diferentes
> que irrumpen en el desarrollo singular de la narración mediante la introducción
> de múltiples lugares del lenguaje, la narrativa, las historias de ellos y ellas, y una
> heteronomía de pulsos diferentes (Chambers, op. cit.: 29).

Por eso hay un otro de una diferencia política que, simplemente, desea la diferencia, se instala en la diferencia. Y desconstruye la idea de que toda diferencia
política es, solamente, reactiva, contestataria. Vive en su diferencia. El desvío
hacia otros espacios, la irrupción de los otros, la heteronomía de pulsos diferentes:
¿es el otro de esta diferencia política un pasaje que atraviesa? ¿una frontera que
se torna un lugar a partir del cual algo, alguien, comienza a hacerse presente? ¿un
entre-lugar, un tercer espacio, que no es ni colonial ni multicultural, ni tampoco
anti-colonial o des-colonizador?

El entre-lugar vuelve dramática la permanente ilusión de traductibilidad del
otro y de su diferencia. No hay contenido en el otro que pueda ser siquiera percibido desde una lógica de asimilación o racista o diferencialista.

El otro de la diferencia, con toda la imperfección y las trampas político-
lingüísticas que la utilización de este término presupone, no viene simplemente
a sustituir el de diversidad o el de pluralidad; no son una obviedad cultural, ni
una marca de pluralidad apenas perceptible; no puede ser caracterizada como
totalidad fija, esencial e inalterable; es siempre diferencia; no debe ser entendida
como un estado indeseable, impropio, alguna cosa que más temprano o más tarde volverá hacia la "normalidad"; no supone/significa lo contrario de igualdad
ni se constituye en sinónimo de desigualdad; se debe buscar una visión de la

diferencia más allá de la lógica entre asimilación y resistencia; aun cuando es percibida como totalidad o cuando es puesta en relación con otras diferencias, no es fácilmente permeable; que existe independientemente de la autorización, de la aceptación, del respeto, de la tolerancia, de la oficialización o del permiso otorgado desde la normalidad legalista.

Este último aspecto requiere aun de mayor profundidad: hay una pretensión egocéntrica y homo-hegemónica en otorgarle al otro, gentilmente, la legitimidad que se considera necesaria para ser aquello que ya *está siendo*.

Además, la representación de la diferencia no debe ser leída rápidamente como el reflejo de trazos culturales o étnicos preestablecidos, inscriptos, como dice Bhabha, en la lápida fija de la tradición. En otro sentido, y como sugerí anteriormente, las diferencias tampoco pueden ser vistas como esencias o trazos esencializados. Stuart Hall (citado por Briones, 1998, op. cit.) habla de los desafíos implícitos a toda forma de esencialismo, afirmando que la defensa de la totalidad, como integridad de un colectivo de identidades y fundamentada en la lógica de oposiciones binarias (nosotros/otros) tiende a negar diferencias de sexualidad, edad, género, clase, etnia, etc., dentro de esa totalidad grupal; que las polarizaciones de relaciones sociales complejas entre nosotros/otros, simplifica y des-historiza las diferencias sociales, confundiendo su carácter histórico y cultural con la emergencia de lo biológico; alerta, además, acerca de la producción de una naturalización de las inclusiones, determinando así proyectos excluyentes para el "nosotros".

Y es posible que al pensar en las diferencias sea necesario, al mismo tiempo, afirmar la multiplicidad y la singularidad de las valoraciones en un sujeto; como sugiere Martin Hopenhayn (1999: 129): *"La diferenciación, pensada como diferencia obrando o aconteciendo (...) es acto de desplazamiento plural entre muchas alternativas de interpretación, pero también es acto de posicionamiento singular frente a esta pugna de interpretaciones posibles"*. La diferencia, para este autor, no constituye un punto de vista sino una distancia que separa en relación a un otro u otros; es diferencia entre perspectivas, una bisagra que: *"articula lo singular de una perspectiva y lo plural de sus virtuales desplazamientos"* (ibídem:131).

Ya no es, entonces, la relación entre nosotros y ellos, entre la mismidad y la alteridad, aquello que define la potencia existencial del otro, sino la presencia –antes ignorada, silenciada, aprisionada, traducida, etc.– de diferentes espacialidades y temporalidades del otro; ya no se trata de identificar una relación del otro como siendo dependiente o como estando en relación empática o de poder con la mismidad; no es una cuestión que se resuelve enunciando la *diversidad* y ocultando, al mismo tiempo, la mismidad que la produce, define, administra, gobierna y contiene; no se trata de una equivalencia culturalmente *natural*; no es una ausencia que retorna malherida; se trata, por así decirlo, de la irrupción (inesperada) del otro, del ser-otro-que-es-irreductible-en-su-alteridad.

La irrupción (inesperada) del otro desde su alteridad (irreductible) agrega una nueva dimensión a la cuestión de las "imágenes del otro" y que nos aproxima a la filosofía y a la poética de la diferencia.

En cierto modo podría decirse que ese otro no es ni una pura identidad ni una mera diferencia; no es un otro reductible que lo hace transformarse desde lo indefinible a algo definible y de lo indesignable a algo designable. Como sugiere Gabilondo (2001: 193): *"la diferencia no se reduce a la diferencia de uno consigo mismo, ni simplemente a la de uno con otro, sino que es la experiencia viva de una irrupción –de la palabra y de la mirada– que es la que hace posible esas otras formas de la alteridad (...)"*.

El otro, en su irrupción, es infinitamente otro.

Desde la perspectiva de Lévinas (2000: 85) se trata del cuestionamiento y el desplazamiento de la ontología del otro, aquello que en nombre del Ser, del Ser como lo mismo, acababa por reducir y subordinar toda alteridad. El otro ya no es dato sino una perturbación de la mismidad, un "rostro" que nos sacude éticamente. La irrupción del otro es lo que posibilita su vuelta; pero no irrumpe para ser bienvenido o desquiciado, ni para ser honrado o denostado. Irrumpe en cada uno de los sentidos en que la normalidad fue construida. No vuelve para ser incluido, ni para narrarnos sus historias *alternativas* de exclusión. Irrumpe, simplemente, y en esa irrupción sucede lo plural, lo múltiple, la diseminación, la pérdida de fronteras, la desorientación temporal, el desvanecimiento de la propia identidad.

El otro irrumpe, y en esa irrupción, nuestra mismidad se ve desamparada, destituida de su corporalidad homogénea, de su egoísmo; y aunque busque desesperadamente las máscaras con las que se ha inventado a sí misma y con las que ha inventado al otro, el acontecimiento de la irrupción deja ese cuerpo en carne viva, lo hace humano, arroja fragmentos de su identidad. El otro vuelve y nos devuelve nuestra alteridad, nuestro propio ser otro; es el devenir otro y sin embargo: *"este devenir otro no es el retorno de lo Uno que vuelve, sino diferencias de diferencias, divergencias transitorias, siempre más y menos a la vez, pero nunca igual. No es cuestión de limitar ese devenir, ordenarlo a lo mismo y hacerlo semejante"* (Gabilondo, op. cit.: 163).

La irrupción del otro quiebra la agonía de lo mismo, de una ipsidad que siempre cobra poder sobre el otro. Somos, como dice Derrida, rehenes del otro, y no podemos tener relación con nosotros mismos más que en la medida en que la irrupción del otro haya precedido a nuestra propia ipsidad (Derrida, 2001: 51).

Ahora la irrupción del otro no hace del otro únicamente un fantasma, o un muerto, o un maleficio, o una identidad que sirve sólo para nuestra identidad.

Ahora la irrupción del otro puede instaurar una nueva y originaria relación con la mismidad. Pero no una relación apacible, transparente, consistente, ni mucho menos incondicional o empática.

Stuart Hall (citado por Canclini, 1999: 32) agrega que deberíamos encontrar una manera de hablar de la diferencia no como alteridad radical sino como *différance* –concepto clave del pensamiento derridiano– y sugiere que: *"Mientras una diferencia, una alteridad radical, contrapone un sistema de diferencia a otro, nosotros estamos negociando procesar una diferencia que se desplace permanentemente dentro de otra. No podemos asegurar dónde termina un sujeto, los límites de su identidad"*.

La irrupción del otro es una diferencia que difiere, que nos difiere y que se difiere siempre a sí misma. Un otro inalcanzable, irreductible, efímero en su nombre y en su significación, inabordable, que se aleja en su misterio, con su misterio. Es el otro que, de acuerdo con Baudrillard (1999, op. cit.), acontece de todas formas y crea en todo momento, él mismo, una línea divisoria.

El misterio de lo otro, el poder de su alteridad. No hay relación con el otro si su rostro es ignorado. Aun cuando lo consideremos como un cuerpo-objeto, aunque hagamos del otro una simple anatomía y simplifiquemos el mundo que él expresa y, también, su expresividad: *"(...) no es el 'otro' el que es otro Yo, sino el Yo un 'otro', un Yo fallido. No hay amor que no comience con la revelación de un mundo posible en tanto tal, implicado en un 'otro' que lo expresa"* (Derrida, 1998: 414).

Ya no hay solamente una violencia donde el otro debe, por fuerza, reducirse a lo mismo, ser lo mismo.

Ya no es una ontología del otro que es, a la vez, alérgica al otro.

Y la relación con el otro no está más cimentada sólo en el saber, en el conocimiento, en la verdad, en la intencionalidad. Una consciencia intencional que, al entrar en relación con el otro, termina con su propia esencia, se retuerce en la nada y, como bien dice Mèlich (1997: 155): *"... acaba reduciéndose a cenizas"*.

Y es aquí donde la política, la filosofía y la poética de la diferencia se reúnen, aunque dispersas, aunque disímiles: la única aceptación posible es la de aceptar al otro en la soberanía de su diferencia, en su misterio, en su lejanía, en su ser irreductible.

CAPÍTULO IV

Acerca de la anormalidad y de lo anormal. Notas para un enjuiciamiento (voraz) a la normalidad

> *Es una banalidad decir que jamás existimos en singular. Es-*
> *tamos rodeados de seres y de cosas con los que mantenemos*
> *relaciones. Por la vista, por el tacto, por la simpatía, por el*
> *trabajo en común, estamos con los otros. Todas esas relacio-*
> *nes son transitivas. Toco un objeto, veo al otro; pero yo no*
> *soy el otro.*
>
> *Emanuel Lévinas.*

> *Y aunque sea posible que cada uno de nosotros –o cada una*
> *de nosotras, al menos– produzcamos siempre con nuestra*
> *presencia alguna perturbación que altera la serenidad o*
> *la tranquilidad de los demás, nada hay de tan perturbador*
> *como aquello que a cada uno le recuerda sus propios de-*
> *fectos, sus propias limitaciones, sus propias muertes; es por*
> *eso que los niños y los jóvenes perturban a los adultos; las*
> *mujeres a los hombres; los débiles, a los fuertes; los pobres,*
> *a los ricos; los deficientes, a los eficientes; los locos, a los*
> *cuerdos; los extranjeros, a los nativos ...*
>
> *Nuria Pérez de Lara.*

— I —

«Y SI LO ANORMAL FUESE REALMENTE ANORMAL NO EXISTIRÍA».

Hay un otro, en medio de nuestras temporalidades y de nuestras espacialidades, que ha sido y es todavía inventado, producido, fabricado,
(re)conocido, mirado, representado e institucionalmente gobernado en
términos de aquello que podría denominarse como un otro "deficiente", una
alteridad "deficiente", o bien, aunque no sea lo mismo, un otro "anormal", una
alteridad "anormal".[46]

---

46 Entre las figuras de anormalidad que Foucault describió en *Los Anormales* (2000) está la del
    individuo a corregir. Ese individuo a corregir puede corresponder a la imagen del otro deficien-
    te, de la alteridad deficiente.

Hay un otro que antes, en medio y después de tantas guerras, prisiones, ejércitos, escuelas comunes y especiales, hospitales, religiones, fábricas, manicomios, etc. ha sido y es todavía pensado, percibido y sentido como una suerte de cuerpo amorfo e incontrolable, una especie de mente oscura y salvaje, un movimiento desparejo y peligroso, una atención hacia otro lugar, un comportamiento que acecha, un tipo de lenguaje de ausencias, arritmias y sinsentidos.

Un otro cuyo cuerpo, mente, comportamiento, aprendizaje, atención, movilidad, sensación, percepción, sexualidad, pensamiento, oídos, memoria, ojos, piernas, sueños, moral, etc., parecen encarnar sobre todo y ante todo nuestro más absoluto temor a la incompletud, a la incongruencia, a la ambivalencia, al desorden, a la imperfección, a lo innombrable, a lo dantesco.

Un otro *cuyo todo y cada una de sus partes* se han vuelto objeto de una obscena y caritativa curiosidad, de una inagotable morbosidad, de una pérfida etnografía de lo mismo, de un sueño o ideal de completamiento del otro, de perfectibilidad del otro, de corrección del otro, de normalización del otro.

Un otro sobre el cual hubo de colocarse un microscopio en parte igual y en parte diferente de todos los demás microscopios adosados sobre el cuerpo de la alteridad. Un microscopio más medicalizado que lo habitual, más salvífico que lo habitual, más antropocéntrico y, sobre todo, más antropofágico que lo habitual.

Se trata de un otro que exacerba la secular imaginación de la mismidad –tan improbable como imposible– en relación a un cuerpo perfecto, una inteligencia compacta, rítmica y erudita, una sexualidad tan única y determinada como constante, un aprendizaje veloz, curricular y consciente –aunque no en demasía–, una lengua capaz de ser sólo monolingüe, y de decir aquello que todos quieren oír.

Ese otro corporifica la (idea de una) estilización inconmensurable de la mismidad.

Y todo ello pensado como un movimiento escénico que representa el Paraíso. El Paraíso de la normalidad. La normalidad de la mismidad.

Y cuanto más la mismidad se mira ciegamente sólo a sí misma, más se vuelve hostil contra ese otro hasta dejarlo inerte. Y cuanto más la mismidad se escucha sordamente sólo a sí misma, más se torna cruel con ese otro hasta dejarlo inerte. Y cuanto más la mismidad se mueve rítmica en torno de sí misma, más se hace hospitalaria con ese otro hasta hacerlo únicamente un huésped; un huésped inmóvil; un huésped hostilizado por la norma.

La mismidad que crea con placidez sus monstruos y que, a la vez, produce los antídotos necesarios. La mismidad que huye despavorida ante la atribución de sus propias designaciones, de sus propios nombres. La mismidad que vuelve a instalar el control en las fronteras del cuerpo y de la mente; que regresa, soberbia, a tomar sus sanas y bellas decisiones sobre los espacios y los tiempos de la alteridad.

Normalidad que se inventa a sí misma para, luego, masacrar, encerrar y domesticar todo lo otro.

La alteridad deficiente, anormal, resulta así en una invención que parece referirse a un otro concreto, pero que hoy sólo tiene sentido si se aleja de ese otro concreto –si es que él existe– y se vuelve furiosa hacia la mismidad.

Pues sobran los catálogos, las prescripciones, los médicos, las anamnesis. Porque están de más los manuales, las clasificaciones, los escalpelos, las evaluaciones. Pues hay un exceso ortopédico de instituciones, ateneos, seminarios, tertulias, congresos y especialistas. Porque ya hay demasiadas hiperactividades, eneuresis, agramatismos, dislexias, psicosis, discalculias, problemas de aprendizaje, ritmos de aprendizaje, discapacidades de aprendizaje, tartamudeces, autismos, superdotados, parálisis, hemiplejías, retardos, retrasos, idiocias, esquizofrenias, *surdeces y cegueces,* síndromes, síntomas, cuadros clínicos, etc.

La alteridad deficiente, anormal, como significado que parece referirse a un otro, sólo tiene sentido si huye y rehuye de ese otro y se vuelve contra la normalidad; si hiere de muerte a la normalidad; si transfigura la normalidad.

Lo que hace falta es perderse y perdernos de vista, toda vez que lo único que parecemos ver, toda vez que lo único que es visto es la egocéntrica normalidad. Egocéntrica normalidad cuya infame tentación es la invención de lo anormal.

Y porque ese otro no está donde pretendemos, donde lo obligamos, donde lo fijamos, donde lo dejamos, donde lo suponemos, donde lo escribimos e inscribimos. Y porque no hay descripción sino teleológica y tautológica de la alteridad deficiente. Y porque no hay explicación sino verborrágica y homo-hegemónica de la alteridad deficiente. Y porque no hay alteridad deficiente sino una banal y mediocre normalidad. Y porque el otro de la alteridad deficiente continúa con su experiencia irreductible, intraducible y misteriosa.

Repite, sí. Pero en otro lugar. Copia, es verdad. Pero no lo que queremos. Su cuerpo se amolda, parece. Pero no como creemos. Dice, es cierto. Pero en otra lengua. Y maldice. Y biendice. Y dice cosas que nunca escuchamos. Que nunca escucharemos. Que no son dichas para nuestra mismidad.

Y repito: la alteridad deficiente, como significado que parece referirse a un otro concreto, sólo tiene sentido si huye y rehuye de ese otro concreto y se vuelve contra la normalidad; si hiere de muerte a la normalidad; si transfigura la normalidad. Necesitamos volver a mirar bien a aquello que nos representamos como "alteridad deficiente". Volver a mirar bien en el sentido de percibir, con perplejidad, cómo ese otro fue producido, gobernado, inventado y traducido.[47]

---

47 Quizá, entonces, para volver a mirar bien podríamos recurrir a aquello que en lengua inglesa ha sido denominado como *Disability Studies.* Es evidente que *Disability Studies* no puede ni debe ser traducido como el *Estudio sobre las Deficiencias/Discapacidades* o el *Estudio de los Deficientes/Discapacitados.* Los *Disability Sudies* (DS, en adelante) constituyen un campo necesariamente irregular de estudios filosóficos, literarios, políticos, culturales, etc. que se propone inicialmente descolonizar y descontruir el aparato de poder y de saber que gira en torno

Porque ya no hay espacios ni tiempos para una descripción ontológica que pretenda narrar qué significa "ser" deficiente. Ya no hay espacios ni tiempos para agotar la (supuesta) descripción existencial del otro deficiente. Ya no hay esa alteridad deficiente.

Volver a mirar bien y, quién sabe, pulverizar de una vez la normalidad y los monstruos que ella ha creado. Y para volver a mirar bien tal vez sean necesarias otras miradas, otras palabras, un nuevo territorio de espacialidades y temporalidades.

> *Los valores y las normas practicadas sobre las deficiencias forman parte de un discurso históricamente construido, donde la deficiencia no es simplemente un objeto, un hecho natural, una fatalidad. Ese discurso, así construido, no afecta sólo a las personas con deficiencia: regula también las vidas de las personas consideradas normales. Deficiencia y normalidad, forman parte de un mismo sistema de representaciones y de significaciones políticas; forman parte de una misma matriz de poder (Tomaz Tadeu da Silva, 1997: 5-6).*

Es evidente, claro está, que volver a mirar bien al otro deficiente no significa sugerir un nuevo microscopio "especial". Pues no hay ningún nuevo vademécum de prescripciones, axiomas, clasificaciones y de otras invenciones típicas que generalmente determinan y gobiernan la educación especial –ese campo disciplinar (digamos) colonial y colonizado– por dentro y por fuera de sus "metáforas" y de sus "tradiciones" epistemológicas y disciplinares.

Porque ¿hay acaso otra educación especial? ¿Cómo salir de ese encierro, de esa trampa, de esa tortura que nos imponen al hablar siempre de educabilidad/ ineducabilidad, de exclusión/inclusión, oralidad/gestualidad y todo ese repertorio inagotable de binarismos sin sujetos? (Nuria Pérez de Lara, 1998).

Si las cuestiones de espacialidad y temporalidad, de identidad y de diferencia política y poética, en fin, de la producción de la alteridad deficiente estuvieron prácticamente ausentes y fueron taxativamente ignoradas en la educación especial, el hecho de ser ellas centrales para este nuevo territorio de debate ¿produce

---

de aquello que naturalizamos como el otro deficiente. El origen de los *DS* está íntimamente relacionado con el surgimiento de los Estudios Culturales –que, siguiendo con la lógica de la aclaración anterior, no se trata de Estudios sobre la Cultura–; o con los Estudios de Género –que no son Estudios sobre la Mujer–; o con los Estudios Negros –que no son Estudios sobre los Negros–; o con los Estudios Sordos –que no son Estudios sobre Sordos–, etc. Y hay que aclarar rápidamente que no hay aquí un *DS* sino varios *DS*, así como no hay un "Estudios Culturales" sino diferentes tradiciones, muchas de ellas incluso contrastantes, como por ejemplo aquella de tradición anglo-sajona o aquella de inspiración pos-estructuralista, etc. (véase, para esta última cuestión, entre otros: Alfredo Veiga-Neito & Maria Lúcia Wortman: *Estudos Culturais da Ciência e da Educação*. Belo Horizonte: Editora Autêntica, 2001; Marisa Costa (Org.) *Estudos Culturais em educação: mídia, arquitetura, brinquedo, biologia, literatura, cinema*. Porto Alegre: Ed. Universidade, UFRGS, 2000; y en Tomaz Tadeu da Silva (Org.) *O que é, afinal, Estudos Culturais?* Belo Horizonte: Editora Autêntica, 2000.

entonces una explosión o una implosión u "otra" disciplina, otro campo de estudios, otra mirada?

Creo que, como ya lo planteé en otros escritos,[48] y a pesar de posibles y rápidos parentescos entre alteridad deficiente y educación especial, la aproximación al tema que aquí me propongo está determinada por otro tipo de pensamiento epistemológico, es decir, por otra forma de entender las relaciones entre saber y poder. Una epistemología –sobre todo del cuerpo– que hace referencia tal vez a otros problemas o que los invierte, que habla de otras fronteras, otros sujetos, otras imágenes de la alteridad, otros discursos, otras prácticas y, quizás, otro conjunto de experiencias –vividas y pensadas– en relación con esa alteridad.

Por otro lado, aquello que ha dado en llamarse educación especial –con sus viejos y con sus nuevos maquillajes– no tiene por qué ser el *locus* privilegiado u obligatoriamente único donde volver a mirar bien la cuestión de la alteridad deficiente.

Y dejo explícita, en este sentido, la idea de que la educación especial es antes más que nada la fabricación de un conjunto de dispositivos, tecnologías y técnicas que se orientan hacia una normalización –inventada– de un otro –también inventado– como otro deficiente. Por ello McLaren (1997b: 168) nos recuerda el tipo de interpretación dominante, esto es, los significados culturales que regulan el discurso de la deficiencia y de la educación especial, afirmando que:

> *El funcionamiento de las políticas de significación (...) lo podemos ver en la educación especial, en la que una gran proporción de estudiantes negros y latinos se considera que presentan "problemas de conducta", mientras que a la mayor parte de los estudiantes blancos de clase media se les proporciona la cómoda etiqueta de tener "problemas de aprendizaje".*

Es cierto que la historia de la educación especial no ha podido desvincularse nunca *"de su relación con los saberes médicos y psiquiátricos"* (Pérez de Lara, op. cit.: 24); es cierto que es heredera de aquello que Foucault llamó "gran encierro" y que produjo ella misma *"pequeños grandes encierros o internamientos por categorías"* (ibídem); es cierto que ha sido gobernada por injerencias médicas, religiosas, benéficas; es cierto que se ha cimentado en un supuesto orden natural de significados que localizan a la alteridad deficiente en una férrea continuidad discursiva: individuos deficientes / otros individuos deficientes / anormalización / medicalización / institucionalización / segregación / exclusión / corrección / normalización / inclusión, etc.; es cierto que se ha fundamentado en una lógica

---

48 Por ejemplo en: *Educação & Exclusão: Abordagens sócio-antropológicas em educação especial*. Porto Alegre: Editora Mediação, 1997; "La epistemología de la educación especial". Entrevista de Violeta Guyot, en: M. Divito (Comp.) *Debates Actuales en Educación Especial*, San Luis, año III, n. 13, 19-38, 1998; y en *La invención y la exclusión de la alteridad deficiente desde los significados de la normalidad*. Buenos Aires: Propuesta Educativa, año 10, número 22, 34-40, Junio 2000.

particular de oposiciones binarias tales como, por ejemplo: normalidad/anormalidad, educación/reeducación, salud/enfermedad, eficiencia/deficiencia, inclusión/exclusión, mayoría/minoría, oralidad/gestualidad, etc.; es cierto que produjo o bien conformaciones grupales obligatorias entre sujetos con experiencias disímiles o bien fragmentaciones forzadas en grupos de sujetos con experiencias semejantes.

Pero creo que lo que ha de ser subrayado aquí es el posible entendimiento de la educación especial como una espacialidad colonial –que no supone, claro está, que la alteridad deficiente sea sólo y tan sólo una alteridad colonizada–: el lugar en el mundo de esos otros deficientes ha sido permanentemente relacionado y confundido con su lugar institucional, y el lugar institucional fue frecuentemente profanado por la perversidad de pensarlo todo en términos de inclusión y exclusión.

Sin embargo, la educación especial y la alteridad deficiente no se constituyen necesariamente como reciprocidad, dominio y/o simetría, pero comparten un mismo problema: ambos han sido y son todavía tratados como tópicos básicamente sub-teóricos. Y ello ocurre, curiosamente, en una época donde los acontecimientos más triviales y superfluos, como el dormir, hacer dieta, usar aros, mirar al vacío, o comprar objetos inservibles, están siendo hiper-teorizados.

En virtud de esa sub-teorización, consecuencia de una tradición histórica de control del sujeto deficiente por expertos y especialistas, es que la población general no vislumbra la conexión posible entre la alteridad deficiente y su status quo, del mismo modo en que muchos están comprendiendo hoy, por ejemplo, las estructuras contemporáneas de poder y conocimiento.

La presunción de que la deficiencia es, simplemente, un hecho biológico y con características universales, debería ser, una vez más, problematizada epistemológicamente: comprender el discurso de la deficiencia, para luego revelar que el objeto de ese discurso no es la persona que está en una silla de ruedas o aquella que usa una prótesis auditiva, o aquella que no aprende según el ritmo y la forma como la norma espera, si no los procesos históricos, culturales, sociales y económicos que regulan y controlan el modo a través del cual son pensados e inventados los cuerpos, las mentes, el lenguaje, la sexualidad de los otros. Para expresarlo aun más contundentemente: la deficiencia no es una cuestión biológica sino una retórica cultural. La deficiencia no es un problema de los deficientes y/o de sus familias y/o de los especialistas. La deficiencia está relacionada con la idea misma de la normalidad y con su historicidad.

Hasta hace relativamente poco tiempo los sujetos de la educación especial fueron narrados, juzgados, pensados y producidos por los profesionales que trabajan con ellos, como objetos de estudio dentro de un discurso de control (Foucault, 1966). Esa práctica, férreamente medicalizada y orientada para el cuidado y el tratamiento de los cuerpos y de las mentes ineficientes sirvió a su propósito institucional de frontera de inclusión/exclusión, educabilidad/ineducabilidad y normalidad/anormalidad, pero fracasó en la comprensión y justificación de su propia historia, sus saberes, mediaciones y mecanismos de poder.

La educación especial conserva para sí una mirada iluminista sobre la identidad de la alteridad deficiente, es decir, se vale de las oposiciones de normalidad/anormalidad, de racionalidad/irracionalidad y de completud/incompletud, como elementos centrales en la producción de discursos y prácticas pedagógicas. Los sujetos son homogeneizados, infantilizados y, al mismo tiempo, naturalizados, valiéndose de representaciones sobre aquello que está faltando en sus cuerpos, en sus mentes, en su lenguaje, etc.

De este modo, un cierto tipo de colonialidad y neo-colonialidad se hace vigente por dentro y por fuera de la educación especial, a través de discursos y de prácticas normativas que se refieren, por ejemplo, a los sujetos con ausencia de lenguaje, inteligencia primitiva, inmadurez afectiva y cognitiva, con comportamientos agresivos y peligrosos, de ritmos lentos de aprendizaje, labilidad emocional, dificultades en el establecimiento de relaciones interpersonales, etc.

¿Podrá el lector discernir, más allá de los títulos y de las apariencias, entre los textos de los colonialistas europeos que se refieren a la naturaleza de los africanos o de las tribus indígenas o de los hispanos, y aquellos tratados que pretenden una psicología de la sordera o que versan sobre la inteligencia de los deficientes mentales o acerca de la incomunicación de los autistas? ¿O acaso ese paternalismo forma parte y es indisociable de un discurso y una práctica colonial común? (Lane, 1992).

Foucault (2000, op. cit.: 29) observó detenida y detalladamente este proceso, analizando el discurso de los textos de las pericias judiciales en el transcurso de la segunda mitad del siglo XX:

> *Son las nociones que encontramos constantemente en toda esta serie de textos: "inmadurez psicológica", "personalidad poco estructurada", "mala apreciación de lo real" (...) "profundo desequilibrio afectivo", "serias perturbaciones emocionales".*

La cuestión no es reproducir hasta el hartazgo la inventiva de los peritos, o de los colonialistas europeos o de los psicólogos de la sordera, etc., sino preguntarse –como de hecho lo hace el mismo Foucault–: ¿cuál es su función? ¿y para qué sirven?:

> *En primer lugar, repetir tautológicamente la infracción para inscribirla y construirla como rasgo individual (...) En segundo lugar, estas series de nociones tienen por función desplazar el nivel de realidad de la infracción, porque lo que esas conductas infringen no es la ley, ya que ninguna ley impide estar efectivamente desequilibrado, ninguna ley impide tener perturbaciones emocionales, ninguna ley impide siquiera tener un orgullo pervertido y no hay medidas legales contra el erostratismo (...) Son calificaciones morales (...) Son además reglas éticas.*

Si bien es cierto que en la actualidad la epistemología tradicional de la educación especial cedió espacio a algunas representaciones sociales de las identidades de la alteridad deficiente, ella continúa siendo percibida en términos de totalidad, como un conjunto de sujetos homogéneos, centrados, estables, localizados en el mismo continuo discursivo. Así, el ser deficiente auditivo, el ser deficiente visual, el ser deficiente mental, constituyen todavía la matriz representacional, la raíz del significado identitario, la fuente única de caracterización –biológica– de esos otros.

Los estudios denominados etnográficos en educación especial, que intentan quebrar la mirada microscópica focalizada sobre los individuos deficientes, para interpretar los escenarios familiares y educativos donde están localizados, continúan reproduciendo la sospecha de que hay algo equivocado en ellos, algo equivocado que merece y debe ser investigado: su sexualidad, su lenguaje, sus hábitos alimenticios, sus juegos, sus estrategias de pensar, de razonar, sus formas de sentir, de querer, de desear, etc. En este sentido, dice Owen Wrigley (1997:72):

> *La visión clásica de la etnografía presupone un explorador que entra en una cultura o espacio extraño y que retorna con narrativas auténticas, las cuales dan autenticidad a la autoridad de quien cuenta y a las posiciones del "nosotros original" –el imperio, la comunidad, o la academia, que son el público– para dar validez a las verdades empíricas. La economía es una de las identificaciones de las narrativas contadas como evidencia de verdad, una autenticidad auto-referencial. Para completar este cuadro eufórico: esta historia tiene más que ver con un retorno del explorador con historias para decir de cómo el "nosotros original" habla sobre aquellos que presumimos disponibles para ser explorados. Es una etnografía de la investigación dominante ....*

Por ello, el camino que va desde la normativa de la medicina hasta la curiosidad etnográfica en educación especial no conduce necesariamente a una ruptura de la hegemonía de lo normal –lo normal saludable, blanco, masculino, alfabetizado, etc.– Se trata, en la mayoría de los casos, de un mismo camino, de una misma lógica, de un mismo territorio representacional, de una mirada idéntica.

Pues la medicalización no es, en principio, una práctica y un discurso que derivan directamente de la medicina y que se relacionan con el progreso inevitable de su ciencia. Ella se ha infiltrado de una forma muy grosera, pero también muy sutil, en otras disciplinas del conocimiento, gobernándolas, debilitándolas, descaracterizándolas hasta producir su auto-justificación.

Y en esa infiltración hay una alianza a ser desvelada: el de la pedagogía correctiva con la medicalización o, si se quiere, el de la hegemonía del modelo de la deficiencia en la educación especial. A partir de esa alianza los esfuerzos pedagógicos deben permanentemente someterse, subordinarse a una potencial y quimérica cura de las deficiencias. El cuestionamiento implícito a esta concepción es el siguiente: las diferencias se apagan cuando se acaban las deficiencias. Así, el Hombre sería Hombre se no fuese sordo, ciego, negro, homosexual, indígena, etc. Sin embargo, esta suerte de ontología de la medicalización puede ser fácilmente contestada a partir de una antigua pero aún vigente explicación de Bernard Mottez (1977): no existe ninguna relación entre la deficiencia y las consecuencias sociales, pues éstas dependen de los significados políticos en torno de las diferencias que circulan en la cultura. Más aun: cuanto mayor es la obstinación contra las deficiencias más se inventa, perturba y anormaliza a la alteridad deficiente.

Es evidente que existe una práctica de medicalización directamente orientada para el cuerpo (del) deficiente, pero existe, sobre todo, una medicalización de su vida cotidiana, de la pedagogía, de la escolarización, de su sexualidad, de la vida y de la muerte del otro deficiente. En este sentido, Álvarez-Uría (1997, op. cit.: 105) señala que:

> *En la definición de la normalidad los exámenes periciales sobre los denominados niños anormales y, correlativamente, las instituciones de educación especial, han jugado un importante papel de bisagra. Históricamente la infancia anormal aparece como el eslabón perdido entre las grandes patologías del siglo XIX y la actual extensión del psico-control. Aun más (...) la educación especial, que comenzó ocupando en un primer momento una posición secundaria y marginal en relación a la pedagogía de la infancia, terminó por triunfar y por transformar todo el ámbito de la pedagogía escolar.*

Como ideología dominante, la medicalización creó un sentido común y complicidades dentro y fuera de su ámbito específico. Una de esas estrategias fue la de encapsular la pedagogía, obsesionándola con la corrección y, particularmente en estas últimas décadas, aventurando, prometiendo y experimentando la "solución final" de las deficiencias.

La alianza de la medicalización con la caridad y la beneficencia también constituye un proceso complejo y multifacético. Se trata de la legitimidad moral con que la actividad misionaria y el auxilio caritativo son aceptados como respuestas válidas en educación especial, con el objetivo de humanizar, naturalizar y normalizar a la alteridad deficiente.

Las normas y los valores sobre cuerpos y mentes completos, auto-suficientes, disciplinados y bellos, constituyen el punto de partida de los discursos, de las prácticas y de la organización de las instituciones de educación especial. Por lo general la norma tiende a ser implícita, casi que invisible, y es ese carácter de invisibilidad lo que la hace incuestionable.

El ejemplo de los sordos es, en este sentido, particularmente ilustrativo: para la mayoría de los oyentes la sordera representa una pérdida de la comunicación, un prototipo de auto-exclusión, de soledad, de silencio, oscuridad y aislamiento. En nombre de esas representaciones, construidas casi siempre desde la religiosidad, se han practicado y se practican las más inconcebibles formas de control: la violenta obsesión por hacerlos hablar; el localizar en la oralidad el eje único y esencial del proyecto pedagógico; la tendencia a preparar a los sordos jóvenes y adultos como mano de obra barata; la formación paramédica y religiosa de los maestros; la prohibición de utilizar la lengua de señas y su persecución y vigilancia en todos los lugares de una buena parte de las instituciones especiales; la ausencia de la lengua de señas en la escolaridad común; el desmembramiento, la disociación, la separación, la fractura comunitaria entre niños y adultos sordos; etc.

Sin embargo, y como afirma Pérez de Lara (op. cit.: 214) hay una escisión entre la racionalidad técnica de la educación especial y el conocimiento derivado de la experiencia subjetiva. Y es allí donde debemos volver a mirar bien:

> *La Educación Especial (...) aceptaba la parcelación de ese sujeto humano, cate-gorizando a sus sujetos según las deficiencias de que eran portadores —deficientes psíquicos, que proponen sus límites frente a la razón que define al sujeto humano moderno; deficientes sensoriales, los sordos, que proponen sus límites frente a la palabra, lenguaje fundamental que libera a ese sujeto humano comunicándole con el otro y con el pensamiento racional o los ciegos, que proponen sus límites frente a la distancia que la mirada permite en esa comunicación; deficientes físicos, que evidencian sus límites para el dominio del espacio y del tiempo necesarios en su actividad productiva ...— y, a la vez, aceptaba como humanos a todos ellos ya que siempre era posible, desarrollar el "resto", de razón, de palabra o de mirada que en cada uno quedara.*

En la introducción a *The Disability Studies Reader* (1997) Lennard Davis inaugura nuevos sentidos sobre la temática de la alteridad deficiente; pero no porque antes nada se haya escrito sobre esa cuestión,[49] sino porque, a mi juicio, se trata de una original aproximación política y cultural, realizada a través de una complejidad teórica tal vez semejante a aquella con que se han desarrollado, particularmente en las últimas dos décadas, los estudios de género, raza, sexua-lidad, género, edad, religión, etnia, etc.

La primera cuestión que aborda Davies es, justamente, la de la inversión epistemológica del problema de la "deficiencia". Y lo hace a través de una triple operación: en primer lugar, sugiriendo que la alteridad deficiente ha sido aisla-da, oprimida, encarcelada, observada, etc.; que se ha escrito sobre ella, se la ha intervenido quirúrgicamente, instruido, implantado chips, regulado, institucio-nalizado, reprimido y controlado hasta tal punto, que la experiencia resultante

---

49 Davis señala, en este sentido, la existencia de innumerables trabajos orientados hacia la cuestión del cuerpo y del poder, que bien pueden constituir la base de la propia historia de los *Disability Studies*, como por ejemplo: Erving Goffman —en relación a la institución del manicomio y al proceso de estigmatización—, Susan Sontag —sobre las metáforas de la enfermedad—, Michel Foucault —acerca de la locura, la sexualidad, la anormalidad, etc.—, Jacques Derrida —en torno de la ceguera—, Mikhail Bakthin —sobre la cuestión de lo grotesco—, entre muchos otros trabajos.

puede ser bien comparada –pero nunca igualada– a la de otros grupos también representados, es decir mirados, como siendo minoritarios. Pero aquí vale una aclaración, pues no se trata de conformarse con la comprensión de que la alteridad deficiente *también* es una minoría. La cuestión está en otro lado, en otra dimensión de análisis: que la alteridad deficiente sea una minoría puede traer como consecuencia una rápida justificativa en torno de su opresión, de su marginación, de su exclusión –y, por lo tanto, de su inclusión–. Lo que aquí está en juego es que el otro deficiente es producto de una fabricación de la normalidad, esto es, producto de un proceso histórico de alterización que acaba por confundir al otro con la invención que de ese otro se ha hecho. En todo caso, la descripción de que existe un ser otro deficiente sojuzgado, oprimido, violentado, etc., es sólo una parte del problema, y no estoy tan seguro que sea la parte más importante.

En segundo lugar, Davis señala hacia otro elemento también significativo: el aislamiento que este tipo de estudios sufre, desde su mismo origen, en relación a otros estudios que pudiéramos considerar similares. Y puede parecer obvio que la causa de este aislamiento es la misma que determina el aislamiento de la alteridad deficiente y de sus instituciones: el discurso y la práctica –hegemónica y dominante– de la normalidad, de lo normal. De hecho, existen poquísimos discursos y prácticas que "incluyan" la cuestión de la deficiencia en un contexto cultural, político y de subjetividad más amplio, como así también son mínimos los que se proponen –y consiguen– representar la alteridad deficiente más allá de un cuerpo, o de una parte del cuerpo, dañada, ineficiente, deteriorada, vaciada, inerme e inerte; en otras palabras: se trata por lo general de un cuerpo sin sujeto y, también, de un cuerpo sin sexualidad, sin género, sin edad, sin clases sociales, sin religión, sin ciudadanía, sin edad, sin generaciones, etc.

Es preciso volver a mirar bien y problematizar aquello que ha sido insuficientemente problematizado en esta área: la producción de un espacio colonial, e incluso hoy multicultural, en relación a los individuos, sujetos y comunidades representadas como formando parte de la alteridad deficiente. Pues el intento por construir un espacio descolonizado, que anule los efectos del colonialismo no es una tarea simple, en virtud de la omnipresencia del discurso o funciones textuales coloniales, o neo-coloniales. Para Carbonell i Cortés (1998, op. cit.) se hace necesaria la revisión de la historia, la literatura y la filosofía desde perspectivas probablemente no dominantes.

Hacer del espacio colonial en relación a la alteridad deficiente el foco de nuestra discusión, significa poner en suspenso, dudar de las estrategias y representaciones de normatización y normalización –esto es, la creación de lo normal oyente, lo normal inteligente, lo normal corporal, lo normal lingüístico, etc. y el proceso de atracción/presión hacia la norma– y desconfiar de la sustracción de las voces de la alteridad deficiente por parte de los especialistas; significa, en síntesis, invertir aquello que fue siempre considerado como el/los problemas –el/

los "problema/s" de los sordos, el/los "problema/s" de los deficientes mentales, el/los "problema/s" de los ciegos, etc.–; en síntesis, un análisis que cuestione aquello que es y ha sido considerado lo habitual, lo obvio en un momento y un espacio histórico/político determinado.

Me parece interesante aclarar e insistir en este punto en especial. Para la educación especial, por ejemplo, la lengua de señas de los sordos es y ha sido un problema, cuando en verdad aquello que es problemático debe ser más bien el discurso hegemónico que circula en torno de la oralidad, de la lengua oral. La pregunta es: ¿por qué esta modalidad ha sido sobrevalorizada? ¿Cuáles procesos sociales, históricos, políticos y culturales, hicieron de ella el objetivo excluyente en la educación de los sordos? Y lo mismo podría decirse en relación a todas las cuestiones centradas en los problemas de las identidades "deficientes", las comunidades "marginales", etc. Aquello que debe ser problematizado es la suposición de la existencia de una identidad homogénea, una comunidad hermética. Incluso, para generalizar estos ejemplos hacia otros campos de la educación especial, pensemos en como se ha problematizado la cuestión de la inteligencia limitada de los deficientes mentales, o su sexualidad, o su memoria, o su personalidad, o su cuerpo: ¿por qué, todos esos aspectos, fueron puestos en tela de juicio, institucionalizados, controlados, condenados, vigilados, medicalizados, etc.?

Pero si problematizáramos o invirtiésemos esta lógica habitual podríamos decir que aquello considerado negativo –la anormalidad, lo anormal, en este caso– no está en un sujeto que es entendido como portador de un atributo esencialista: lo negativo es aquello que irrumpe para dislocar y desestabilizar la aparente normalidad (Duschatzky y Skliar, 2000, op. cit.).

Y, por último, no hay aquí nada que suponga la existencia de un otro deficiente en sí mismo, reductible, transparente, nominable. Se trata, eso sí, de cómo esa alteridad fue y es inventada, producida, traducida, gobernada; en síntesis, se está mencionando la colonialidad y la colonización en el proceso de producción de una alteridad específica. Se habla de la invención del sujeto y no del sujeto. Se habla de la fabricación de un cuerpo y no del cuerpo.

Y es justamente en las cuestiones de representaciones del cuerpo donde encontramos, de una manera ostensible, una de las justificativas, a mi juicio la más importante, por las cuales los *DS* se vuelven significativos y que podemos sintetizar en las siguientes preguntas: ¿Qué es más representativo de la condición humana que el/los cuerpo/s, sus temporalidades y espacialidades? ¿Por qué el cuerpo, por qué los cuerpos –en sus diferentes "versiones" y construcciones– no pueden transformarse y ser, entonces, una cuestión central en la comprensión de esa condición? ¿Por qué no puede ser crucial indagar las formas acerca de cómo los cuerpos, en sus variaciones, han sido y son normalizados, anormalizados, metaforizados, formados y deformados, tratados y maltratados, vigilados, silenciados, aprisionados, excluidos e incluidos, etc.?

Estas preguntas tienden a desestabilizar una antigua creencia arraigada no sólo en las personas que, en apariencia, nada tienen que ver con el tema en cuestión, sino también en muchos de aquellos que "trabajan" con la alteridad deficiente, y que puede plantearse de la siguiente forma: la cuestión de la deficiencia es una cuestión sobre-entendida, simple, una experiencia regular y de algún modo "natural". Pero ¿por qué la alteridad deficiente y la deficiencia es algo tan simple de entender? ¿Por qué, desde la normalidad, se habla casi exclusivamente de soluciones voluntarias, anécdotas personales, imágenes de películas,[50] actitudes de misericordia –tanto hacia la alteridad como hacia los "profesionales de la alteridad"–, sentidos faltantes, cierta simpatía y al mismo tiempo pena, aflicción, misericordia? O bien, como se interroga Davies (op. cit.: 2): *"¿cómo es que puede existir complejidad, interés intelectual, relevancia política, significados culturales, en relación a un sentido faltante o una deficiencia crónica?"*.

Si comprendiésemos cabalmente ese conjunto de preguntas, queda claro que los *DS* no son, no pueden ser, una colección acerca de cómo la gente *percibe* y (se) *siente* en relación con la deficiencia, o tratarse de una confesión de cargo y culpa, acaso sensitiva y visceral, sobre cómo los deficientes fueron representados por los "profesionales administradores de la normalidad", ni mucho menos una lectura "heroica", o "épica", o "elegíaca" sobre sus vidas y la de sus familias –y, también por curiosa añadidura, las vidas de los especialistas y de sus familias–.

Para Davies los *DS* son, al mismo tiempo, un campo de conocimiento y de investigación y un área de actividad política y cultural, que incluye las perspectivas y las voces de la propia alteridad deficiente. Pero esas voces y esas perspectivas no son ni deberían ser vistas como las historias reprimidas de los excluidos, ni como verdades esenciales a salvo de todo proceso colonial. El acto de ensamblar el cuerpo de conocimiento propio de la alteridad deficiente como opuesta a aquella escrita por la comunidad "normal", es parte de un proceso creciente que incluye acciones políticas, educativas, laborales, legislativas, de los medios de comunicación, etc. Esta duplicidad redundaría, a mi entender, en una cuestión crucial: el esfuerzo de construcción de una nueva y diferente localización de la *espacialidad y temporalidad* de la alteridad deficiente dentro de contextos culturales, políticos, sociales, filosóficos y poéticos más amplios.

Al mismo tiempo, y aunque parezca menos evidente, debería suponer también un intento por descontruir esa espacialidad y temporalidad, tan natural como naturalizada, que se instala dentro de contextos rígidos de medicalización, corrección, caridad y beneficiencia, donde la alteridad deficiente es habitualmen-

---

50 En relación a las películas que tratan acerca/sobre/por la alteridad deficiente, digamos que parecen ser necesarias para que algún actor/atriz importante sea "oscarizable" (Richard Gere en *Mister Jones*, Dustin Hoffman en *Rain Man*, Harrison Ford en *A propósito de Henry*, Robert de Niro en *Despertares*, Jodie Foster en *Mentes que brillan*, Daniel Day-Lewis en *Mi pie izquierdo*, William Hurt en *Te amaré en silencio*, etc. y, más recientemente, Sean Penn en *Yo soy Sam* y Russell Crowe en *A beatiful mind*).

te posicionada, des-posicionada y re-posicionada en términos de cuerpo dócil, entrenable –y no menciono aquí, por razones más que evidentes, la expresión: *cuerpos útiles*–.

Sin embargo, debo destacar que esta propuesta de estudios, como apenas esbocé anteriormente, no puede ser comprendida como una alternativa de aplicabilidad o en un modelo conceptual en oposición al llamado modelo de la "deficiencia". No hay, en este sentido, algo así como un modelo biológico y un modelo cultural de la deficiencia; es más, toda comprensión que tome ese rumbo cometerá por lo menos dos errores: primero, el de homologar la idea de "modelo" a la idea de "representaciones" o de "miradas"; segundo, y más importante aun, el de continuar reproduciendo la disputa de formas oposicionales teóricas, de binarismos donde el otro queda sujeto, aprisionado, dependiente del vaivén "conceptual" de la mismidad normal y normalizadora.

Por lo tanto: no hay algo así como el "deficiente" o la "deficiencia".

Hay, eso sí, el poder y el saber de la invención de una norma.

Hay, eso sí, la fabricación de la deficiencia.

Y hay un otro antagónico, cuyo cuerpo, cuya mente, cuya lengua no sólo rehuye de la norma, como bien quisiéramos, sino que al hacerlo deja de referirse a la norma, no habla de ella, no piensa en ella, no sueña con ella, no se mueve por ella, no vive ni se desvive por ella.

Un otro irreductible que se aleja de la norma y que deja como testamento un enjuiciamiento voraz hacia la normalidad.

— II —

El otro deficiente ha sido inventado en términos de una alteridad maléfica, de una negativización de su cuerpo, de una robotización de su mente. Pero no vamos a hablar, otra vez, sobre el maleficio de su cuerpo sino sobre esa maléfica invención: la construcción de la normalidad.

Y si bien parece ser cierto que vivimos en un mundo de normas y que no hay nada que podamos *hacer al respecto*, debemos entender que las normas son producto de una larga historia de invenciones, producciones y de traducciones del otro deficiente, del otro anormal, etc. Una larga historia que, por lo general, omitimos, ignoramos, nos desentendemos o bien hacemos de ella un simple juego de ficción de roles, una simulación del otro.

Porque el hecho de hablar hasta el infinito y de repetirnos aun más sobre la existencia natural de las normas –psicológicas, pedagógicas, psicopedagógicas, psiquiátricas, institucionales, etc.– no nos ha permitido entender absolutamente nada acerca del *cuerpo deficiente*. O lo que es peor todavía: de tanto concentrarnos en las normas ni siquiera hemos visto allí un cuerpo, ni sus sexualidades, géneros, razas, edades, generaciones, religiones, clases sociales, etc.

Hemos capturado un cuerpo sin cuerpo. Hemos objetualizado el cuerpo del otro, aprisionado el objeto. Y el sujeto se ha vuelto escurridizo, serpenteante. Y cada vez que volvemos a intentar capturarlo, más antagónico se vuelve su cuerpo.

Y esto parece ocurrir pues al hablar de las normas y de la alteridad deficiente, anormal, no estamos ni siquiera mencionando aquello que debería colocarse bajo sospecha en primer lugar: la cuestión del *cuerpo normal*.

Es cierto: mucho se ha escrito y reproducido acerca de la deficiencia y muy poco sobre la alteridad deficiente. Mucho se ha narrado acerca de, sobre, desde, para, etc. la alteridad deficiente y nunca con ella. Porque el objeto de estudio –y nunca tan bien utilizada esta triste expresión– ha estado focalizado, obsesivamente, sobre aquello que pensamos es el sujeto deficiente (*la deficiencia es el deficiente y el deficiente es su deficiencia*).

Es verdad: parece que hablar de la raza supone o supuso, por antonomasia, referirse a los negros. Y que hablar de la deficiencia quiere decir, *ex nihilo*, enunciar de una vez a los deficientes. Pero así como hace tiempo al hablar de raza resulta más significativo referirse a la "blanquedad", así también ha llegado el tiempo de referirse, ostensiblemente, a la construcción misma de la normalidad y no a la tautológica explicación de la vida de los deficientes.

Normalidad y cuerpo normal, éste es el problema.

Norma: palabra latina que deriva del griego *όροos*, prefijo que dio origen a términos tales como: ortografía, ortopedia, ortodoxia, etc.

Norma: *"significado latino que demarca un arte de seguir preceptos y de corregir errores"* (De Souza & Skliar, 2000: 267).

Y el problema es que la normalidad y el cuerpo normal han sido construidos para, al mismo tiempo, crear el problema del otro deficiente.

Y hay una concepción liberal que nos obliga a mirar la norma como algo que ha estado allí desde siempre. Siempre, en el sentido que la mismidad pareciera ser dueña un deseo tan natural como milenario de compararse, cotejarse, medirse, estudiarse. Siempre, porque la mismidad no desea otros espejos que los propios. Siempre, porque la mismidad quiebra los espejos que no le son propios.

Pero he aquí la primera equivocación o, al menos, una primera señal de alerta para no dejarnos convencer por la idea de que la norma siempre estuvo, efectiva e inevitablemente, allí. Porque: ¿Qué es allí, sino una espacialidad gobernada por lo mismo? ¿Que es allí, sino la propia estilización del yo que produce monstruos e inventa la necesidad de contenerlos, ejecutarlos, excluirlos, incluirlos, estimularlos, abandonarlos, medicalizarlos, embellecerlos, virtualizarlos, profanarlos, ironizarlos? Y sin salir de allí mismo: ¿acaso la constelación de palabras que nos parece tan universal y eterna –norma, normal, normalidad, normalización, anormalidad, anormal, etc.– estuvo siempre allí, disponible en las gramáticas y en los diccionarios de todas las lenguas, en cada lengua; pronunciada por todos los labios y todas las bocas de todos los hablantes?

Revisemos algunas imágenes de la construcción de la normalidad, de lo normal, de la norma, desde un pasado que vuelve, incesantemente, hasta el presente.

Sabemos o intuimos –y aquí no interesa tanto la diferencia entre una u otra palabra– que el proceso de alterización de la deficiencia fue construido e inventado junto con la industrialización y con un conjunto de prácticas y discursos que están indisolublemente vinculados con nociones tales como nacionalidad, raza, género, criminalidad, orientación sexual, etc. de finales de siglo XVIII y comienzos del siglo XIX (Foucault, 1997; 2000).

Y que fue sólo entonces cuando esa turbulencia de palabras comenzó a funcionar, diseminándose, dispersándose.

La palabra "normal" como *construcción, conformación de lo no desviante o forma diferente; el tipo común o standard, regular, usual* sólo aparece en lengua inglesa hacia 1840. La palabra "norma", en su sentido más moderno, de orden y de conciencia de orden, ha sido utilizada recién desde 1855, y "normalidad", "normalización" aparecen en 1849 y 1857, respectivamente (Davies, op. cit.).

Desde esta perspectiva, la palabra normal es, indudablemente, una invención de la modernidad: *"Una clase normativa conquistó el poder de identificar la función de las normas sociales con el uso que ella misma hacía de las normas, cuyo contenido determinaba"* (Canguilhem, 1995: 218).

Y no puede ser nada casual que la primera descripción que podemos encontrar en la literatura acerca de la norma en relación a un individuo de una población específica, se desarrolló en 1850 durante la diseminación de la idea de cuerpo normal. En *Madame Bovary* de Flaubert, se menciona la operación de una pierna equina del personaje encarnado por Hippolyte; una operación correctiva vista como una "novedad" y explicitada aun como un verdadero "progreso": *"Piensa* –le dice uno de los personajes de la novela a nuestro personaje– *qué puede pasar si eres llamado al ejército, y tienes que luchar bajo la bandera nacional"*. Los intereses nacionales y su vinculación con la productividad son, entonces, enfatizados, subrayados, resaltados. La figura de la operación quirúrgica es entendida como una forma de devolver Hippolyte al mundo de los humanos y de sustraerlo del mundo de los equinos –como la primera sílaba en francés de su nombre lo sugiere–.

Así, tener una deficiencia es ser un animal, es ser parte de los otros no-humanos. Un artículo de un periódico aparece después de la operación alabando el espíritu del progreso y, más aun, proclama: *"¿no es tiempo de proclamar que el ciego pueda ver, el sordo oír, el impedido caminar?"*. De todos modos, con un toque irónico de Flaubert, la pierna de Hippolyte se vuelve gangrenosa y tiene que ser amputada.

Como el trabajo de Flaubert ilustra algunos de los puntos anteriormente mencionados, es importante no pensar la novela como un mero ejemplo de cómo un desarrollo histórico se materializa en un texto particular. Más que ello, debería pensarse que hay una proficua relación a ser estudiada entre las novelas y las normas a través de los tiempos,[51] cuestión que retomaré al final de este capítulo.

Pero, claro está, con la modernidad se inaugura no sólo un tiempo de fabricación de la alteridad deficiente, sino la era de la producción del Otro en general. Así lo explica Baudrillard (2000: 113):

> No se trata ya de matarlo, devorarlo o seducirlo, ni de enfrentarlo o rivalizar con él, tampoco de amarlo u odiarlo; ahora, primero se trata de producirlo. El Otro ha dejado de ser un objeto de pasión para convertirse en un objeto de producción. ¿Podría ser que el Otro, en su alteridad radical o en su singularidad irreductible, se haya tornado peligroso o insoportable y por eso sea necesario exorcizar su seducción? ¿O será simplemente que la alteridad y la relación dual desaparecen progresivamente con el aumento en potencia de los valores individuales y la destrucción de los valores simbólicos?

El Otro generalizado a la vez que producido. El fin de la relación dual, del otro irreductible y singularmente radical. Ya no se lo ama ni se lo odia: simplemente se trata de producirlo en sus más mínimos detalles.

Entonces: ¿qué era ese otro deficiente, esa alteridad, antes de su producción? ¿Acaso podemos suponer que hasta entonces aquello que las personas decían, representaban y miraban era a través de significados semejantes a los que circulan hoy o, al menos, dueños de la misma intencionalidad de descripción/delegación y de visibilidad/invisibilidad?

Pensemos, por ejemplo, en un antecedente lejano e insondeable en sus significaciones actuales: la noción del ideal, de lo ideal. Y recordemos, entonces, la tradición de la Venus desnuda, es decir, la de un mito poético que deifica un cuerpo y lo ofrece para el mirar de todos, para el placer de todos. Un cuerpo divino. Un cuerpo ideal. Un cuerpo artístico. Un cuerpo construido a partir de modelos humanos, concretos, vivos; pero de modelos que nunca encarnan el ideal, pues el ideal no representa algo de este mundo, no está en este mundo, no es de este mundo. Representa, está y es del mundo de la mitología y, más aun, por lo general, de una mitología divina.

Lo mismo podemos decir de la creación de la figura ideal de Afrodita en las pinturas de los artistas griegos (Davies, op. cit.: 17): alguna mujer de carne y hueso ofrecía su rostro o parte de su rostro; otra ofrendaba sus senos; otra sus

---

51 La cuestión de la relación entre norma y literatura está muy bien documentada, como por ejemplo en: Alan Gartner & Tom Joe (Eds.) *Images of the Disabled, Disabling Images*. New York: Praeger, 1987; y en Michelle Fine & Adrianne Asch (Eds.) *Women with Disabilities: essays in Psychology, Culture and Politics*. Philadelphia: Temple University Press, 1988.

brazos, etc. Lo humano como construcción de la belleza; fragmentos y retazos de humanos que componían así el ideal, lo ideal.

Así, cuando en una determinada cultura se sugiere una forma ideal de cuerpo –de cuerpo divino– todos los sujetos, absolutamente todos sin excepción, permanecen alrededor de ese ideal. Ni por encima, ni por abajo, ni en el medio: alrededor. Porque el ideal, reitero, no es humano ni corresponde a este mundo. Nadie tiene el cuerpo ideal, ni nadie busca el cuerpo ideal; pero nadie aprisiona, sujeta, presiona o gobierna el cuerpo anormal, pues éste, sencillamente, no existe.

¿Acaso por entonces lo contrario de lo ideal era lo anormal, lo deficiente, lo insuficiente, lo patológico, etc.? ¿Había en otro lugar, en otra espacialidad, que no fuera lo ideal?

Davies señala que el contraste de lo ideal provenía de otra representación, de otra mirada, de otro término: el significado de lo "grotesco". Lo grotesco es, ante todo, una forma visual que supone que todos los cuerpos humanos son, de algún modo, no-ideales, no-divinos, no-bellos; un significado que se relacionaba por entonces con lo cotidiano, con las gentes, con la vida en común, con el sujeto de carne y hueso y no con las deficiencias y/o los deficientes, no con las anormalidades y/o los anormales:

> De todas formas lo grotesco no era equivalente a lo deficiente, desde que, por ejemplo, es imposible pensar acerca de personas con deficiencia siendo utilizadas ahora como decoraciones arquitectónicas como lo grotesco fue en las molduras de las catedrales en Europa. Lo grotesco permeaba la cultura y tenía como significado el de la humanidad común, mientras que el cuerpo deficiente, un concepto más tardío, fue formulado como una definición excluyente de la cultura, de la sociedad, de la norma (ibídem: 21).

La norma, la normalidad. De eso se trata. De eso se trataba en las lenguas europeas del siglo XIX. Del impacto que se produjo en ellas y que se diseminó como un huracán a partir de un cierto tipo de conocimiento –el conocimiento estadístico, la estadística– pero, bastante antes, a partir de ciertas y novedosas estrategias de poder: el biopoder y el poder disciplinar (Foucault, 1997: 30 y siguientes).

La idea de biopoder torna explícita la representación de que para administrar la vida de los individuos se hace necesario actuar sobre las poblaciones. Este poder sobre la vida, sobre lo vivo, parece desarrollarse en dos direcciones complementarias a partir del siglo XVII: por un lado la del cuerpo-máquina y, por otro, la de cuerpo especie.

El cuerpo-máquina es entrenado, reforzado, integrado en sistemas de control; sistemas que crean y legitiman la institucionalización de aquellas disciplinas cuya razón de ser es la obtención como producto de cuerpos tanto útiles como dóciles (Álvarez-Uria, 1997; Veiga Neto, 2000). El cuerpo-especie es la regulación de los procesos biológicos en escala poblacional. Un poder que comienza a ser utilizado "transversal y verticalmente" por las diferentes instituciones –familia, ejército, policía, medicina, escuela, etc.–.

Foucault, en su texto *Los Anormales* –op. cit., clase del 22 de enero de 1975– se propone realizar una arqueología de la anormalidad y sugiere que el anormal del siglo XIX es el descendiente directo de tres individuos particulares: el monstruo, el incorregible y el masturbador. Un anormal que va a seguir marcado por esa suerte de monstruosidad cada vez más difusa y diáfana, por esa incorregibilidad rectificable y cada vez más cercada por ciertos aparatos de rectificación.

Estas tres figuras se mantienen de algún modo separadas hasta el final del siglo XVIII y principios del XIX; allí parece producirse la emergencia de una tecnología de la anomalía humana, una tecnología directamente orientada hacia los individuos anormales y que reconoce como antecedente inmediato y necesario el establecimiento de una red de saberes y poderes que posibilita la confluencia de las tres figuras recién mencionadas en un único sistema de regularidades.

Antes de ello las tres figuras se mantienen por separado, en la medida en que los sistemas de poder y de saber a los que hacen referencia estaban distanciados unos de los otros. El monstruo humano, la primera de las figuras de la anomalía, tiene como marco de referencia la ley; la propia noción de monstruo es una noción jurídica, porque aquello que lo define es el hecho de que su existencia y su forma no sólo violenta las leyes de la sociedad sino también las leyes de la naturaleza. El surgimiento del monstruo constituye un dominio que puede ser denominado como jurídico-biológico: es un caso extremo, extraño, raro; es aquello que: *"combina lo imposible y lo prohibido"* (ibídem: 61). De hecho contradice la ley, pero en vez de recibir como respuesta posible otra ley será la violencia, la voluntad de suprimirlo o, por otro lado, serán los cuidados médicos o la argucia de la piedad las que respondan por ella.

El monstruo es, en la descripción de Foucault, la forma natural de la contranaturaleza, el gran modelo de las pequeñas diferencias, el principio de inteligibilidad de todas las formas de la anomalía. Y a lo largo de todo el siglo XIX va a plantearse el problema acerca de qué es lo que existe por detrás del monstruo humano: lo monstruoso que está por detrás de cada una de las pequeñas anomalías, detrás de cada una de las irregularidades y de cada una de las desviaciones. Y surgen así las más variadas técnicas judiciales y médicas. En los términos de Gil (2000: 173): *"Es por eso que las diferentes formas del Otro tienden hacia la monstruosidad: contrariamente al animal y a los dioses, el monstruo señala el límite 'interno' de la humanidad y del hombre"*.

Foucault relaciona esta figura –la anormalidad típica del siglo XIX y principios del siglo XX– con el principio de inteligibilidad, y sugiere que aquello que se encuentra en el fondo de los análisis de la anomalía del monstruo humano es, justamente, la inteligibilidad tautológica, es decir: *"(...) el principio de explicación que no remite más que a sí mismo"* (ibídem: 63).

Y son diferentes las concepciones del monstruo humano a través del tiempo: en la Edad Media hasta el siglo XVIII se puso en evidencia el hombre bestial, aquel que resulta de la mezcla de los reinos animal y humano, la mezcla de dos especies, la mezcla de dos individuos, la mezcla de dos sexos, la mezcla de la vida y la muerte, la mezcla de formas. Es una transgresión a las definiciones y clasificaciones, a la ley civil, religiosa o divina: *"Sólo hay monstruosidad donde el desorden de la ley toca, trastorna, inquieta el derecho, ya sea el derecho civil, el canónico o el religioso"* (ibídem: 67). Pues, como se pregunta Foucault: ¿si nace un monstruo, hay que considerar que ha nacido o que no ha nacido? Y también: ¿es humano o no lo es?

En el Renacimiento fue privilegiada una forma de monstruosidad en particular, tanto en la literatura como en los libros de medicina, de derecho y en los textos religiosos: se trata de los hermanos siameses, es decir, la representación de una figura ambigua, de un uno que es en verdad dos, de dos que son en verdad uno. En la edad clásica, parece ponerse en evidencia un tercer tipo de monstruo humano: el hermafrodita. El individuo a corregir es un personaje que aparece muy nítidamente en el siglo XVIII, más recientemente que el monstruo, y es al fin y al cabo un individuo específico de los siglos XVII y XVIII.

A diferencia del monstruo humano, que se rodea de un marco de referencia de la naturaleza y de la sociedad, el individuo a corregir encuentra un marco apropiado en la familia, en el ejercicio de su poder interno, o mejor aun, en la familia en su relación con las instituciones que la rodean y determinan. El individuo a corregir surge de ese juego, de ese conflicto, de ese sistema intrincado de apoyos que hay entre la familia y la escuela, la calle, el barrio, la iglesia, la policía, etc.

Su índice de frecuencia es mucho mayor que el del monstruo, y por ello es un fenómeno más bien corriente: es regular en su irregularidad. Y esto sucede porque se encuentra muy próximo a la regla, es una evidencia familiar, "no hay que dar pruebas". Lo incorregible posee ese carácter pues ya fracasaron todas las técnicas de domesticación familiares, a través de las cuales pudo ser corregido. Justamente por ello, el individuo a corregir es el individuo incorregible y en la medida en que es incorregible supone intervenciones específicas, una tecnología de la corrección, de la recuperación y, en síntesis, de la normalización. El incorregible expresa una suerte de tensión entre la incorregibilidad y la corregibilidad. Y es esa tensión la que sirve de soporte a todas las instituciones específicas para anormales que se desarrollan en el siglo XIX.

El otro como anormal. Su cuerpo, sus gestos y sus movimientos como anomalías.

El otro como un incorregible a corregir, a rectificar, a desmontar, a recuperar. ¿Se trata, entonces, de un otro que se desvanece entre las normas jurídicas y biológicas? ¿Un otro de una familia que le niega su familiaridad? ¿De una calle, de un barrio, de unas instituciones que lo observan, permanentemente, sin siquiera pestañear, sin dejarlo pestañear?

Dice Foucault (ibídem: 67): *"El incorregible (...) se refiere a un tipo de saber que en el siglo XVIII se va constituyendo lentamente: el que nace de las técnicas pedagógicas, de las técnicas de educación colectiva, de formación de aptitudes".*

Y es por ello que las instituciones correctivas que se desarrollan en los siglos XVI y XVII y que tenían el propósito de inmovilizar, aislar y transformar a los pobres y a los vagabundos, se transforman en instituciones que responden más bien a un ideal de orden racionalizado: tanto las cárceles como los manicomios cumplen un papel crucial para el mantenimiento del orden social y para la fabricación de sujetos normales. Álvarez-Uría (1997: 95) sostiene que se crean así dos tipos de narrativas de ficción indispensables para sostener y reproducir la invención de un cierto orden establecido: la ficción de la libertad –y por ello, la cárcel– y la ficción de la racionalidad –y, entonces, el manicomio–.

La intensa homología institucional entre el manicomio, el hospital, el cuartel, los orfelinatos, reformatorios, escuelas especiales, prisiones, etc. ha sido bien sintetizada por Goffman con el término *total institutions*, es decir, *instituciones totales* o, en la traducción de Robert Castel (1970) como *instituciones totalitarias,* y además en Álvarez-Uría (op. cit.: 97), en una interpretación más metafórica, *como archipiélagos de absolutismo.*

¿Qué son esas instituciones totales, totalitarias, archipiélagos de absolutismo? Goffman (citado por Álvarez-Uría, ibídem: 120) afirma que:

> *Una institución total puede definirse como un lugar de reincidencia y trabajo, donde un gran número de individuos en igual situación, aislados de la sociedad por un período apreciable de tiempo, comparte en su encierro una rutina diaria, administrada formalmente.*

El otro, anormal, encerrado, acorralado, agrupado sin grupo, aislado en el tiempo y en el espacio; el otro rutinario, que debe repetir siempre lo mismo, administrado, confinado en un espacio cerrado, psiquiatrizado:

> *La psiquiatría, en el tránsito del siglo XVIII al XIX, adquirió su autonomía y se revistió de tanto prestigio porque pudo inscribirse en el marco de una medicina concebida como reacción a los peligros inherentes al cuerpo social (....) Han podido discutir hasta el infinito acerca del origen orgánico o psíquico de las enfermedades mentales (...) proponer terapéuticas físicas o psicológicas (...) todos eran conscientes de tratar un "peligro" social, puesto que la locura estaba ligada, a su juicio, a condiciones malsanas de existencia (...) o era percibida como fuente de peligros (Foucault, 1990: 242).*

Las instituciones totalitarias van a marcar el ritmo y las pautas de las transformaciones que se operaron en buena parte de los países industrializados a fines del siglo XIX, con el objetivo de integrar ya no sólo a los socialmente peligrosos sino, en realidad, a la totalidad poblacional. Y la escuela pública, que surge en las últimas décadas del siglo XIX, se convierte en una espacialidad bien determinada y específica donde van a confluir los criminales, los dementes y los niños –quienes eran vistos como individuos próximos al mundo de lo animal, filogenéticamente hablando (Álvarez-Uría, op. cit.: 122)–.

De este modo, la infancia pasa a ser objeto de las tecnologías y dispositivos de normalización. Una normalización centrada en la infancia. Y una infancia que, quizá justamente por su propia institucionalización, comienza a desajustarse, a anormalizarse, a criminalizarse, etc. Para los anormales y los delincuentes fueron creados nuevos archipiélagos de absolutismo: el correccional y los institutos psicopedagógicos; fue allí entonces donde se produjo el desplazamiento del binomio autoridad-coerción para el de persuasión-manipulación.

El otro fue persuadido para dejar de ser otro.

Manipulado en cada uno de sus detalles para ir en pos de la mismidad.

El otro fue naturalizado como anormal.

Y la normalización fue naturalizada.

— III —

«Se va igualando todo. Y es así como se acaba todo: igualándose todo».

De acuerdo con Davies, la palabra *statisk* fue utilizada por vez primera en 1749 por Gottfried Achenwall, en el contexto de una compilación de informaciones sobre el Estado; y de allí parece haber migrado hacia el cuerpo cuando Bisset Hawkins definió la estadística médica en 1829 como *"la aplicación de números para ilustrar la historia natural de la salud y enfermedad"* (citado por Porter, 1986: 24).

Fue el estadístico francés Adolphe Quetelet quien contribuyó definitivamente para una noción generalizada e imperativa de la norma y de lo normal. Quetelet formuló el concepto de *l'homme moyen* –hombre medio–, afirmando que este hombre abstracto era el resultado de una media o de un promedio –*average*– de todo los atributos humanos en un país determinado. En relación a esta representación de hombre-medio, Quetelet escribió en 1835 (citado por Porter, op. cit.: 53): *"todas las cosas van a suceder o ocurrir en conformidad con los resultados medios obtenidos de una sociedad. Si queremos establecer, en algún modo, las bases de una física social, es él* –el hombre medio– *a quien debemos considerar"*.

Considerar al hombre-medio, a la mediocridad de lo que ocurre indefectiblemente, por obra y gracia de una nueva física social.

Pero esta idea de Quetelet sobre el hombre-medio no está construida, como tan naturalmente solemos aceptar, a partir de un sustrato sólo material, físico y objetivo, sino de una combinación más bien letal entre el *homme moyen physique* y el *homme moyen moral*, es decir, una mezcla matemática de construcciones tanto físicas como morales.

Las implicancias sociales de esta idea son cruciales: al formular la idea *del homme moyem*, Quetelet también proveyó una justificación para la existencia de las *clases moyens*. El hombre-medio, el cuerpo de un hombre en medio de la mediocridad, se vuelve el ejemplar prototípico de una forma "media" de vida social. Tal vez, como sugiere Davies, Quetelet fuera influenciado por el filósofo Victor Cousin al desarrollar una analogía entre la noción de hombre-medio y aquella de *juste milieu*, es decir, la medida justa. Y este término, a su vez, estaba emparentado con la monarquía de Luis Felipe, una monarquía que solía celebrar fastuosamente la moderación y la *medianidad*.

Homme moyen resulta un significado útil y necesario para desarrollar un tipo de ciencia que justifique, entonces, la propia noción de norma y de normal: el *hombre-average* se transformó en una especie de super-hombre, una tendencia ideal, anhelada, deseada, implorada. Pero, sobre todo, estableció una suerte de utopía de la norma asociada con el progreso: *"Uno de los principales actos de la civilización es comprender más y más los límites a través de los cuales los elementos diferentes referidos al hombre oscilan (...) La perfectibilidad de la especie humana se deriva como consecuencia necesaria de todas nuestras investigaciones. Defectos y monstruosidades desaparecen cada vez más del cuerpo"* (Porter, op. cit.: 57).

La perfectibilidad de la cual habla Quetelet resulta, como sugiere Dal Lago, de una notable afinidad entre criminología y estadística médica. No puede resultar extraño o casual el hecho que Quetelet propusiera entonces una acción social científicamente centrada en la educación, la asistencia a los pobres, la mejoría de las condiciones de vida –esto es, la aplicación de una suerte de "estadística moral" (Alessandro del Lago, 2000: 61)– y no tanto una represión desaforada hacia los criminales.

El concepto de norma, diferente de ideal, implica que la mayoría de la población debe o debería de alguna forma ser parte de ella, estar en ella contenida como sea.

Quetelet puede ser considerado así el fundador de aquello que conocemos como biometría: estudiando con sistematicidad las variaciones de la altura, el peso y otras características físicas del hombre, estableció para una característica determinada, medida en los miembros de una población homogénea y representada gráficamente, la existencia de un polígono de frecuencia. Esta curva, que fuera conocida como de "distribución normal", "función de densidad de Gauss", o más simplemente como la "curva de Bell", podía fijar de una vez y para siempre, a través de un artificio matemático, las características normales del hombre. Y, también, todas aquellas características que se desvían de la norma. Por lo tanto, es junto con el concepto de norma que sobreviene la noción de "desviaciones", de "desvío". Por ende, norma y desvío no pueden ocultar su parentesco o, mejor, su herencia en común.

La curva se vuelve, por sí misma, en sí misma, un símbolo de la tiranía de lo normal. Es una curva que se encierra en la mismidad y que no quiere ser despertada de su sueño de grandeza, ni removida de su ilusión de trascendencia normalizadora.

Si el ideal determinaba mundos y personas no-ideales sino grotescas –es decir: humanas–, la norma traduce con rapidez lo grotesco en deficiencia, cuerpos humanos en deficientes, el mundo en anomalía, en una espacialidad y una temporalidad sólo desviante.

El uso de la estadística se transformó en un movimiento ideológico importante en otros países europeos y en especial en Inglaterra, donde la mayoría de los primeros profesionales de la estadística eran también –¡oh, curiosidad!– profesionales de la eugenesia –y entre ellos, el más renombrado: Francis Galton–. Si acaso esta coincidencia es demasiado obvia como para ser verdadera recordemos, como lo hace Davies, que hay aquí una vinculación más que estrecha entre el trazado de la medida estadística humana y el deseo de mejorar la humanidad o parte de ella, justamente para que los desvíos de la norma aminoren, se reduzcan, disminuyan y acaben por desaparecer.

La estadística nació con la eugenesia[52] porque su *insight* más significativo radica en la sospecha de que la población *puede ser normal*. Y, si la sospecha es cierta, los próximos pasos bien podrían ser: (a) concebir la población como dividida entre normal y no-normal y (b) crear/determinar un estado de norma en los no-normales –que es, claro está, el objetivo de la eugenesia–; (c) establecer rápidos mecanismos de "cura", "corrección", "normalización"; (d) volver a definir un status poblacional de lo que es "corregible" y de aquello que es, entonces, "incorregible", etc.

Davies encuentra una interesante triangulación en la conjunción de los intereses estadísticos/eugenésicos: por un lado Francis Galton era sobrino de Charles Darwin, cuya noción de ventaja evolutiva de las especies superiores ofreció un conjunto de leyes para la fundación de la eugenesia y también para la idea de cuerpo perfectible, perfeccionable.

---

52 Tiene razón MacKenzie (1981) cuando afirma que la estadística de Galton no puede ser considerada como responsable de la creación de la eugenesia pero que necesitó imperiosamente de ella. En todo caso existe una relación simbiótica entre la ciencia estadística y la eugenesia. Ambas ofrecen a la sociedad el concepto de norma, particularmente la idea del cuerpo normal y crean, por lo tanto, el concepto del cuerpo anormal.

Las ideas de Darwin sirvieron para ubicar, distribuir y confinar a las personas deficientes en aquel fragmento evolutivo de los menos dotados, una espacialidad provisoria que debía ser sobrepasada –e incluso exterminada– por los más aptos en la dinámica inexorable de la selección natural.

Por ello los eugenistas se volvieron obsesivos con la idea y con la práctica de la eliminación de los "defectivos", una categoría primero inventada, luego nominada y por último separada, dentro de la cual incluyeron a los sordos, los ciegos, los deficientes físicos, etc. Recordemos también que Galton creó el sistema moderno de impresión digital para las identificaciones personales –la idea o la sospecha de que el cuerpo humano es estándar y que contiene un número de serie, que no puede ser "borrado" ni alterado por ningún tipo de deseos, sean éstos morales, artísticos, etc.–. La identidad de las personas se torna así definible y nombrable por unas cualidades físicas que pueden ser identificadas y medidas. Y el desvío de la norma puede ser no sólo identificado sino incluso criminalizado, particularmente en el sentido de que las impresiones digitales comienzan a ser asociadas con ciertos desvíos que opacan sus identidades. Así, la impresión digital del cuerpo significa que las marcas de la diferencia física se convierten en un sinónimo indisociable, inevitable e imperecedero de la identidad de la persona.

Además, a Galton se lo relaciona con una de las figuras de mayor renombre que pueda ser vinculado al discurso de la deficiencia en el siglo XIX: Alexander Graham Bell. En 1883, el mismo año en que el término "eugenesia" fuera propuesto por Galton, Bell ofreció un discurso de exacerbado tono eugenésico –*Memoir upon the Formation of a Deaf Variety of the Human Race*– alertando al congreso americano sobre la espantosa y peligrosa tendencia de los *sordosmudos* a casarse entre sí. En ese discurso sugirió la prohibición de los matrimonios sordos, a partir de la intuición de que ese "amor nefasto" podría acarrear la triste e inadmisible consecuencia de la creación de una raza específica de sordos (Skliar, 1997).

Además, cabe señalar que el trabajo de Galton condujo directamente a la noción actual de cociente intelectual (CI) y a los test de habilidades escolares. De hecho, Galton revisó la Curva de Bell, de Gauss, para intentar graficar la superioridad de un trazo deseado en particular –por ejemplo, el trazo de la inteligencia alta–; y creó aquello que él mismo denominara como "ojiva", una figura dividida en cuartos con una curva ascendente que expresa ese trazo deseado como "mayor", en relación a un desvío no deseado.

¿Qué significaron estas revisiones de Galton y qué dispersiones y diseminaciones produjeron en las representaciones, en los discursos y en las prácticas sobre lo normal y lo anormal?

En primer lugar, el intento por redefinir el concepto de "ideal", traduciéndolo inexcusablemente en "normal" en relación a la población general.

En segundo lugar, el hecho que la aplicación de la idea de norma al cuerpo humano creara a su vez la idea de desvío o de cuerpo "desviado".

En tercer lugar, esa idea de norma originó otra idea necesaria: la de una normal variación del cuerpo a través de una estricta guía de la forma en que el cuerpo "debería" ser.

Por último: la revisión de la "curva normal de distribución" en cuartiles, clasificados en orden jerárquico, creó un nuevo tipo de ideal. El nuevo ideal de orden clasificado jerárquicamente se determina por la imposición de la norma, y es así complementada por la noción de progreso, de perfectibilidad humana y la eliminación del desvío, para crear una visión dominante y hegemónica sobre aquello que el cuerpo humano debería ser.

Esta diseminación del significado de lo "normal" trajo aparejado un cambio dramático en todas las personas cuyos comportamientos podían ser vistos como desviantes; en particular, modificó la vida y la experiencia de las personas con deficiencias: los eugenistas tendían a agrupar juntos todos los trazos que consideraban "indeseables". Así, por ejemplo, los criminales, los pobres y los deficientes podían ser mencionados en un mismo texto, con las mismas palabras, bajo el control de los mismos argumentos. Consideremos un ejemplo concreto. Karl Pearson, una figura de liderazgo en el movimiento eugenésico de principios del siglo XX definía a los indeseables del siguiente modo: *"el criminal habitual, el profesional tramposo, el tuberculoso, el insano, el deficiente mental, el alcohólico, el enfermo de nacimiento o por excesos"* (citado por Kevles, 1985: 132).

En 1911, Pearson lideró el Departamento de Estadística Aplicada en la Universidad de Londres. Este departamento obtenía información eugenésica sobre la herencia de trazos físicos y mentales incluyendo *"habilidad científica, comercial y legal, pero también hermafroditismo, hemofilia, tuberculosis, diabetes, sordomudez, polidactilia o braquidactilia, insanidad y deficiencia mental"*.

Otra vez vemos aquí la extraña, pero útil, selección y conjunción de nombres y sujetos. De sujetos con nombres: todas esas desviaciones de la norma representaban parte importante del prolongado camino que conduce y contribuye a la "enfermedad" de una nación. Es por ello que el énfasis en la "salud nacional" toma lugar en la metáfora del cuerpo. Si algunos cuerpos individuales no están sanos, entonces el cuerpo de la nación no lo estará.

La relación que los eugenistas hacían entre variación individual e identidad nacional se torna muy poderosa. Nótese que uno de los focos centrales de interés de la eugenesia de entonces fue aquello llamado de *"feeblemindedness"*, un término que incluía la baja inteligencia, la enfermedad mental e, inclusive, la "pauperización". Algunos grupos fueron asociados a esta idea: un eugenista americano, Charles Davenport, pensó que el influjo de los inmigrantes europeos podía hacer de la población americana *"oscuros en pigmentación, bajos en esta-*

tura, más propensos al crimen, asalto, asesinato e inmoralidad sexual" (citado
por Davies, op. cit.: 27).

— IV —

Hemos visto, en algunas imágenes del pasado, cómo fue diseminándose el significado de la norma, de lo normal y cómo fue constituyéndose el de desvío, la anomalía, lo anormal, la anormalidad, etc.

El otro fue alterizado y su alteridad fue puesta bajo la lupa de un proceso estadístico y eugenésico, matemático y moral, físico y social. El otro fue alterizado y con ello gran parte de su cuerpo quedó pulverizado, anatomizado, deshumanizado. El otro fue el otro de una norma de la mismidad. Norma que, por ser colonial, estableció discursos y prácticas, espacialidades y temporalidades, que determinaron la producción de un otro deficiente, de un otro anormal.

La alteridad deficiente ni siquiera tuvo la autorización de constituirse en un otro. Fue alterizada pero no permitida de ser otredad.

Fue alterizada sin siquiera un resquicio exterior. A cada paso, en cada sílaba, en cada gesto, la alteridad fue condenada a asumir como propia la auto-referencia de la mismidad normal. Y la norma es un grupo que se atribuye una medida común de acuerdo con su propia mismidad, con su propio mirarse hacia sí mismo, con la rigurosidad y exactitud de quien se sabe normal. La norma es la permanencia interna, sin dejar que nada ni nadie se relacione con alguna exterioridad (Foucault, 1997, op. cit.).

Y el grupo erige e institucionaliza un lenguaje que produce una mismidad que sólo se entiende a sí misma; un lenguaje común que es monolingüe. La institucionalización de un espejo común; de un espejo que sólo refleja el hombre-medio; de un espejo que sólo sabe y puede reflejar imágenes normativas, integracionistas, sin que nada ni nadie pueda reclamar otra imagen, otro reflejo y, menos aun, otros espejos.

Y lo anormal ya no es una diferencia, pues la norma todo lo captura, todo lo nombra, lo hace suyo, lo hace únicamente alteridad vaciada de otredad:

> *Lo anormal no es de una naturaleza diferente de lo normal. La norma, el espacio normativo, no conoce exterior. La norma integra todo aquello que desearía excederla —nada, ni nadie, sea cual fuera la diferencia que ostente, puede alguna vez pretenderse exterior, reivindicar una alteridad tal que lo torne un otro (Ewald, 2000: 83).*

Lo normal no es, no puede ser, un concepto estático. Se trata, por el contrario, de un concepto difuso, escurridizo, arenoso, que califica negativamente aquello que no cabe en la totalidad voraz de su extensión. Una norma que, al expurgar todo aquello que en su referencia no puede ser considerado normal, posibilita la inversión de los términos. Una norma que encuadra al otro, que lo hace escuadra, es decir: *"aquello que no se inclina ni para la izquierda ni para la derecha, por lo tanto lo que se conserva en un justo medio término"* (Canguilhem, 1995: 95).

¿Y donde está el otro que no se encuadra, que no es escuadra? ¿Aquel otro que se aleja de la presión de la norma o que, inclusive, ignora tal presión y tal norma?:

> *Así, cualquier preferencia de un orden posible está siempre acompañada –generalmente de una forma implícita– por la aversión al orden inverso posible ... La norma lógica prevaleciente de lo verdadero sobre lo falso puede ser invertida de modo de transformarse en norma prevaleciente de lo falso sobre lo verdadero (Canguilhem, 1995: 212-213).*

Ahora bien, si lo normal es lo preferible, lo deseable, aquello que está revestido de valores positivos, su contrario deberá ser inevitablemente aquello que es considerado como detestable, aquello que "repele". Desde el momento en que todo valor supone un disvalor, deberemos afirmar que entre normalidad y anormalidad no existe exterioridad sino polaridad. Una se reconoce y se afirma por la mediación del otro.

> *La regulación social tiende, por lo tanto, hacia la regulación orgánica y la imita, pero sin que por ello deje de estar compuesta mecánicamente (...) Pero basta que un individuo cuestione las necesidades y las normas de esa sociedad y las conteste –señal que esas necesidades y esas normas no son las de toda la sociedad– para que se perciba hasta qué punto la necesidad social no es inmanente, hasta qué punto la norma social no es interna, hasta qué punto, finalmente, la sociedad, sede de las disidencias contenidas o de antagonismos latentes, está lejos de colocarse como un todo (Canguilhem, ibidem: 228-229).*

Allí está el otro. No es un otro que sólo cuestiona las normas y las necesidades sociales, sino un otro que se vuelve antagónico, dual, irreductible a la interioridad de lo normal. Pero no es exterioridad. Es, sobre todo, el quiebre de la totalidad, la totalidad hecha añicos, la totalidad desvanecida.

Por eso la norma insiste en atraer hacia sí todas las identidades y todas las diferencias. La norma quiere ser el centro de la gravedad. El eje divino a partir del cual todo se ordena y organiza, todo se cataloga y clasifica, todo se nombra y define, todo se ampara del diluvio provocado por la ambigüedad y la ambivalencia:

> *La normalización es uno de los procesos más sutiles a través de los cuales el poder se manifiesta en el campo de la identidad y de la diferencia. Normalizar significa elegir –arbitrariamente– una identidad específica como parámetro en relación a la cual otras identidades son evaluadas y jerarquizadas. Normalizar significa atribuir a*

esa identidad todas las características positivas posibles, en relación a las cuales las otras identidades solo pueden ser evaluadas de forma negativa. La identidad normal es natural, deseable, única. La fuerza de la identidad normal es de tal magnitud que ella ni siquiera es vista como una identidad, sino simplemente como la identidad (Tomaz Tadeu da Silva, 2000a, op. cit.: 83).

Elegir una identidad específica. Hacerla deseable, única. Convertirla en *la identidad*. Y es por ello que la norma es la supresión de las identidades refractarias, incómodas, innombrables, irreductibles, misteriosas. Y es por ello que la alteridad deficiente acaba por ser identidad deficiente, identidad faltante, patológica, negativa, no-identidad. Y es por ello que no hay diferencia en la deficiencia, sino cuerpos incompletos, fragmentados, inhumanos, absurdos.

Y no hay cuerpo deficiente ni femenino ni masculino, ni viejo ni joven ni niño, ni pobre ni rico, ni católico ni protestante ni judío ni evangélico, ni nada.

La alteridad deficiente es un cuerpo que yace, de un sujeto otro que vive en otra temporalidad y en otra espacialidad. La alteridad deficiente es un cuerpo que muere, de un sujeto otro cuya experiencia se nos vuelve intraducible. La alteridad deficiente es un cuerpo masacrado, de un sujeto otro cuyo cuerpo respira, ama, se mueve, habita y está siendo otra identidad. La alteridad deficiente es un cuerpo que parece desangrarse, de un sujeto otro cuyo cuerpo tiene la capacidad de decir otras cosas y, entre ellas, la capacidad de decir "no" (Pérez de Lara, op. cit.: 187).

— V —

«COMPRENDO QUE LAS PERSONAS NORMALES SON PERSONAS NORMALES, LO QUE NO COMPRENDO ES POR QUÉ HUYO DE LAS PERSONAS NORMALES».

Otra vez se vuelve interesante pensar en la literatura en relación con las normas, con la normalidad, es decir: cómo los textos pueden ser eficaces, productivos, en la fijación de las representaciones sobre la alteridad deficiente, así como de otras alteridades. Las representaciones que proceden de la literatura –y de las películas y de los periódicos y de los documentales, etc. cada uno con su obvia particularidad– poseen la capacidad de presentar la alteridad deficiente en términos de una mirada pendular. Mirada pendular que, sistemáticamente, oscila entre la peligrosidad, el primitivismo, la oscuridad y la ignorancia, o bien sus opuestos, es decir, el heroicismo, el emblema de la calma, la superación, la civilidad, etc.

La literatura vuelve a trazar imágenes del otro deficiente de una manera ambigua, dual, antagónica. Las representaciones de la alteridad fluctúan en ese péndulo vertiginoso. No podía ser de otra manera, no debía ser de otra manera.

Lo que es crucial en las imágenes antagónicas sobre la alteridad deficiente no está en el contemplar cómo ellas se encajan más o menos bien en modelos conceptualmente prescriptos. Las representaciones deben fluctuar porque ese es el único movimiento posible; porque ésa es la única mirada posible. Y en vez de intentar estilizarlas para hacer de ellas nociones estables, rígidas o conceptos académicamente serviles, deberíamos instalarnos, perturbadoramente, en medio de ellas, en su indómito vaivén.

De un lado, la insistencia de lo anormal, la verticalidad del anormal, del anormal sin identidad a no ser su deficiencia. Y de una deficiencia que gobierna todo el cuerpo del otro, que no le deja respirar, que es pura y exclusivamente deficiente. Y que hace del otro un otro sumamente transparente, comprensible, comunicable, literal, casi vacío. Como un ejemplo de ello cito aquí un pasaje extraído de *El Primer Hombre,* de Albert Camus (1994):[53]

> *El tío Ernst (...) que vivía con ellos, que era completamente sordo y se expresaba sólo por onomatopeyas y gestos y por las cien palabras de que disponía. Pero Ernst, que no pudo trabajar cuando era joven, había frecuentado vagamente la escuela y aprendido a descifrar las letras. Iba a veces al cine y volvía con resúmenes espantosos para quienes ya habían visto la película, pues la riqueza de su imaginación compensaba su ignorancia. En lo demás, experto y tramposo, una especie de inteligencia instintiva permitía que se moviese en un mundo y en el medio de seres que, entre tanto, eran para él obstinadamente silenciosos. La misma inteligencia le permitía sumergirse todos los días en el periódico, donde descifraba los titulares, lo que le daba al menos algunas luces sobre los asuntos del mundo.*

En este pasaje se resume casi toda la literatura especializada sobre la sordera, específicamente aquella que gobernó nuestras representaciones y nuestras miradas durante las décadas del '60 y '70 e incluso los inicios de los '80 del siglo XX y que, desde ya, continúan con su accionar devastador.

Veamos: "se expresaba sólo por onomatopeyas y gestos y por las cien palabras de que disponía", "había frecuentado vagamente la escuela", "volvía con resúmenes espantosos", "riqueza de imaginación", "inteligencia instintiva", "obstinadamente silenciosos", "algunas luces", etc.

Este es un texto que abruma por su fidelidad con la literatura pretenciosa de la "psicología de la sordera". Una "literatura" que fastidia por su escasa imaginación, por la vehemencia de su paternalismo y por la ignorancia de la experiencia del otro, del otro sordo. Es una "literatura" que traduce, en cierto modo, una vivencia de un otro maléfico sin siquiera recobrar los matices y las argucias de su invención. Produce un otro previsible, que asume todas las características

---

53 Es evidente que no estoy "culpando" ni "atribuyendo una falsa conciencia" a Albert Camus en su descripción de la sordera. ¡Mal pudiera o quisiera! Sólo menciono el significado y la correspondencia de su emergencia en relación a las ideas más dominantes, hegemónicas u "oyentistas" sobre los sordos de las últimas décadas.

imaginables e inimaginables de un cuerpo moldeable, dócil, inútil y, finalmente, descartable.

Sobre ese cuerpo podríamos agregar todo aquello que quisiéramos: implantes cocleares, sub-clasificaciones, metodologías y más metodologías de reeducación.

Hacer de ese cuerpo todo aquello que deseáramos: un parlante mezquino, o verborrágico, o excluido o incluido, o nada.

Pero a sabiendas, o no, de que allí no está el cuerpo sordo. Que ese cuerpo no es el cuerpo sordo. Que el cuerpo sordo, mientras tanto, está en otro lugar: en una temporalidad y en una espacialidad por lo menos simultánea, como mínimo paradojal, incluso disyuntiva.

Y en el otro vaivén del péndulo, del otro lado, el fetiche de lo anormal, la *freak fashion* que irrumpe para lastimar las miradas, para malherir la misericordia, para erosionar la aparente firmeza de la normalidad y resquebrajar sus inconmovibles preceptos.

Un libro en particular, *Amor profano –Geek Love* (1988)– de la escritora Katherine Dunn puede servir como ejemplo de ello. En esta novela lo habitual es lo anormal, la anormalidad. Y todo y todos los otros –los "normas", como son allí mencionados– representan lo vulgar, lo mediocre e, incluso, todo aquello que resulta incomprensible por su previsibilidad, por su obviedad, por su pérfida repetición; lo normal y los normales siendo incomprensibles para los anormales por su burda y reiterativa mismidad.

En el contexto de una feria circense de monstruos una matrimonio planifica la gestación de hijos-monstruos para que sean, cada vez más perfectamente, cada vez más monstruosamente, monstruos útiles: *"Mi padre no escatimó ningún gasto en sus experimentos; tanto en la ovulación como durante el embarazo, mi madre fue profusamente tratada con cocaína, anfetaminas y arsénico"*.

Al contrario que en el ejemplo de *Madame Bovary* antes mencionado, aquí la producción de la anormalidad no está representada como oposición a lo humano sino como algo incluso deseado: *"¿Qué mayor don podrías ofrecer a tus hijos que la capacidad inherente de ganarse la vida sólo por ser como son?"*; o también, cuando uno de los hijos-monstruos dice: *"el enanismo, que se hizo del todo evidente hacia mi tercer cumpleaños proporcionó una agradable sorpresa a la paciente pareja y aumentó mi valor"*.

Y abundan las descripciones de lo anormal: *"Sus manos y sus pies estaban conformados como unas aletas que le brotaban directamente del torso, sin interposición de brazos ni piernas"* –refiriéndose a uno de los hijos, llamado Aqua Boy– o bien: *"Las chicas eran unas hermanas siamesas con la parte superior del cuerpo perfectamente formada, pero unidas por la cintura, de forma que compartían un sólo juego de caderas y piernas"*.

Además, hay una depresión manifiesta en los padres cuando uno de sus descendientes nace sin ningún rasgo de monstruosidad visible, cuando –horrorosamente– parece que será normal: *"Ese lamentable estado deprimió tanto a mis emprendedores padres que de inmediato se dispusieron a abandonarlo en una gasolinera"*.

Tal vez la literatura nos ayude mucho más a deambular, fluctuar y sentir los vaivenes de las imágenes del otro deficiente, aun cuando la educación nos entorpezca el camino e insista, obsesionada, con resguardar para sí misma algunas pocas de ellas; aun cuando las pedagogías pensadas (como) para la alteridad insistan en someter al otro al juego diabólico de la alteridad maléfica y de la maléfica invención; aun cuando el otro sea, ahora, convocado para una relación comunicativa que todo-lo-puede, que todo-lo-engloba, que todo-lo-incluye.

La alteridad deficiente como el otro del mal. El que no habla o habla mal, no aprende o aprende mal, no atiende o atiende mal, no se representa o se representa mal, no lee o lee mal, no escribe o escribe mal, no se inscribe en un cuerpo o se inscribe mal; etc.

La maléfica invención del otro deficiente. La que ha creado el significado y la norma del hablar bien, aprender bien, atender bien, representarse bien, leer y escribir bien, inscribirse bien en el cuerpo.

La relación –¿colonial? ¿multicultural?– con la alteridad deficiente. Una alteridad que parece estar obligada a la igualdad. Que parece estar obligada a reírse, a llorar y a aprender al mismo tiempo que todo el mundo. Que parece estar obligada a renunciar a su experiencia. Obligada a reducirse a la mismidad. Obligada a abandonar sus diferencias.

Y pregunto: si la expulsión de la alteridad deficiente consiste en un desaire muchas veces asesino ¿será su inclusión un fetiche de lo anormal producido por la normalidad? ¿Una vuelta de un otro que nunca se ha ido? ¿La vuelta a un lugar adonde nunca ha estado?

Y el otro, deficiente, que es irreductible. Pues ya no hay ontologías de la mismidad que siquiera se aproximen a la exterioridad del otro. Pues vuelven a sobrar evaluaciones, controles, manuales; aunque ahora no digan "deficiencia", aunque ahora no nombren la palabra "deficientes"; y se refugien sonrientes en el término "diversidad".

Y el otro, deficiente, que continúa en su misterio.

Pues nos falta vibrar con el otro.

Pues sobra la metástasis de lo mismo.

Porque falta la metamorfosis de la mismidad.

Y FINALMENTE:

¡Ay! ¿Por qué nos reformaremos tanto?

Notas para una pedagogía (improbable) de la diferencia

> *Proyectar su yo a cualquier lugar o entrar en interactividad con cualquiera no es convertirse en otro. Es incluso todo lo contrario. El Otro, la alteridad, sólo entra en juego en una relación dual, nunca múltiple o plural.*
>
> Jean Baudrillard.

> *Sólo cuando lo múltiple es tratado efectivamente como sustantivo, multiplicidad, deja de tener relación con lo Uno como sujeto o como objeto, como realidad natural o espiritual, como imagen y mundo (...) ¡No seáis uno ni múltiple, sed multiplicidades!*
>
> Gilles Deleuze & Félix Guattari.

— I —

«ELLOS TAMBIÉN SON COMO YO, ME DIGO.
Y ASÍ ME DEFIENDO DE ELLOS. Y ASÍ ME DEFIENDO DE MÍ».

Hay una historia, una herencia, un "monumento testamentario" (Lárez, 2001) en aquello que llamamos educación. Y en esa historia, la pregunta por la educación vuelve sobre nosotros mismos para obligarnos a mirar bien. Mirar bien nuestra pregunta, pues toda pregunta puede ser también un abandono, una cerrazón, o bien una cruel invitación a la sinceridad.

Entonces: ¿qué es lo que preguntamos cuando preguntamos acerca de la educación? O, mejor aun: ¿por qué preguntamos por la educación?

Una de las primeras respuestas que nuestra historia nos sugiere es que, en realidad, no estamos preguntándonos por ella sino por la inestabilidad e insistencia de sus cambios y de sus transformaciones, es decir, nos preguntamos para suspender, asir y capturar aquello que pensamos que es la educación.

Y al hacerlo así, nos invade la ilusión de cambio de alguna cosa sobre la cual no nos interrogamos. Preferimos cambiar la educación –y cambiarla siempre– antes que preguntarnos por la pregunta; preferimos ocuparnos más del ideal, como normal, que de lo grotesco, como humano. Preferimos hacer metástasis educativa a cada momento.

Nos subyuga transformar la transformación olvidando –o bien negando– todo punto de partida; y la vorágine de un cambio que haga de la educación algo parecido a un Paraíso tan improbable como imposible.

Del cambio sin origen: de eso se trata. Y en cuestiones de cambio, como dice Baudrillard (1999, op. cit.: 83) todo es posible: *"Lo que hace falta es una metamorfosis y un devenir"*.

Todo es posible con el cambio en educación: la insistencia de una única espacialidad y una única temporalidad, pero con otros nombres; la reconversión de los lugares en no-lugares para los otros; la infinita transposición del otro en temporalidades y espacialidades egocéntricas; la aparente magia de una palabra que se instala por enésima vez aunque no (nos) diga nada; la pedagogía de las supuestas diferencias en medio de un terrorismo indiferente; y la producción de una diversidad que apenas se atiende, apenas se entiende, apenas se siente.

Y sobre un cambio sin origen, volver al cambio, cambiar a cada segundo.

En la espacialidad y temporalidad de la modernidad tardía, de la modernidad como riesgo (Beriain, 1996) se ha instalado cómodamente la idea de las transformaciones, de la imagen vertiginosa del mundo, de aquello que apenas nombrado deja automáticamente de ser lo que se creía que era, de los múltiples impactos en los cuerpos y en las identidades, de las nuevas configuraciones del sujeto derivadas de las profundas y dramáticas transformaciones en la familia, en el trabajo, en la religión, en la sexualidad, en la ciencia y en el conocimiento, en las generaciones o edades del cuerpo, en la democracia, en la utilización de la tecnología, etc.

Afirmamos que estamos de frente a un nuevo sujeto. Pero, hay que decirlo: de un nuevo sujeto de la mismidad. Porque se multiplican sus identidades a partir de unidades ya conocidas, se extreman los nombres sobre nombres ya pronunciados, se autorizan, respetan, aceptan y toleran sólo algunos pocos retazos del alma.

Lo antiguo y lo nuevo. Lo antiguo localizado a siglos luz de lo nuevo. Lo antiguo desdibujado, desperdiciado, deshecho. Y lo nuevo indescifrable. Y lo nuevo que parece erigirse como único, como indispensable, como sólo nuevo.

Como en un incesante mecanismo de producción de novedades, asistimos al espectáculo de los cambios: de la necesidad de cambios, de su imperiosidad, de su fastuosidad, de su perversidad, de su monotonía, de su inconciencia.

"El objeto ya no es lo que era" (Baudrillard, 1999, op. cit.: 29) y, también, *"el objeto nos piensa"* (ibidem: 93).

Y esto significa, incluso, que los cambios ya no son lo que eran y que es el cambio el que nos piensa. Y el cambio educativo nos piensa ahora como una reforma de lo mismo, como una reforma para nosotros mismos.

El cambio educativo nos mira ahora con ese rostro que va despedazándose de tanto maquillaje sobre maquillaje.

Porque el cambio nos mira, y al mirarnos encuentra sólo metástasis de leyes, de textos, de currículum, de didácticas y de dinámicas.

Pero ni una palabra sobre las representaciones como miradas.

Pero ni una palabra sobre la metamorfosis de las identidades.

Pero ni una palabra sobre la vibración con el otro.

El cambio ha sido, entonces, la burocratización del otro, su inclusión curricular, su día en el calendario, su folklore, su exotismo, su pura biodiversidad.

Y si en algún momento de nuestra pregunta sobre la educación nos hemos olvidado del otro, ahora detestamos su recuerdo, maldecimos la hora de su existencia, corremos desesperados a aumentar el número de pupitres de las aulas, cambiamos las tapas de libros que ya publicamos hace mucho tiempo, re-uniformizamos al otro bajo la sombra de nuevas terminologías sin sujetos.

Y volvemos a creer que este tiempo y este espacio es el único tiempo y el único espacio disponible. Volvemos a creer que el otro es un otro maléfico y que nuestra invención no estaba tan desacertada. Volvemos a ignorar aquella ética del rostro de la cual nos habla Lévinas (1993, op. cit.): tenemos una responsabilidad con el otro, con su expresión, con su irreductibilidad, con su misterio. Y volvemos, por último, a refugiarnos en nuestra insulsa hospitalidad (hostil).

— II —

¿Qué puede significar educar en medio y a través de esa temporalidad excesivamente presente y de esa espacialidad del otro que se disloca y desplaza incesantemente hasta alejarse con su misterio, hasta volverse irreductible, hasta hacernos rehenes del otro? ¿Es la educación, acaso, el imperio de la mismidad y la desolación de la alteridad en su vuelta a lo mismo? ¿Un ademán ritualista sobre el regreso del otro? ¿El otro en un único tiempo, inscripto en un único mapa, en una única fotografía, en un único día de fiesta al año, el otro condenado a un único y último pupitre? ¿O, quizá, una forma de irrupción en aquello que ya somos y quisiéramos, además, dejar de ser? ¿Ser no sólo aquello que ya fuimos y que estamos siendo?

No agregaría nada a esta discusión insistir sobre algo que ya ha sido muy estudiado: la educación institucional, la institución educativa, la escuela, es una invención y un producto de aquello que denominamos como modernidad. Las conclusiones, ya conocidas, sobre la relación entre modernidad, educación y escuela son evidentes: el tiempo de la modernidad y el tiempo de la escolarización suelen ser, como hojas calcadas, temporalidades que sólo desean el orden, que se obsesionan por clasificar, por producir mismidades homogéneas, íntegras, sin fisuras, a salvo de toda contaminación del otro; la espacialidad de la modernidad y el espacio escolar suelen ser, como hermanas de sangre, espacialidades que sólo buscan reducir al otro lejos de su territorio, de su lengua, de su sexualidad, de su género, de su edad, de su raza, etc.

Modernidad y Escuela, como una temporalidad simétrica donde cada cosa debería tener su espacio y cada espacio seguir el ritmo de un tiempo monocorde, insensible, inevitable. Modernidad y Escuela, donde *dos cosas distintas no pueden estar al mismo tiempo* y donde *una misma cosa no puede estar en dos sitios al mismo tiempo.*

Y vale aquí sustituir otra vez "cosas distintas" como "mismidad/alteridad".

Lo mismo y lo otro no pueden, en esa temporalidad, en esa escuela, estar al mismo tiempo. La mismidad de la escuela prohíbe la diferencia del otro.

Confirma la "misma cosa" al tiempo que niega la diferencia del otro.

Y es válido también sustituir "dos sitios", por un sitio para la mismidad y otro sitio, bien diferente, para el otro. Un sitio estable, ordenado, lineal, para la mismidad. Y otro sitio, bien diferente, pero de mucho mayor orden, de mucho mayor control, de mucho mayor gobierno; un sitio deliberadamente sin tiempo y sin espacio para los otros.

Pero del mismo modo en que el objetivo del orden de la modernidad terminó siendo una expresión de imposibilidad de un proyecto igualmente imposible, también el orden de la escuela se fue despedazando, se fue fragmentando en las varias tonalidades del tiempo presente.

Y la oposición entre *poiesis y praxis* educativa se hizo extrema.

Se hizo dueña, a la vez, de una temporalidad continua y discontinua, de una espacialidad homo-homogénea y heteróclita.

Por un lado, la *tarea* de educar se transformó en un acto de fabricar mismidades y allí se detuvo, satisfecha de sí misma; estableció un orden, una jerarquía de sumas y restas, de sujetos y predicados, de Historia e historias, de exclusión y de inclusión, de ángeles y réprobos.

Por otro lado, el *acto* de educar tomó otro rumbo, siguió otro camino sobre el cual nunca se detuvo, pues nunca lo dio por cumplido, nunca lo dio por acabado:

> *Aquí ya no hay ningún objeto a fabricar, ningún objeto del que se tenga una representación anticipada que permita su elaboración y lo encierre, en cierto modo, dentro de su "resultado", sino un acto a realizar en su continuidad, un acto que nunca termina de veras porque no comporta ninguna finalidad externa a él mismo, definida con antelación (Meirieu, 1998: 62).*

La educación como un acto que nunca termina y que nunca se ordena.

La educación como *poiesis,* es decir, como un tiempo de creatividad y de creación que no puede ni quiere orientarse hacia lo mismo, hacia la mismidad. La educación como la construcción de un otro que repercuta en la mismidad (Mélich, 1994).

Después del orden, ningún otro orden, sino la perplejidad. Esta vez, la perplejidad de la educación, la perplejidad de la escuela. ¿Podríamos pensar, entonces, en una *pedagogía de la perplejidad*?

Una pedagogía de la perplejidad que sea un asombro permanente y cuyos resplandores nos impidan capturar la comprensión ordenada de todo lo que ocurre alrededor.

Que permita desvanecernos para crear una pedagogía otra. Una pedagogía del acontecimiento, es decir –volviendo a aquella cita anterior de Chiara Zamboni– una pedagogía discontinua que provoque el pensamiento, que retire del espacio y del tiempo todo saber ya disponible; que obliga a recomenzar de cero, que haga de la mismidad un pensamiento insuficiente para decir, sentir, comprender aquello que ha acontecido; que enmudezca la mismidad.

Y que desordene el orden, la coherencia, toda pretensión de significados.

Y que posibilite la vaguedad, la multiplicación de todas las palabras, la pluralidad de todo lo otro.

Y que desmienta el pasado únicamente nostálgico, solamente utópico, absurdamente elegíaco.

Que conduzca a un futuro incierto. ¿Una pedagogía para un presente disyuntivo?

Una pedagogía para un presente disyuntivo que puede ser, al mismo tiempo, tres posibles modos de entender "la" educación: la pedagogía del *otro que debe ser siempre borrado*; la pedagogía del *otro como huésped de "nuestra" hospitalidad* y, por último, la pedagogía del *otro que vuelve y reverbera permanentemente*.

— III —

La pedagogía del otro que debe ser siempre borrado es la pedagogía de siempre; una pedagogía que niega dos veces y que lo hace de una forma contradictoria: niega que el otro haya existido como *otro* y niega el tiempo en que aquello –la propia negación "colonial" del otro– pueda haber ocurrido.

Niega que el otro haya existido, pues no hay "mujer", no hay "negro", no hay "vagabundos", no hay "sin-algo" ni "sin-todo", no hay "anormales", no hay "inmigrantes", no hay "delincuentes", etc. No hay porque ni son enunciados, ni están ahí para enunciarse. No hay sino sólo a través de un anuncio forzado y forzoso, en una mención etérea cuya voz se apaga a cada vocal, a cada consonante.

Y niega el tiempo de la negación del otro: es, por ejemplo, África, que no ha existido nunca o que permanece siempre fija entre el siglo XVIII y el XIX; es la mujer que no ha existido nunca o que siempre está detenida poco antes de la década del '60 del siglo XX; es el *anormal* que no ha existido nunca o que siempre está expuesto únicamente en el circo; es el inmigrante que no ha existido nunca o que siempre está condenado sólo a su ser-documentado/indocumentado, a su ser-monolingüe, a su ser-fuera, a su ser-maléficamente-nada.

La pedagogía del otro que debe ser borrado es el nunca-otro y el siempre-otro: *el otro permanente*, como quería Bauman (1996, op. cit.). Nunca existió como otro de su alteridad, como diferencia. Y siempre existió como un otro de lo mismo, como una repetición de la mismidad.

Y la pedagogía del otro que debe ser borrado está cimentada sobre dos principios "pedagógicos" tan austeros como inexpugnables: (a) *está mal ser aquello que se es y/o se está siendo;* (b) *está bien ser aquello que no se es, que no se está siendo y que nunca se podrá –o querrá– ser.*

Está mal ser aquello que se es o que se está siendo: la negación del otro en sus propias experiencias de ser-otro, en su devenir, en sus propias lenguas, en sus propias temporalidades y espacialidades, en sus propios acontecimientos.

Y mostrarle al otro que está mal ser aquello que se es o que se está siendo: corregirlo, normalizarlo, expulsarlo, medicalizarlo, silenciarlo, vociferarlo, producirlo.

Y obligarlo al otro a que perciba de una vez que está mal ser aquello que se es o que se está siendo.

Que sea el otro el que diga cuánto precisa de la mismidad; que sea el otro el que diga cuánto necesita respirar de nuestro aire; que sea el otro el que nos diga, con súplicas, que *quiere y debe* ser borrado.

Está bien ser aquello que no se es o no se está siendo y no se podrá –o querrá– ser: la mismidad como modelo, distante y etérea, de toda alteridad. La mediocridad de quien atraviesa la media, lo monótono, lo tedioso (Baquero, 2001).

Y mostrarle al otro que está bien ser aquello que no se es, que no se está siendo y que no se podrá –o querrá– ser: disfrazarlo de diversidad, teñirlo de alteridad, hacerlo diverger de lo mismo, alejarlo, medirlo, evaluarlo, excluirlo/incluirlo.

Y obligarlo al otro a que perciba que está bien ser aquello que no se es, que no se está siendo y que no se podrá –o querrá– ser.

Que sea el otro el que se desvista; que sea el otro el que se aleje de sí mismo; que sea el otro el que niegue su alteridad; que sea el otro el que hable en nombre de la igualdad, el respeto, la aceptación, el reconocimiento y la tolerancia; que sea el otro.

La pedagogía del otro que debe ser borrado: una pedagogía para que la mismidad pueda ser, siempre, la única temporalidad y espacialidad posible.

— IV —

La pedagogía del otro como huésped de nuestro presente es una pedagogía cuyo cuerpo se "reforma" y/o se "auto-reforma", haciendo metástasis sobre lo mismo y sobre el otro; es la ambición del texto de la mismidad que intenta alcanzar al otro, capturar al otro, domesticar al otro, darle voz para que diga siempre lo mismo, exigirle su inclusión, negar la propia producción de su exclusión y su expulsión, nombrarlo, confeccionarlo, darle un currículum "colorido", ofrecerle un amplio lugar vacuo, escolarizarlo cada vez más para que, cada vez más, pueda parecerse a lo mismo y *sea lo mismo.*

Es una pedagogía que afirma dos veces y que niega también dos veces: afirma el "nosotros" pero niega el tiempo (probablemente) común; afirma al otro pero le niega su tiempo. Es la pedagogía de la diversidad.

Una pedagogía de la diversidad como pluralización del "yo mismo" y de "lo mismo"; una pedagogía que hospeda, que alberga; pero una pedagogía a la cual no le importa quién es su huésped sino que se interesa por la propia estética del hospedar, del albergar.

Una pedagogía que reúne, en el mismo tiempo, la hospitalidad y la hostilidad hacia el otro. Que anuncia su generosidad y esconde su violencia de orden.

Una pedagogía que no se preocupa por (y que aborrece de) la identidad del otro sino que repite (hasta el hartazgo) solamente la ipsidad del "yo".

La repetición hasta el hartazgo de siempre lo mismo.

Es una pedagogía que se refiere, obstinadamente, a un único y bien delimitado espacio institucional así como a una única y bien delimitada tipología de la diversidad.

Es una pedagogía que se obsesiona, de un lado, con la "entrada" y con la "permanencia" –¿y acaso también con la existencia y/o con la experiencia?– a la escuela regular de aquellos sujetos comúnmente denominados como "deficientes". Y que hoy, por otro lado, estiliza su mismidad atribuyéndole a los otros el carácter de "diversidad", de "diversos" –y aquí estarían: los inmigrantes, los sujetos "con problemas sociales", sujetos de "razas y etnias diferentes" (a la raza y etnia blanca), aquellos con "problemas de aprendizaje", etc.– en una relación cultural, política, lingüística y comunitaria por lo menos confusa, caótica, discriminatoria, excluyente, autoritaria, muchas veces violenta y, si se quiere, en síntesis, de estricta tonalidad colonial.

Colonial cuando pensamos en la idea de integrar al otro –esto es: *reunir en un mismo lugar, juntar lo que está suelto, aproximar las partes que están separadas–* y de incluirlo –es decir: del latín *includere,* que se deriva de la composición del prefijo *in+clausere* y que significa enclausurar, cerrar por dentro; inclusión puede ser definida, entonces, como "tener como miembro, contener como elemento secundario o menor" (Goés & Souza, 1999: 192).

De todos modos, y más allá de los significados inmediatos que gobiernan esas expresiones, aquello que considero sobre todo problemático es, en todas ellas y a pesar de sus diferencias, el sentido en que el/los otro/s aparecen, son anunciados y producidos *dentro* de la escena cultural y educativa. La cuestión podría formularse así: ¿quién, quiénes, son los otros de esas expresiones y sentidos de la educación?

En el caso de la "diversidad" ella se preocupa con un otro que es para la educación históricamente "problemático"; mantiene a rajatablas una determinada mitología de la diversidad, según la cual ese otro específico resulta ser el origen de todos o de casi todos los problemas educativos; es una diversidad típicamente desviante o, si se prefiere, una diversidad "anormal". Así, parece quedar modulada una alteridad escolar específica, un revoltijo de sujetos que reúne representacionalmente en un *continuum* insospechado, no exento de exotismo y de folklore, a gitanos con sordos, a sordos con niños y niñas de la calle, a niños y niñas de la calle con personas que hablan otra lengua, a personas que hablan otra lengua con menores "delincuentes", a menores "delincuentes" con ciegos, a ciegos con Testigos de Jehová, a Testigos de Jehová con "disléxicos", etc. sin mencionar la complejidad y la perplejidad que puede resultar cuando todos ellos constituyen, en verdad, fragmentos de identidades de un mismo sujeto.

Por eso la pedagogía del otro como huésped de nuestra mismidad no es hoy una metamorfosis sino una reforma que se auto-reforma.[54]

Por eso esa pedagogía debe colocarse en suspenso y ser mirada con desconfianza.

En primer lugar, porque hay que desplazar la aparente neutralidad y la mirada apaciguadora que tenemos sobre la diversidad, y considerarla en cambio como una categoría epistemológica, una descripción que emerge a partir de una etnografía displicente y auto-suficiente, como simple dato o hecho de la vida social.

Es evidente que no se trata de creer o no creer, de reconocer o no reconocer, de determinar o no determinar la existencia de una "pluralidad" o "polifonía" o "heteronomía" de voces, cuerpos, lenguas, mentes, géneros, razas, sexualidades, edades, etc. en la cultura y en la educación. No es ese, al menos en este momento, el problema. La cuestión radica en que, muchas veces, la "diversidad" es utilizada como un bálsamo tranquilizante tal vez con el objetivo de anular o amortiguar los conflictos culturales y sus efectos; un bálsamo que crea la falsa idea de una

---

54 Me parece importante señalar, a este respecto, aquello que Nuria Pérez de Lara (1998, op. cit.) considera como el hecho de ignorar el movimiento social que pone en marcha un cambio educativo determinado, sustituyendo su energía creadora por un aprisionamiento de leyes, decretos y textos en formato de manuales. La autora se refiere, en el caso español, a un movimiento de propuestas cooperativas y de anti-autoritarismo que dio origen a la "Educación Especial Integradora" cuyas raíces, y cito textualmente: *"(...) en la actualidad, parecen olvidadas o reducidas a un pasado histórico, el cual, en la linealidad del supuesto progreso que nos arrastra, ha sido ya superado".*

equivalencia dentro de la cultura y entre las culturas. Como afirma Bhabha (op. cit.: 64), la afirmación de la diversidad *"supone el reconocimiento de contenidos y costumbres pre-establecidos exentos de mezcla y de contaminación"*.

Y uno de los sentidos más invocados de la "diversidad", por lo menos uno que me parece particularmente peligroso, es el que se refiere con cierta naturalidad a la idea de "biodiversidad": una cierta mirada zoológica sobre el otro, plagada de centrismos donde lo otro, la alteridad, se organiza y ordena geométricamente, en perfecto equilibrio y sin ninguna relación, sin ninguna intertextualidad entre las multiplicidades que la componen; en síntesis, una suerte de referencia a la pluralidad que parece sólo desprenderse de un "yo mismo", de una "mismidad" cultural, como si se tratara, insisto, de una tranquila multiplicación y pluralización ejercida y determinada desde el "centro" hacia la periferia.

En segundo lugar, tampoco pueden dejar de considerarse los "usos de la diversidad": políticos o gubernamentales, empresariales, culturales y pedagógicos.

Por "usos políticos" de la diversidad entiendo una forma de administración y referencia a las sociedades que se auto-proclaman como "multiculturales", donde los otros, algunos otros, son utilizados para fijar una imagen satisfactoria completa y no-conflictiva. En este caso, se mantiene una lógica de relación de poder entre quien "hospeda" –que es quien establece las leyes de composición de la diversidad, los flujos de migración, las relaciones comunitarias del trabajo, etc.– y quien es hospedado –que, para tal efecto, debe en la mayoría de los casos des-vestirse de sus tradiciones, des-culturalizarse, des-comunalizarse, des-corporalizarse, des-tituirse como sujeto para ocupar el lugar de la diversidad–. Por ello surgen, en relación a la alteridad, discursos y prácticas de "reconocimiento", "aceptación", "respeto", "tolerancia", que no sólo se transforman en cualidades o virtudes por y en sí mismas –esto es: lo que importa es, en definitiva, el reconocimiento, la aceptación, el respeto, la tolerancia, como actitudes generadas desde el huésped, y no sus contenidos y efectos políticos, lingüísticos y culturales–, sino que al mismo tiempo convierten al otro en un otro remarcable, censurable, en un otro permanente: el que siempre ocupa el lugar de ser y querer ser el tolerado, el reconocido, el aceptado, el respetado, etc. Independientemente de que esas actitudes tengan un valor "intrínseco" o no, existan o no, sean o no, lo cierto es que ejercen, más una vez, una representación de fijación, enyesamiento, cosificación, dependencia e inmovilidad del otro.

Por "usos empresariales" puede entenderse un nuevo maquillaje de la lógica de mercado, que supone unas re-categorizaciones y sub-divisiones de la alteridad en función, sobre todo, de la dinámica del consumo y, en mucha menor medida, de la productividad. Algunos otros se aproximan cada vez más, y algunos otros son apartados cada vez más de ese circuito. Así, se recibe con beneplácito a la alteridad que consume y que, en menor medida, produce, al mismo tiempo que se vigila cada vez más a los mendigos, a los niños y niñas de la calle, a las prostitutas, a los deficientes, a los vagabundos, etc.; ellos son expulsados del territorio de la diversidad y confinados en el territorio de la alteridad permanente.

Además de esos "usos", existe también una cierta "mitología del otro" determinada desde el interior mismo del discurso de la diversidad cultural, y a la cual ya me referí con cierto énfasis en el interior del libro: el mito de la alteridad como causa y consecuencia de todos los males –culturales, políticos, económicos y educativos–; el otro como alguien que vive su alteridad de una forma homogénea, y el mito de la tolerancia como solución de todos los problemas.

La mitología del otro, diferente en sus versiones dentro de cada cultura, encuentra traducciones frecuentes –claro que no literales– en los espacios educativos y escolares. La mitología educativa y escolar del otro, también con sus variaciones, no sólo reproduce sino que produce su propia alteridad, sus propios otros. La alteridad de la educación y de la escuela cambia permanentemente, nunca es la misma, se renueva siempre, del mismo modo que el otro de la cultura también lo hace. Es ese un juego típico de la diversidad, que consiste en ir cambiando el lugar y el nombre del otro, el lugar de quien es el depositario de esa/s mitologías, para mantener siempre bien conservado el lugar de la alteridad y a salvo el de la mismidad.

A su turno, y a través de prácticas y discursos más o menos determinados, el delincuente, el loco, el extranjero, el deficiente, los homosexuales, etc. son forzados a ocupar ese lugar. Y la cuestión no se resuelve, ni se niega, simplemente trayendo para "adentro" aquello que estaba "afuera", es decir, "incluyendo" aquello que estaba "excluido".

Si consideramos, por ejemplo, la versión del mito del otro deficiente –es decir, el otro naturalizado como sujeto peligroso, inestable, que no aprende o no habla, o que lo hace mal, o que lo hace en ritmos divergentes, el otro que es una anomalía, que debe ser corregido, que debe ser objeto de técnicas disciplinares y de vigilancia, etc.–, la localización que le es atribuida puede permanecer inalterable, sino media un análisis acerca de las relaciones de saberes y poderes establecidas acerca del sujeto, sobre el sujeto, alrededor del sujeto, pero que no son, de modo alguno, propiedades inherentes, "características" naturales del sujeto.

Como puede apreciarse, parece haber una clara doble determinación entre "diversidad" y "multiculturalismo", al menos cuando este último es entendido sólo en un sentido políticamente liberal, es decir cuando se agota en una descripción hipotéticamente pura, pasteurizada, de las culturas y de la localización en ellas de la alteridad. Esa doble determinación genera, sin dudas, consecuencias muy específicas, pero poco analizadas, en el campo educativo. Como bien dice Tomaz Tadeu da Silva (2000a: 73):

Parece difícil que una perspectiva que se limita a proclamar la existencia de la diversidad pueda servir de base para una pedagogía que coloque en su centro la crítica política de la identidad y la diferencia (...) En general, la posición socialmente aceptada y pedagógicamente recomendada es de respeto y tolerancia para la diversidad y la diferencia. Pero ¿será que las cuestiones de identidad y de diferencia se agotan en esa posición liberal?

La pedagogía del otro como huésped de nuestra mismidad hostil. Es decir, una pedagogía donde: (a) la diversidad es presentada como algo reciente y siempre problemático; (b) la diversidad y la deficiencia se confunden en un mismo espacio y tiempo; (c) la diversidad y la heterogeneidad se vuelven sinónimos; (d) la diversidad es siempre un otro, que asume diferentes rostros, nombres, colores, cuerpos: por ejemplo, el inmigrante, el que no domina la lengua nacional, el deficiente, etc.; (e) la diversidad es todo y a la vez no es nada, ya que "todo es diversidad" y/o "todos somos diversos"; (f) aunque se habla de una pluralización heterogénea, la atención a la diversidad está individualizada en los sujetos considerados problemáticos; (g) se reiteran hasta el cansancio las cuestiones de tolerancia, diálogo, respeto, aceptación y reconocimiento del otro; (h) estas cuestiones se vuelven sólo curriculares, en tanto son abordadas como temáticas a ser desarrolladas, observadas y evaluadas puntualmente –la tolerancia, por ejemplo, es entendida como el resultado de un conjunto de técnicas de adaptación a la comunicación o bien de una consciencia del acto comunicativo–; (i) las expectativas vuelven a centrarse en una mejoría del rendimiento escolar, esto es, en el avance en el dominio del conocimiento curricularizado.[55]

La pedagogía del otro como huésped de la mismidad: una reforma que se auto-reforma, haciendo metástasis en nosotros y en la alteridad.

Y la pedagogía del otro que vuelve y reverbera permanentemente es la pedagogía de un tiempo otro, de un otro tiempo; de una espacialidad otra, de una otra espacialidad. Una pedagogía que tal vez no ha existido nunca, y que tal vez nunca existirá.

Una pedagogía que no pueda ocultar las barbaries y los gritos despiadados de lo mismo, que no pueda enmascarar la repetición monocorde, y que no pueda, tampoco, ordenar, nombrar, definir, o hacer congruentes los silencios, los gestos, las miradas y las palabras del otro.

Una pedagogía que, en el presente, pudiera instalarse, pero no acomodarse, entre la memoria y el porvenir.

Una pedagogía que no sea sólo la fabricación del futuro y que se abra al porvenir, ese tiempo que, como sugiere Larrosa (2001: 419), *"nombra la relación con el tiempo de un sujeto receptivo, no tanto pasivo como paciente y pasional,*

---

55 Las conclusiones que aquí expongo sobre la pedagogía del *otro como huésped de nuestra mismidad* son el resultado inicial e indirecto de un proyecto de investigación realizado entre octubre de 2001 y marzo de 2002 en la Universidad de Barcelona acerca de *"Los sentidos implicados en la Atención a la Diversidad"*, junto a Nuria Pérez de Lara, Caterina Lloret, Virginia Ferrer y José Contreras. Esos tópicos constituyen un reflejo parcial del análisis que realizamos sobre los textos de "Atención a la Diversidad" que son utilizados para la formación del profesorado en dicha universidad.

de un sujeto que se constituye desde la ignorancia, la impotencia y el abandono, desde un sujeto, en fin, que asume su propia finitud (...)".

Una pedagogía que no arrastre, que no tiña, que no albergue, que no pretenda desvelar el misterio del otro.

¿Una pedagogía para poder ser (nosotros) rehenes del otro?

Rehenes del otro, de su mirada, de su expresividad.

Porque si el otro no estuviera ahí –y allí, y aquí– nuestras pedagogías quedarán reducidas a cenizas, envueltas en borrascas, disueltas en pura mismidad.

Porque si el otro no estuviera ahí –y allí, y aquí– nuestras pedagogías no nos dejarán vibrar con el otro.

Y porque si el otro no estuviera ahí, reitero: ¡pues más vale que tantas reformas nos reformen a nosotros mismos de una vez y que tanta biodiversidad nos hostigue con sus monstruos por la noche!

Referencias Bibliográficas

ALTHUSSER, Louis (1972) *Montesquieu, Rousseau, Marx*. Verso, Londres.

ALVAREZ-URÍA, Fernando (1997) "La configuración del campo de la infancia anormal. De la genealogía foucaultiana y de su aplicación a las instituciones de educación especial", en: Barry Franklin (Comp.) *La interpretación de la discapacidad. Teoría e historia de la educación especial*. Ediciones Pomares-Corredor, Barcelona, pp. 90-122.

ASH, T. Garton (2000) "Los contrastes de Australia". Diario *Clarín*, Buenos Aires, 18/09/2000.

AUGÉ, Marc (1996) *El sentido de los otros: actualidad de la antropología*. Paidós, Barcelona.

AZÚA, Felix de (2001) "Siempre en Babel", en: Jorge Larrosa y Carlos Skliar (Eds.) *Habitantes de Babel. Políticas y poéticas de la diferencia*. Editorial Laertes, Barcelona, pp. 45-64.

BAIN, Katherine y Norman Hicks (1998) *The Struggle Against Poverty Towards the Turn of the Millennium*, Banco Mundial, Washington, 4, pp. 6-14.

BAQUERO, Ricardo (2001) "La educabilidad bajo sospecha", en: *Cuadernos de Pedagogía*. Año IV, n° 9, 71-85, octubre, Rosario.

BAUDRILLARD, Jean (1999) *El intercambio imposible*. Cátedra, Madrid.

—— y Marc Guillaume (2000) *Figuras de la alteridad*. Taurus, México.

BAUMAN, Zigmunt (1996) "Modernidad y Ambivalencia", en: J. Beriain (Comp.) *Las consecuencias perversas de la modernidad*. Anthropos, Barcelona, pp. 73-119.

—— (2000) *La globalización. Consecuencias humanas*. Fondo de Cultura, México.

BERIAIN, Josetxo (1996) *Las consecuencias perversas de la modernidad*. Anthropos, Barcelona.

BHABHA, Homii (1994) *The location of Culture*. Routledge, Londres.

BIERCE, Ambrose (1986) *El Diccionario del Diablo*. El Club Diógenes, Valdemar, Madrid.

BLANCHOT, Maurice (1969) *L'Entretien Infini*. Gallimard, París.

BORÓN, Atilio (2001) "Pobreza y neoliberalismo", en: *Cuadernos de Pedagogía, 308*, Barcelona, pp. 18-23.

BRIONES, Claudia (1998) *La alteridad del «Cuarto Mundo». Una deconstrucción antropológica de la diferencia*. Ediciones del Sol, Buenos Aires.

CANGUILHEM, Georges (2000) *O normal e o patológico*. Forense Universitária, Río de Janeiro.

CHAMBERS, Ian (1995) *Migración, cultura, identidad*. Amorrortu Editores, Buenos Aires.

CORTÉS, Ovidi Carbonelli (1999) *Traducción, exotismo, poscolonialismo*. Ediciones de la Universidad de Castilla-La Mancha, Cuenca.

DAL LAGO, Alessandro (2000) *La produzione della devianza. Teoria sociale e mecanismi di controllo*. Ombre Corte, Verona.

DAVIS, Lennard (1997) "Constructing Normalcy. The Bell Curve, the Novel, and the Invention of the Disabled Body in the Nineteenth Century", en: L. Davies (Ed.) *The Disability Studies Reader*. Routledge, Nueva York.

DE MARINIS, Pablo (1998) *La espacialidad del Ojo miope (del Poder). Dos ejercicios de cartografía postsocial*. Archipiélago, 34-35, 32-39, Barcelona.

DE SOUZA, Regina y Carlos Skliar (2001) "O debate sobre as diferenças e os caminhos para se (re)pensar a educação", en: J. Clovis, P. Gentili, A. Krüg y C. Simon (Org.) *Utopia e democracia na educação cidadã*. Editora da Univ. Federal do Rio Grande do Sul, pp. 234-246.

DELEUZE, Gilles (1988) *Diferencia y Repetición*. Júcar Universidad, Barcelona.

—— (1990) *Pourparlers*. Minuit, París.

—— y Félix Guattari (1977) *Rizoma. Introducción*. Pre-textos, Valencia.

DERRIDA, Jacques (1974) *Of Grammatology*. Johns Hopkins Universiy Press, Baltimore.

—— (1987) *Psyché. L'invention de l'autre*. Galilée, París.

—— (1997) *El monolingüismo del otro. O la prótesis del origen*. Manantial, Buenos Aires.

—— (2001) "Responsabilité et hospitalité", en: *De l'hospitalité*. Manifeste sous la direction de Mohammed Seffahi. Éditions La passe du vent, Genouilleux.

—— (2001) *¡Palabra! Instantáneas filosóficas*. Editorial Trotta, Madrid.

DIOTIMA (1999) *Il profumo della maestra*. Liguori, Nápoli.

DONALD, James (2000) "Cheios de si, cheios de medo: os cidadaos como ciborgues", en: Tomaz Tadeus da Silva (Org.) *Pedagogia dos monstruos. Os prazeres e os perigos da confusao de fronteiras*. Autêntica Editora, Belo Horizonte.

DU GAY, Peter (1997) *Production of culture/cultures of production*. Sage/The Open University, Londres.

DUSCHATZKY, Silvia y Cristina Corea (2002) *Chicos en banda. Los caminos de la subjetividad en el declive de las instituciones*. Paidós, Buenos Aires.

DUSCHATZKY, Silvia y Carlos Skliar (2000) "La diversidad bajo sospecha. Reflexiones sobre los discursos de la diversidad y sus implicancias educativas", en: *Cuadernos de Pedagogía*, marzo-abril, 2000, Rosario, pp. 34-47.

—— (2000) "Os nomes dos outros. Reflexões sobre os usos escolares da diversidade", *Educação & Realidade*, vol. 25, n° 2, Porto Alegre, pp. 163-178.

DUSSEL, Enrique (2000) "Europa, modernidad y eurocentrismo", en: Edgardo Lander (Comp.) *La colonialidad del saber: Eurocentrismo y ciencias sociales. Perspectivas Latinoamericanas*. Consejo Latinoamericano de Ciencias Sociales, Clacso, Buenos Aires, pp. 41-53.

EWALD, François (2000) *Foucault, a norma e o direito*. Vega, Lisboa.

FANON, Frantz (1973) *Piel negra, máscaras blancas*. Editorial Abraxas, Buenos Aires.

FERNÁNDEZ, Ricardo (1996) "Exclusión e Inclusión: el impacto de la acción afirmativa", *Latino Review of Books*, Volumen 2, primavera.

FLEURY, Sonia (1998) "Política social, exclusión y equidad en América Latina en los '90". Trabajo presentado en el *Seminario Política Social, Exclusión y Equidad en*

Venezuela durante los años 90. Balance y Perspectivas. Mayo de 1998, Caracas.

FORSTER, Ricardo (1999) "Adversus Tolerancia". *Rev Lote, Mensuario de Cultura*. Año III, Número 25, Venado Tuerto, Santa Fe.

FOUCAULT, Michel (1966) *El nacimiento de la clínica. Una arqueología de la mirada médica*. Siglo XXI Editores, Madrid.

—— (1990) *La vida de los hombres infames*. La Piqueta, Madrid.

—— (1997) *História da sexualidade*. Graal, vol. 1, Río de Janeiro.

—— (1997) *Resumo dos Cursos do Collége de France*. Jorge Zahar, Río de Janeiro.

—— (2001) *Los Anormales*. Fondo de Cultura Económica, México.

FUKUYAMA, Francis (1990) "¿El final de la historia?". *Claves*, 1, Barcelona, pp. 85-96.

GABILONDO, Angel (2001) *La vuelta del Otro. Diferencia, identidad, alteridad*. Trotta, Madrid.

GARCÍA CALVO, Agustín (1993) *Contra el Tiempo*. Lucina, Madrid.

GARCÍA CANCLINI, Néstor (1999) *La globalización imaginada*. Paidós, Buenos Aires.

GENTILI, Pablo –org.– (2001) *Códigos para la ciudadanía. La formación ética como práctica de la libertad*. Editorial Santillana, Buenos Aires.

GIL, José (2000) "Metafenomenologia da monstruosidade: o devir-monstro", en: Tomaz T. da Silva (Org.) *Pedagogia dos monstros. Os prazeres e os perigos da confusão de fronteiras*. Autêntica Editora, Belo Horizonte, pp. 165-184.

GOÉS, María Cecília Rafael de y Regina Maria de Souza (1999) "O ensino para surdos na escola inclusiva: considerações sobre o excludente contexto da inclusão", en: Carlos Skliar (Org.) *Atualidade da Educação Bilíngüe para Surdos*, vol. I, Editora Mediação, Porto Alegre, pp. 187-215.

GONZÁLEZ PLACER, Fernando (2001) "El otro hoy. Una ausencia permanentemente presente", en: Jorge Larrosa & Carlos Skliar, *Habitantes de Babel. Políticas y poéticas de la diferencia*. Editorial Laertes, Barcelona, pp. 129-144.

HALL, Stuart (1997) "The centrality of culture: notes on the cultural revolutions of our time", en: Thompson, Kenneth (Ed.) *Media and cultural regulation*. The Open University, Londres.

HOPENHAYN, Martin (1999) "Transculturalidad y diferencia", en: B. Arditi (Ed.) *El reverso de la diferencia. Identidad y política*. Nueva Sociedad, Caracas, pp. 69-80.

—— (2001) "Esquirlas de utopía: voluntad de poder, vibración transcultural y eterno retorno", en: Jorge Larrosa & Carlos Skliar, *Habitantes de Babel. Políticas y poéticas de la diferencia*. Editorial Laertes, Barcelona, pp. 373-392.

JAMESON, Frederic (1991) *Postmodernism Or, The Cultural Logic of Late Capitalism*. Duke University Press, Durham.

JODELET, Denise (1998) "A alteridade como produto e processo psicossocial", en: Angela Arruda (Org.). *Representando a Alteridade*. Vozes, Petrópolis, pp. 47-68.

—— (1999) "Représentation sociale: phémomène, concept et théorie", en: S. Moscovici (Ed). *Psychologie Sociale*. Presses Universitaire de France, París, pp. 357-378.

KEVLES, Daniel (1985) *In the Name of Eugenics: Genetics and the Uses of Human Heredity*. Alfred Knopf, Nueva York.

KINCHELOE, Joe y Shirley Steinberg (1998) *Repensar el Multiculturalismo*. Octaedro, Barcelona.

LANE, Harlan (1992) "The medicalization of cultural Deafness in historical perspective", en: H. Lane y R. Fisher (Eds.) *Looking Back. A Reader on the History of Deaf Communities and their Sign Languages*. Signum Vergal, Hamburg, pp. 479-494.

LANZ, Rigoberto (2001) "Simplemente Actores. Notas sobre la decadencia de la ciudadanía". Ponencia presentada en el *Seminario Internacional 'Educación y Ciudadanía'*, Maturín, Venezuela, noviembre de 2001.

LÁREZ, Aníbal (2001) "¿La pregunta por la educación?: Fuerza de ley, Liberación de la Singularidad". Ponencia presentada en el *Seminario Internacional 'Educación y Ciudadanía'*, Maturín, Venezuela, noviembre de 2001.

LARROSA, Jorge (2001) "Dar la palabra. Notas para una dialógica de la transmisión", en: Jorge Larrosa y Carlos Skliar, *Habitantes de Babel. Políticas y poéticas de la diferencia*. Editorial Laertes, Barcelona, pp. 411-432.

—— y Carlos Skliar (2001) *Habitantes de Babel. Políticas y poéticas de la diferencia*. Editorial Laertes, Barcelona.

—— y Nuria Pérez de Lara –comps.– (1997) *Imágenes del Otro*. Editorial Virus, Barcelona.

LÉVINAS, Emmanuel (1993) *El Tiempo y el Otro*. Paidós, Barcelona.

—— (2000) *Ética e infinito*. La balsa de la Medusa, Madrid.

LÓPEZ-PETIT, Santiago (1996) *Horror Vacui. La travesía de la noche del siglo*. Siglo XXI Editores, Madrid.

LUHMANN, Niklas (1996) "El futuro como riesgo", en: Josetxo Beriain (Comp.) *Las consecuencias perversas de la modernidad*. Anthropos, Barcelona.

LYOTARD, Jean-Francois (1984) *The Postmodern Condition*. University of Minnesota Press, Minnesota, p. xxii.

—— (1985) *Just Gaming*. University of Minnesota Press, Minneapolis.

—— (1996) *La posmodernidad (explicada a los niños)*. Gedisa, Barcelona.

MANNONI, Octave (1973) *Chaves para o imaginário*. Vozes, Petrópolis.

McLAREN, Peter (1997a) *Multiculturalismo Crítico*. Cortez, São Paulo.

—— (1997b) *Pedagogía crítica y cultura depredadora. Políticas de oposición en la era posmoderna*. Paidós, Barcelona.

MEIRIEU, Philippe (1998) *Frankestein Educador*. Laertes, Barcelona.

MÉLICH, Joan Carles (1994) *Del extraño al cómplice. La educación en la vida cotidiana*. Anthropos, Barcelona.

—— (1997) "La respuesta al otro: la caricia", en: Jorge Larrosa y Nuria Pérez de Lara (Comps.) *Imágenes del Otro*. Editorial Virus, Barcelona, pp. 153-162.

MENDUS, Susan (1989) *Toleration and the Limits of Liberalism*. Macmillan, Londres.

MOSCOVICI, Serge (1998) "Introdução", en: Ángela Arruda (Org.) *Representando a Alteridade*. Vozes, Petrópolis, pp. 11-14.

MOTTEZ, Bernard (1977) "A s'obstiner contre les deficiences on augmente souvent le handicap: l'example des sourds", en: *Sociologia et Societé*, 1, París, pp. 20-32.

MÜLLER, Jens Christian y Manon Tuckfeld (1994) "Dos Racismos con futuro: Sociedad Civil y Multiculturalismo", en: *Extranjeros en el Paraíso*. Virus, Barcelona, pp. 273-292.

PÁL PELBART, Peter (1998) *O tempo não reconciliado*. Editora Perspectiva, São Paulo.

PARDO, José Luis (2001) "A cualquier cosa llaman arte. Ensayo sobre la falta de lugares", en: Jorge Larrosa y Carlos Skliar (Comps.) *Habitantes de Babel. Políticas y poéticas de la diferencia*. Editorial Laertes, Barcelona, pp. 317-342.

—— (1992) *Las formas de la exterioridad*. Pretextos, Valencia.

PEÑALVER, Patricio (2001) *Argumento de alteridad*. Caparrós Editores, Madrid.

—— (2001) "Ellos y nosotros, y los otros", en: Jorge Larrosa y Carlos Skliar (Comps.) *Habitantes de Babel. Políticas y poéticas de la diferencia*. Editorial Laertes, Barcelona pp. 111-128.

PÉREZ DE LARA, Nuria (1998) *La capacidad de ser sujeto. Más allá de las técnicas en educación especial*. Editorial Laertes, Barcelona.

—— (2001) "Identidad, diferencia y diversidad: mantener viva la pregunta", en: Jorge Larrosa y Carlos Skliar (Comps.) *Habitantes de Babel. Políticas y poéticas de la diferencia*. Editorial Laertes, Barcelona, pp. 291-316.

PINTO, Celi (1999) "Foucault e as constituições brasileiras", en: *Educação & Realidade*, vol. 22, n° 2, Porto Alegre, pp. 33-58.

POLLOK, Griselda (1994) "Feminism/Foucault-Surveilance/Sexuality", en: Bryson, Hooly y Moxey (Eds.) *Visual Culture. Image and Interpretations*. Wesleyan University Press, Hannover.

PORTER, Theodore (1985) *The History of Statiscs*. Harvard University Press, Cambridge.

SAAF, Abdallah (1996) "Inclusión y exclusión en el espacio político marroquí", en: *Revista Internacional de Sociología*, 14 (1996): 159-175.

SAID, Edward (1978) *Orientalism*. Routledge, Londres.

SILVA, Tomaz Tadeu da (1997) "A política e a epistemologia do corpo normalizado", en: *Espaço*, 8, Río de Janeiro, pp. 3-15.

—— (1999) *O currículo como fetiche. A poética e a política do texto curricular*. Autêntica Editora, Belo Horizonte.

—— (2000a) "Nós, ciborgues: o corpo elétrico e a dissolução do humano", en: T. T. da Silva (Org.) *Antropologia do ciborgue. As vertigens do pós-humano*. Autêntica, Belo Horizonte, pp. 9-18.

—— (2000b) "A produção social da identidade e da diferença", en: Tomaz Tadeu da Silva (Org.) *Identidade e diferença. A perspectiva dos Estudos Culturais*. Vozes, Petrópolis, pp. 73-102.

SKLIAR, Carlos (1997) *La educación de los sordos. Una reconstrucción histórica, cognitiva y pedagógica*, Ediunc, Mendoza.

—— "A invenção e a exclusão da alteridade deficiente a partir dos significados da normalidade", en: *Educação & Realidade*, Vol. 24, n° 2, jul/dic., Porto Alegre, pp.15-33.

—— (2000) "La invención y la exclusión de la alteridad deficiente", en: *Propuesta Educativa*, año 10, número 22, Buenos Aires, pp. 34-40.

—— (2001) "Exclusiones de la mente, del cuerpo y del lenguaje", en: Pablo Gentili (Org.), *Códigos para la ciudadanía. La*

formación ética como práctica de la libertad. Editorial Santillana, Buenos Aires, pp. 116-131.

—— y Jorge Larrosa (2001) "Igualdades, diferencias y desorientaciones político-culturales en la nueva Babel", en: *NovaAmérica*, Río de Janeiro, pp. 33-38.

SLOTERDIJK, Peter (2000) *En el mismo barco. Ensayo sobre la hiperpolítica*. Siruela, Madrid.

STOER, Stephen (2000) "Educação e o combate ao pluralismo cultural benigno", en: J. Clovis, P. Gentili, A. Krüg y C. Simon (Org.) *Utopia e democracia na educação cidadã*. Editora da Universidade Federal do Rio Grande do Sul, pp. 205-214.

TEIXEIRA, Coelho (1999) *Dicionário crítico de Política Cultural*. Iluminuras, São Paulo.

TÉLLEZ, Magaldy (2001) "La paradójica comunidad por-venir", en: Jorge Larrosa y Carlos Skliar (Comps.) *Habitantes de Babel. Políticas y poéticas de la diferencia*. Editorial Laertes, Barcelona, pp. 65-110.

VEIGA NETO, Alfredo (2001) "Incluir para Excluir", en: Jorge Larrosa y Carlos Skliar (Comps.) *Habitantes de Babel. Políticas y poéticas de la diferencia*. Ed. Laertes, Barcelona, pp. 165-184.

—— (2000a) "As idades do corpo: (material) idades, (corporal)idades, (ident)idades", en: J. Clovis, P. Gentili, A. Krüg y C. Simon (Org.) *Utopia e democracia na educação cidadã*. Editora da Universidade Federal do Rio Grande do Sul, pp. 215-234.

—— (2000b) "Educação e governamentalidade neoliberal: novos dispositivos, novas subjetividades", en: V. Portocarrero y G. Castelo Branco (Orgs.) *Retratos de Foucault*. Nau, Río de Janeiro.

VERÁS, Maura Pardini –org.– (1999) *Por uma sociologia da exclusão social. O debate com Serge Paugam*. Educ, São Paulo.

VOLTAIRE (1989) *Traité sur le tolérance*. Flamarion, París.

WAHNICH, Sophie (1988) "L'etranger dans la lutte des factions. Usage d'un mot dans une crise politique", *Mots* (16), París, pp. 81-84.

WALZER, Michael (1998) *Tratado sobre la tolerancia*. Paidós, Barcelona.

WOODWARD, Kathryn (1997) *Representations*. Open University, Londres.

—— (2000) "Identidade e diferença: uma introdução teórica e conceitual", en: Tomaz Tadeu da Silva (Org.) *Identidade e Diferença. A perspectiva dos Estudos Culturais*. Vozes, Petrópolis, pp. 7-72.

WRIGLEY, Owen (1997) The Politics of Deafness. Gallaudet University Press, Washington.

ZIZËK, Slavoj (1998) "Multiculturalismo o la lógica cultural del capitalismo multinacional", en: F. Jameson y S. Zizek (Comps.) Estudios Culturales. Reflexiones sobre el multiculturalismo. Paidós, Buenos Aires. Lore feugait in vel iusci eros diam, quipit alisim dolum dolorpero con velit, venit delisi.

Epílogo

El arte de la conversación

por Jorge Larrosa
– Universidad de Barcelona –

Hubo una vez, hace ya algunos años, en el barrio de Flores, un popular barrio de Buenos Aires habitado por hombres y mujeres sensibles, refutadores y refutadoras de leyendas, soñadores/as, tanguistas venidos a menos, locos, poetas, enamoradizos y enamoradizas de diverso pelaje y nostálgicos empedernidos... una mujer que tenía la suerte de disfrutar de un amante, según ella, extraordinario, maravilloso, sensacional, absolutamente fuera de lo común... y cuando, intrigados y muertos de envidia o, en algunos casos, motivados por una sana voluntad de aprender, los habituales del café de la esquina, le preguntaban que cómo era, cuando le pedían que les hablase de él, que les contase, que les dijera al menos un detalle, que les diera alguna pista... entonces ella decía que era tan bueno que no se podía explicar... que lo único que podía hacer, si querían, y si su amante consentía, naturalmente, era prestárselo... como eran gente amistosa pero de natural discreto, nadie supo de las andanzas de tal amante prodigioso... ni de quiénes fueron, si es que hubo algunos, los beneficiarios del préstamo... pero comenzaron a abundar en Flores una especie de personas que, cuando se hablaba de lides amorosas, bajaban los ojos al tiempo que se les iluminaba la cara...

Digo esto porque, aunque no sea por las mismas razones que a la muchacha de Flores, a mí me pasa algo parecido con Carlos y con el libro de Carlos... que no me sale hablar de él... que, si queréis, os lo presto...

Y aunque seguramente no os pasará con él lo que a mí me pasa (simplemente porque la lectura, como el amor, es un encuentro y no una práctica...) de lo que sí estoy seguro es de que algo os pasará...

Lo diré de otra manera: la escritura, a veces, es, o debería ser, una aventura personal... y la lectura, a veces, es, o debería ser, una aventura personal... y el resto es cháchara y política... en el mal sentido de la palabra "política"... en el sentido de la producción, la reproducción y la imposición de discursos y de ideas en el interior de aparatos altamente institucionalizados y jerarquizados de control del discurso y de control del pensamiento...

Lo que acabo de decir, como ya os habréis dado cuenta, no es otra cosa que un truco para no hablar del libro... al menos desde el punto de vista temático... de eso que en la jerga institucional se llaman "sus aportaciones" a un tema o a una serie de temas... mucho menos desde el punto de vista teórico, eso que los profesores dados a las clasificaciones suelen llamar "corrientes de pensamiento" en una determinada disciplina... pero sí que voy a hablar un poco del tipo de escritura que hay en el libro... voy a hablar un poco de cuál es su textura... y de la atmósfera que esa textura produce... así os lo presento indirectamente, y os doy ganas de leerlo... o de no leerlo...

Diré, en primer lugar, que se trata de un libro conversado y conversante... un libro que está lleno de amigos... atravesado de encuentros, de complicidades, de guiños, de palabras dadas, prestadas, robadas, exploradas, ensayadas e intercambiadas con un grupo de amigos.

Se trata de un libro que a veces discute, a veces dialoga, a veces debate... pero, sobre todo, conversa... de ahí lo de los amigos... porque si uno puede discutir, o dialogar, o debatir, con cualquiera.... está claro que uno no puede conversar con cualquiera...

Además, nunca se sabe a dónde puede llevar una conversación... una conversación no es algo que uno haga, sino algo en lo que uno entra... y al entrar en ella, uno puede ir a dónde no había previsto... y esa es la maravilla de la conversación... que, en la conversación, uno puede llegar a decir lo que no quería decir, lo que no sabía decir, lo que no podía decir...

Y además, el valor de una conversación no está en que al final se llegue o no a un acuerdo... por el contrario, una conversación está llena de diferencias y el arte de la conversación consiste en sostener la tensión entre las diferencias... manteniéndolas y no disolviéndolas... y manteniendo también las dudas, las perplejidades, las interrogaciones... y eso es lo que la hace interesante... por eso, en una conversación, no hay nunca última palabra... por eso una conversación puede mantener las dudas hasta el final, pero cada vez más precisas, más elaboradas, más inteligentes... por eso una conversación puede mantener las diferencias hasta el final, pero cada vez más afinadas, más sensibles, más conscientes de sí mismas... por eso una conversación no termina, sino que, simplemente, se interrumpe... y se pasa a otra cosa...

Así que si vosotros sois de los que os gusta conversar... si pensáis que con tanta discusión, con tanto diálogo, con tanto debate, estamos perdiendo el arte de la conversación... si pensáis que lo que está en juego no es la razón, o la verdad, o mucho menos la opinión, sino hasta dónde es posible aún hablar, y hablarnos... si pensáis que no se lee ni se escribe para tener razón, o para darse la razón, o para cargarse de razones... si sois de los que sentís que lo que está en juego es otra cosa... si pensáis que no se escribe para decir algo que de antemano se sabe, sino para llegar a saber, con los otros, qué se quiere decir, y para probar, con los otros, hasta dónde ese querer decir se encarna en lo que efectivamente se dice... si pensáis que no se lee para confirmar lo que sabemos, o lo que pensamos, sino para ver hasta qué punto se puede pensar, con los otros, de otra manera... entonces os gustará el libro...

En segundo lugar, diré que es un libro muy poco propositivo... cuando las frases se hacen vigorosas, precisas, tajantes incluso... eso es un efecto de la pasión... y el libro de Carlos es una mezcla prodigiosa de pasión y de fragilidad... de una pasión que no niega la fragilidad... y de una fragilidad que no renuncia a la pasión...

Por eso no encontraréis en el libro nada parecido a eso que se llama "un diagnóstico de la realidad", pero sí que encontraréis, sin embargo, mucha mala leche respecto a la realidad... respecto a la soberbia y la estupidez de la realidad, de lo que se nos da y se nos vende como realidad...

No encontraréis tampoco nada parecido tampoco a esos juicios moralistas, hipócritamente moralistas, que creen que lo principal es elaborar la buena conciencia, la sensación de que se pertenece al bando de los buenos... ese dispositivo tan perverso y tan destructivo, y también tan confortable, de la buena conciencia... pero sin embargo, podréis aprender algo de una apuesta ética hecha desde la fragilidad y desde el cuestionamiento constante de lo que hacemos, lo que pensamos, lo que decimos, y lo que somos...

Y nada parecido, por último, a eso de "alternativas para la práctica"... toda esa retórica de producción y reproducción de lo mismo a través de la superstición del cambio, del movimiento... de la reforma, de la innovación... y de todas esas palabras que nuestro acelerado mundo ha inventado para que todo permanezca igual... y para que algunas personas poco recomendables tengan trabajo y puedan llevar corbata… o traje de chaqueta…

Así que si vosotros sois de los que ya no soportáis la mirada desde arriba de los diagnosticadores, la infamia de los virtuosos, o la compraventa de alternativas cosméticas... si pensáis que lo que está en juego es otra cosa... mucho más frágil, pero también mucho más viva... mucho más incierta, pero también mucho más apasionada... entonces, os gustará el libro...

En tercer lugar, diré que se trata de un libro en el que es tan importante lo que dice como lo que calla, lo que se niega a decir... el discurso pedagógico, como todo discurso institucionalizado, está atravesado por lo que podríamos llamar "automatismos del pensar" o "automatismos del decir"... todas esas frases que se nos vienen automáticamente a la boca sin que nos hayamos parado a pensarlas... todas esas frases que provocan asentimientos unánimes... todas esas frases que se dicen solas porque nadie las dice... o porque todos las dicen, que es lo mismo... todas esas frases que se inscriben en una retórica ya constituida y que, por lo tanto, están seguras y aseguradas ya de antemano... y el libro de Carlos resiste a esas frases, a esos automatismos, a decir lo mismo con otras palabras... y es ahí, y no tanto en lo que dice, donde el libro de Carlos practica la discordancia, la disidencia... donde arremete contra los valores más convencionales, las creencias más ciegas, los prejuicios más arraigados... donde se niega a decir lo que todo el mundo dice, a pensar lo que todo el mundo piensa...

Así que si vosotros sois de los que pensáis que de lo que se trata es de pelear contra la humillación del lugar común y contra esa forma de inexistencia que es el acatamiento complaciente de lo que se dice y de lo que se piensa... pues también seguro que os gustará el libro...

Y diré, por último, que es un libro que no achica ni a sus lectores, ni a los "otros" de los que presuntamente trata... y eso es algo particularmente raro porque el discurso pedagógico funciona por achicamiento... casi le es constitutivo el achicamiento... el lector es siempre construido como el que no sabe, el que no puede, el que no piensa, el que no lee... como un alumno en definitiva... y me imagino que estaréis hartos de toda esa retórica que afirma sin pudor, sin ninguna vergüenza, lo que los demás deberían hacer, deberían pensar, deberían saber, deberían leer... siempre, naturalmente, a partir de una buena conciencia sólidamente instalada según la cual si los otros fueran, o hicieran o pensaran, como nosotros queremos... el mundo sería mejor... esa es la práctica sistemática del empequeñecimiento del otro... una práctica que, como Nietzsche nos enseñó, es propia de hombres pequeños... el achicador es en sí mismo un achicado... y un achicado tan chico que sólo puede tener la sensación de que es alguien achicando a los otros... produciendo constantemente lo que los otros necesitan, lo que los otros deben, lo que a los otros les falta... y el libro de Carlos evita casi siempre ese efecto... y, precisamente por eso, es un libro que aparentemente no sirve para nada... porque no dice lo que quiere hacer con nosotros ni, mucho menos, lo que quiere hacer con los otros...

Así que si sois de los que no os dejáis achicar... si sois de los que no os gusta que os digan constantemente qué deberías hacer y cómo deberías pensar... si no sois de los que buscáis en los libros cómo sentiros más grandes por el recurso infame de poneros por encima de los demás, sobre todo de los más débiles, y usar de esa posición en vuestro beneficio... si no sois de los que habláis en nombre de cualquier nosotros... y si estáis hartos de que se dirijan a vosotros construyéndoos como cualquier genérico... entonces os gustará el libro...

Como veis, un libro desaconsejado para curas (ya sean reaccionarios o progresistas), para burócratas (ya sean del gobierno o de la oposición), para policías (ya sean nacionales o internacionales), o para esa mezcla almibarada de cura, burócrata y policía que tanto abunda por aquí...

Y, para terminar, quiero desearle a Carlos, y al libro de Carlos, la bendición del éxito. Y digo éxito y no triunfo, porque el éxito es una bendición y el triunfo una operación o, quizá, una maldición. Si la palabra "triunfo" remite etimológicamente a una entrada, a la entrada victoriosa y aclamada del que celebra un logro, una conquista... la palabra "éxito" remite más bien a una salida, a una salida modesta hacia otra cosa.

Yo creo que la grandeza de un libro como éste, está en que fracasa al triunfar.

Es un libro que va a entrar, y ha entrado ya, en las bibliografías, en las listas de referencias, en los cursos, en las asignaturas... ya hay grupos de discusión en torno al libro... en algunos lugares se ha convertido ya en lectura obligada... el cuerpo de Carlos se está convirtiendo en un cuerpo glorioso...

Pero ese triunfo no debería ser, y yo os aseguro que no va a ser, ni su conclusión ni su final... su triunfo, para ser noble, está en su inacabamiento, en su provisionalidad, en su salida hacia otra cosa... en la recaída del cuerpo glorioso en cuerpo vulnerable y mortal, en la recaída de la escritura lograda en ensayo, en búsqueda, en prueba... y en la sensación, para el lector, de que lo que debe hacer con el libro es, una vez leído, prestárselo a otro, o tirarlo a la papelera, y tomarse en serio no lo que dice sino lo que da que pensar... sea lo que sea... esto, o lo otro, o lo de más allá...

Así que, querido Carlos, te deseo, a ti y a tu libro, que fracaséis al triunfar... es decir, que triunféis con la sabiduría del éxito... que triunféis con éxito... así que felicidades, hermano... que la vida te dé muchos y fecundos éxitos... que el Angel Gris te acompañe... y nosotros que lo veamos y que lo disfrutemos...

Esta edición se terminó de imprimir en mayo de 2011,
en los talleres de Gráfica LAF s.r.l., ubicados en
Monteagudo 741, San Martín, Provincia de Buenos Aires, Argentina.